Regras do jogo

Regras | *Volume 2*

Blucher

Regras do jogo
Fundamentos do design de jogos

Regras | *Volume 2*

Katie Salen e Eric Zimmerman

design do livro e fotografia | Katie Salen

Rules of play: game design fundamentals

Regras do jogo: fundamentos do design de jogos
Volume 2: Regras

2ª reimpressão - 2020
Editora Edgard Blücher Ltda.

Tradução:
Edson Furmankiewicz

Revisão técnica:
Alan Richard da Luz

Blucher

Rua Pedroso Alvarenga, 1245, 4º andar
04531-934 - São Paulo - SP - Brasil
Tel.: 55 11 3078-5366
contato@blucher.com.br
www.blucher.com.br

Segundo o Novo Acordo Ortográfico, conforme 5. ed. do *Vocabulário Ortográfico da Língua Portuguesa*, Academia Brasileira de Letras, março de 2009.

FICHA CATALOGRÁFICA

Salen, Katie
Regras do jogo: fundamentos do design de jogos: regras: volume 2 / Katie Salen e Eric Zimmerman; [tradução Edson Furmankiewicz]. - São Paulo: Blucher, 2012. Título original: Rules of play: game design fundamentals.

Bibliografia.
ISBN 978-85-212-0627-9

1. Jogos por computador - Design 2. Jogos por computador - Programação I. Zimmerman, Eric. II. Título.

12-00626 CDD-794.81526

Índices para catálogo sistemático:
1. Jogos por computador: Design

Àqueles para os quais o jogo é feito. Mr. Triggs, Tom Ockerse, H.F., e ao meu pai; Enid, Gil, Laura e Zach em agradecimento e amor.

Obrigado aos muitos indivíduos que cederam o seu tempo, conhecimento, apoio, amizade e ideias; aos designers e desenvolvedores de jogos que criaram o incrível corpo de trabalho que analisamos no decorrer de nosso estudo, incluindo Reiner Knizia, James Ernest, Kira Synder, Frank Lantz e Richard Garfield, que contribuíram fornecendo trabalho original para este volume; aos nossos destemidos leitores John Sharp, Frank Lantz, Henk van Assen, Ranjit Bhatnagar, Nancy Nowacek, Mark Owens, Peter Lee e Julian Kücklich; aos nossos próprios professores e alunos que ajudaram a inspirar clareza e criatividade; a Doug Sery e aos demais colaboradores do MIT Press e, principalmente, a nossas famílias e amigos, que esperaram pacientemente pela nossa presença no mundo real. Não poderíamos ter feito isso sem vocês.

Conteúdo

Volume 2: REGRAS

Volume 3: INTERAÇÃO LÚDICA

Volume 4: CULTURA

APRESENTAÇÃO
Frank Lantz

Por centenas de anos, o campo do design de jogos tem se deixado levar pelo radar da cultura, produzindo obras de arte atemporais e magistrais desperdícios de tempo sem chamar muita atenção para si — sem, de fato, comportar-se como um verdadeiro "campo". De repente, impulsionado pelo *big bang* da tecnologia da computação, o design de jogos se tornou um grande negócio e fonte de algumas questões polêmicas sobre o futuro da arte e do entretenimento.

Ao abordar essas questões, a obra que você está segurando levanta algumas questões próprias. Aparentemente *Regras do jogo*, em seus quatro volumes, é calmo e razoável, dispondo cuidadosamente um amplo quadro teórico para a compreensão do campo do design de jogos. Mas, por trás dessa aparente calma, a obra realmente assume uma posição controversa em uma permanente e radical discussão sobre o que são os jogos e em que poderiam se tornar.

De fato, a partir de determinados ângulos, estes livros parecem ter a ardente impaciência de um manifesto. Qual é a natureza dessa impaciência? De certo modo é a frustração dos trabalhadores que são convidados a construir uma catedral usando apenas uma escova de dentes e um grampeador. Os jogos são bastante complexos, tanto em sua estrutura interna como nos diversos tipos de experiências de jogador que eles criam. Mas não existe nenhum conjunto integrado de ferramentas conceituais para refletir sobre os jogos. Até recentemente, se você fosse um designer de jogos interessado nos aspectos teóricos de seu campo, seria forçado a juntar uma série de perspectivas da sociologia, antropologia, psicologia e matemática, cada uma com sua visão tacanha, como o cego apalpando o elefante, e nenhuma considerando os jogos como um domínio criativo.

Mais recentemente, dentro do próprio campo surgiu uma Babel de metodologias concorrentes. A maioria tem um enfoque prático sobre as questões práticas do processo criativo do design de jogos; outras tentaram fundamentar suas ideias em um sistema teórico geral. Mas a impaciência que dá a estes livros seu tom de urgência subjacente é mais do que uma resposta ao nível subdesenvolvido do discurso nesse campo. Por que, afinal, o design de jogos precisa de uma referência teórica? Há algo mais do que *insight*, conhecimento e compreensão em jogo aqui.

Lembre-se de que os autores desta obra não são apenas acadêmicos examinando os jogos de fora; eles próprios são ativos praticantes. Como muitas pessoas que trabalham nesse campo, eles são movidos pelo sentimento de que, apesar do ritmo alucinante do recente progresso técnico e comercial, os jogos permaneceram criativamente atrofiados. Por um lado, há um enorme senso de capacidade, a possibilidade muito discutida de que os jogos poderiam substituir os filmes como forma de definir a cultura popular para o novo século. Por outro lado, existe a realidade das infinitas prateleiras de lojas de jogos com fantasias de poder adolescentes, personagens de cartoon estúpidos e simulações de esporte sem imaginação.

Para se ter uma ideia da noção do potencial que alimenta essa impaciência, considere os vastos tipos de experiência que os jogos podem produzir — redes complexas de desejo e prazer, ansiedade e alívio, curiosidade e conhecimento. Os jogos podem inspirar a mais alta forma de cognição cerebral e envolver a resposta física mais primitiva, muitas vezes simultaneamente. Os jogos podem ser puras abstrações formais ou empregar as mais ricas técnicas de representação possíveis. Os jogos são capazes de abordar os temas mais profundos da existência humana de uma maneira diferente de qualquer outra forma de comunicação — aberta, processual e colaborativa, pois podem ser infinitamente detalhados, apresentados com sofisticação e, não obstante, sempre sensíveis às escolhas e ações do jogador.

Mas onde estão os jogos que exploram essas diversas possibilidades? Em vez do rico espectro de prazeres que os jogos são capazes de fornecer, parece que estamos condenados a sofrer o constrangimento de conviver com variações de prazeres muito familiares, como correr e saltar, esconde-esconde e pega-pega, caça ao ovo de Páscoa, e polícia e ladrão. E o que aconteceu com a explosão de experimentação formal durante os primeiros dias dos jogos de computador? Por um tempo parecia que quase todo título era uma nova tentativa de responder à pergunta "O que se pode fazer com um computador?" Compare isso com a safra atual de jogos de computador, a maioria dos quais parece tentar responder à pergunta "O que você pode fazer enquanto controla um avatar circulando por um espaço tridimensional simulado?"

Isso então é o que está em jogo: uma enorme discrepância entre as possibilidades radicais contidas no meio e a realidade conservadora do desenvolvimento de jogos na grande indústria. E essa é razão por que *Regras do jogo* é mais do que uma análise conceitual do que os jogos fazem; é também um exame do que eles *podem* fazer e, por extensão, o que *deveriam* fazer.

Uma das implicações da abordagem de *Regras do jogo* do seu objeto de conhecimento é que a maneira correta de entender os jogos se dá a partir de uma perspectiva estética, da mesma forma que abordamos áreas como arquitetura, literatura ou cinema. Isso não deve ser confundido com o domínio da estética visual, que é simplesmente um aspecto do conteúdo criativo de um jogo. Como o cinema, que usa histórias dramáticas, composição visual, design de som e o complexo processo organizacional dinâmico de edição para a criação de uma única obra, o campo do design de jogos tem sua própria estética única.

Conforme estabelecido nas páginas dos quatro volumes, o domínio real do design de jogos é a estética de sistemas interativos. Mesmo antes de os computadores existirem, criar jogos significava criar sistemas dinâmicos para os jogadores habitarem. Todo jogo — do Pedra, Papel e Tesoura (ou joquempô) ao The Sims e além — é um espaço das possibilidades que os jogadores exploram. A definição desse espaço é o trabalho colaborativo do processo de design de jogos.

Regras do jogo talvez seja a primeira tentativa séria de estabelecer uma abordagem estética do design de sistemas interativos. No começo do século 21, os sistemas interativos nos cercam não apenas como a realidade material de nossas vidas, mas também como um modelo conceitual chave para a compreensão do mundo e nosso lugar nele, exatamente como os sistemas mecânicos foram para os vitorianos. Essa é uma razão pela qual a importância do projeto deste livro não deve ser subestimada.

Há uma perspectiva de oposição razoável ao que eu tenho imputado aos autores de *Regras do jogo*. É algo assim: toda essa conversa sobre estética cheira a pretensão e autoexaltação. Jogos são recreação, seu objetivo é nos divertir, e não devemos esperar que eles atinjam níveis profundos de expressão criativa ou forcem incansavelmente os limites criativos. Eles são simplesmente lazer.

Não há muito que se possa dizer contra esse argumento, exceto destacar que a cultura pop tem uma maneira surpreendente de se mover entre o trivial e o profundo. O inofensivo desperdício de tempo para uma pessoa pode ser uma tentativa de transcendência para outra — os jogos são certamente um dos melhores exemplos de como o entretenimento está longe de ser simples. Em todo caso, o próprio argumento dá forma ao tema deste debate. Se muitas pessoas acreditam que os jogos são para ser diversão estúpida, então é isso que eles se tornarão. Se um número suficiente de pessoas acredita que os jogos são capazes de grandes coisas, então eles inevitavelmente vão evoluir e se desenvolver.

Sabemos que os jogos estão ficando muito maiores, muito rápidos. Mas é cedo demais para dizer exatamente a direção que sua evolução irá tomar. Nessa fase, todo o campo tem a energia imprevisível de algo enorme, equilibrada sobre uma linha fina, ainda vulnerável aos efeitos até mesmo de uma leve pressão. Sob o pretexto de examinar esse curioso objeto, os autores de *Regras do jogo* lhe dão um impulso vigoroso.

Naturalmente, se você está segurando este livro, também está ajudando.

PREFÁCIO

As pessoas adoram o Pong.

Elas adoram mesmo. Mas por quê?

De verdade. O que há para adorar? Não há muito no jogo: um par de raquetes que são duas barras brancas, movem-se em ambos os lados de uma tela preta, e uma bola quica entre elas; se você errar a bola, seu adversário ganha um ponto. O primeiro jogador a fazer quinze pontos ganha. Grande coisa. Mas apesar de sua simplicidade quase primitiva, o Pong cria uma interação significativa (*meaningful play*).

Em anos de videogame, o Pong é da idade da pedra. Originalmente criado por Ralph Baer para o sistema de videogame doméstico Magnavox Odyssey, em 1972 o Pong foi projetado em uma máquina arcade e em um console doméstico por Nolan Bushnell, criador do Atari. Não é exagero dizer que o Pong tornou-se uma sensação da noite para o dia. O primeiro protótipo foi lançado para o público em um bar chamado Andy Capp's, em Sunnyvale, Califórnia, perto da sede da Atari. Segundo historiadores de jogos de computador, a primeira noite em que o brilhante monitor e o gabinete de TV foram instalados em um canto do bar, os clientes ficaram intrigados, mas confusos. As únicas instruções que apareciam eram: *Avoid missing ball for high score (Evite perder a bola para obter uma alta pontuação).* Alguém familiarizado com as máquinas de pinball movidas a moedinhas de 25 centavos acabava introduzindo uma moeda e assistia a bola pular de um lado para outro enquanto os pontos eram contados. Depois de algumas tentativas, um dos jogadores finalmente batia com a raquete na bola e esta pulava com um convincente som de "pong". Isso era o suficiente para informar os jogadores o que fazer, e eles começavam a jogar. Até o final do primeiro jogo, ambos os jogadores já tinham aprendido a rebater a bola. No final da primeira noite, todos no bar já haviam tentado uma partida ou duas. Na manhã seguinte, formava-se uma fila fora do bar Andy Capp's: as pessoas mal podiam esperar para jogar o Pong.[1]

Ainda hoje, o Pong ainda está vivo e vai bem, obrigado. Você pode jogar Pong via emuladores e anúncios de banners da internet. Divertidas homenagens, como Battle Pong e Text Pong, prosperam na web. O Pong se destaca em mercados de segunda-mão de jogos clássicos e em convenções de fãs. Alguns anos atrás, a editora de jogos Infogrames lançou uma versão turbinada do Pong em 3D. Mais importante que isso é que ainda é divertido jogar o original. Quando o Super Pong Games IV no gameLab era ligado à TV, ele nunca deixava de reunir uma multidão.

Tudo isso nos remete à pergunta: Por quê? Por que as pessoas gostam tanto do Pong?

Embora esta não seja uma obra sobre Pong, ou jogos de computador e vídeo, é uma obra sobre design de jogos. É crucial para designers de jogos entender por que as pessoas jogam e por que alguns jogos são tão adorados. Por que as pessoas jogam Pong? Podemos pensar em muitas razões:

Ele é simples de jogar. As instruções on-line e o botão de interface intuitiva tornam o Pong acessível e fácil de entender. Não há recursos ocultos para destravar nem é preciso aprender movimentos especiais.

Cada partida é única. Como a bola pode viajar para qualquer lugar da tela, o Pong é um jogo ilimitado, com infinitas possibilidades. O Pong recompensa o jogador dedicado: é fácil de aprender, mas difícil de dominar.

É uma representação elegante. Acima de tudo, o Pong é uma representação de outro jogo: o tênis de mesa. A natureza abstrata do Pong, em que o seu avatar é reduzido a uma única linha branca, cria uma relação de imediata satisfação física e sensorial com o jogo.

É social. Requer dois jogadores. Brincando com o jogo, você interage com outro ser humano. O círculo social do Pong também se estende para além de dois jogadores: é um esporte de espectadores.

É divertido. Por mais simples que possa parecer, é realmente divertido interagir com o Pong. O prazer de jogar vem de diversos aspectos do jogo, desde o prazer da competição e vencer até a gratificante manipulação tátil do botão de controle.

Ele é legal. Como artefato cultural, o Pong é o jogo que melhor representa a atração pelos gráficos de baixa resolução dos clássicos jogos arcade. Ele evoca a nostalgia das tardes passadas na sala de estar com os amigos, reunidos em torno da TV jogando videogame, comendo pipoca e bebendo refrigerante.

As pessoas adoram Pong por todas essas razões e muitas mais. Os aspectos interativos, representacionais, sociais e culturais do Pong contribuem simultaneamente para a experiência do jogo. Os jogos são tão complexos quanto qualquer outra forma de artefato cultural; apreciá-los plenamente significa compreendê-los a partir de múltiplas perspectivas.

O Pong e os jogos de sua época fizeram algo revolucionário. Eles inverteram completamente a ideia da interatividade de uma única via da televisão, transformando espectadores em jogadores, permitindo que eles não só assistam a uma imagem, mas também *joguem* com ela. Essa comunicação eletrônica bidirecional envolvia jogadores em horas de significativa interação, alcançada pelo desenho de uma bola branca rebatendo de um lado a outro em uma tela preta simples. Embora o Pong fosse o produto de inovação técnica e de uma visão econômica única, ele também foi um ato de *design de jogos.*

Como designers de jogos, consideramos todas as implicações desse ato revolucionário? Será que realmente compreendemos o meio em que trabalhamos ou o campo do design a que pertencemos? Podemos articular o que de fato gera uma "interação significativa" em qualquer jogo, seja um videogame, um jogo de tabuleiro, palavras cruzadas ou uma competição atlética?

A verdade? Não ainda. Compare o design de jogos com outras formas de design, como a arquitetura ou o design gráfico. Por causa do seu status como disciplina emergente, o design de jogos ainda não se cristalizou como campo de investigação. Não tem uma seção própria na biblioteca ou livraria. Não é possível (com algumas exceções) graduar-se nesse campo. A cultura em geral ainda não considera os jogos como um empreendimento nobre, ou até mesmo particularmente útil. Os jogos são um dos mais antigos artefatos culturais para interatividade humana, mas por uma perspectiva do design, ainda não sabemos realmente o que são os jogos.

Nossa esperança é que esta obra informe e inspire as pessoas interessadas em desenhar jogos. Sua finalidade é ajudar designers de jogos a criar seus próprios jogos, seus próprios conceitos, suas próprias metodologias e estratégias de design. As ideias e exemplos que oferecemos representam um modo de olhar de perto os jogos, com espaço para mais no futuro. O Pong é apenas o começo.

É por isso que fomos obrigados a escrever esta obra: não definir, de uma vez por todas, o que é design de jogos, mas fornecer instrumentos importantes para entender jogos. Não para reivindicar e colonizar o terreno inexplorado do design de jogos, mas para investigar algumas das suas características para que outros designers de jogos possam embarcar em suas próprias expedições. Desejamos que esta obra seja um catalisador, um facilitador, um pontapé inicial. Considere esses conceitos e explore-os, rápida e significativamente, com o mesmo tipo de alegria que os jogadores do primeiro Pong devem ter sentido.

Estamos todos juntos nessa. Você está pronto para jogar?

Katie Salen e Eric Zimmerman, Nova York, maio de 2003

Notas

1. Scott Cohen, *Zap: The Rise and Fall of Atari* (New York: McGraw-Hill, 1984), p. 17.

PREFÁCIO À EDIÇÃO BRASILEIRA

Traz imensa felicidade para mim, designer gráfico e estudioso do design de jogos e dos videogames, fazer parte deste projeto: a tradução de uma das obras fundamentais em *game theory* e design de jogos. Zimmerman e Salen conseguem reunir as grandes questões do tema e falam em uma linguagem que tem alcance em larga escala. Construir um trabalho de peso como este, em um campo de estudo que sequer é uma unanimidade entre estudiosos (falo do design de jogos) requer fôlego e inteligência, paixão e ciência.

Os autores partem de uma abordagem clássica da teoria dos jogos, explicando a importância do jogo significativo, partindo para sua estrutura formal e pelo significado do que é o jogar, colocando então o jogo como objeto cultural, influenciando e sendo influenciado pela sociedade. Este caminho demonstra a importância dos jogos (sempre, desde que o homem é homem) e traz uma metodologia cristalina para o entendimento do fenômeno "jogar".

A abordagem em toda a obra pela busca do "jogo significativo" vai ao encontro de uma das vocações fundamentais do próprio design: a criação de significados. A experiência determinada pelo jogar nunca é projetada diretamente num jogo, em que somente atuamos no design de suas regras e estrutura visual e semântica. Entender profundamente o jogo e o jogar é definitivo para conseguirmos proporcionar a experiência da maneira mais significativa para o jogador, da maneira que planejamos.

Isto é o que torna esta obra fundamental. Ela discute os fundamentos do design de jogos de maneira lúcida, abrangente e ao mesmo tempo com profundidade, em uma metodologia que permite sua leitura por foco de interesse, como disciplinas que constroem um todo que é o design de jogos. Creio que esta abordagem única decorre do fato de os autores serem também eles designers de jogos, conseguindo desta maneira ajustar o foco da discussão conforme a conveniência, ora como designers, ora como estudiosos, conseguindo assim uma linguagem que coloca luz sobre os temas que compõem e definem o design de jogos.

Ao separar as questões nucleares do design de jogos de suas plataformas, os autores criam uma obra que serve como guia básico para desenvolvedores de jogos nos mais diversos meios, analógicos e digitais. O jogar é o mesmo, seja no seu console doméstico, seja no divertido jogo de tabuleiro. As experiências que o jogo traz é que devem ser levadas em conta, e essa experiência é interativa, o que a diferencia das mídias tradicionais.

Essa busca pela experiência do jogo significativo independe dessas plataformas; ao trazer a discussão dessa maneira, os autores contribuem para o entendimento do que é o próprio design, em seus conceitos mais básicos. Zimmerman e Salen criam assim uma rica discussão, questionando o que é um jogo, o que é design e o que é design de jogos em toda sua independência de plataformas ou mídias, mostrando que criar um jogo vai muito além de aprender uma ferramenta digital ou a manipular gráficos em 3D.

Da mesma maneira, e brilhantemente, eles não se esquecem dessas novas tecnologias e conseguem trazer e discutir as novas mídias no contexto das teorias clássicas dos jogos, colocando Huizinga cara a cara com os MMORPGs, dessa maneira, demonstrando como os conceitos básicos podem ser aplicados a essas novas tecnologias.

Outro motivo que torna essa obra fundamental: aqui se discutem os fundamentos do design de jogos. Dividida em quarto grandes unidades: principais conceitos, regras, jogar e cultura, a obra consegue assim abordar o design de jogos de maneira clara e oferece tanto ao estúdio do design quanto ao desenvolvedor uma metodologia para entender e construir trabalhos em design de jogos que sejam coerentes tanto com os preceitos do design quanto da teoria dos jogos.

Muitos jogos digitais nos dias de hoje fracassam justamente por conta de seus desenvolvedores não conhecerem esses fundamentos. Conhecê-los garante não somente a compreensão e aplicação para jogos tradicionais, mas permite enxergar além e inovar, pois, ao entendermos os preceitos básicos do design e separando a questão *jogar* da questão *plataforma*, conseguimos usar a tecnologia para proporcionar as experiências planejadas, buscando a tecnologia certa para expressar o conceito e não o contrário.

Outra questão importante que justifica este projeto é a atual posição do Brasil no mundo dos desenvolvedores. Temos vários estúdios brasileiros que trabalham comissionados a grandes *publishers* internacionais, temos estúdios de fora que começam a enxergar o potencial do Brasil nessa área e instalam bases aqui e ainda o sucesso das agências que resolveram investir em desenvolvimento de *advert games*, em que encontramos maturidade e um grande campo de trabalho.

Cursos em design de jogos, nos mais diversos formatos, aparecem e se cristalizam, e a criação de uma bibliografia em português se faz necessária e desejável. Cursos que trazem agora o design de jogos tanto como mote para o ensino de ferramentas técnicas, e também os que buscam o ensino de design de jogos em toda sua potencialidade. Tanto para o estudante do curso mais técnico quanto para o mais acadêmico, creio que esta obra tenha a mesma importância.

Espero que esta obra seja tão importante para sua formação quanto foi para a minha, e a de milhares de designers de jogos e estudiosos do assunto. Que seja não uma semente, mas um catalisador tanto para o surgimento de novos designers de jogos quanto de publicações nesta área. Boa leitura!

Alan Richard da Luz

Volume 2: **Regras**

Segundo parece, as linhas desenhadas em jogos não são de modo algum arbitrárias. Tanto para **que** *e também* **onde** *as linhas são desenhadas, há consequências importantes não só para o tipo, mas também para a qualidade do jogo a ser jogado. Pode-se dizer que desenhar essas linhas com habilidade (e, portanto, não arbitrariamente) é a própria essência do ofício do roteirista de jogos. O roteirista deve evitar dois extremos. Se ele desenhar as linhas sem muita tensão, o jogo vai ser chato, pois a vitória será fácil demais. À medida que a facilidade se aproxima do ponto de lassidão, o jogo simplesmente desaparece, uma vez que desse modo não haverá regras que proíbam os meios disponíveis.... Por outro lado, as regras são linhas que podem ser desenhadas com muito rigor, para que o jogo se torne muito difícil. E se uma linha for desenhada com muito rigor, isso pode, de fato, acabar com o jogo.*

— **Bernard Suits**, *Grasshopper: Games, Life and Utopia*

Jogar um jogo é seguir suas regras.

As regras são uma das qualidades essenciais de jogos: todo jogo tem um conjunto de regras. Por outro lado, todo conjunto de regras define um jogo. As regras são a estrutura formal do jogo, o número fixo de diretrizes abstratas que descrevem como funciona um sistema de jogo. Quais são as regras? Como elas funcionam? E qual sua importância para o design de jogos? Nesta unidade sobre REGRAS, abordamos essas questões e muitas outras sobre as estruturas formais de jogos.

DEFININDO REGRAS

11

estruturas formais
artificiais
limites
não ambíguas
fixas
obrigatórias
repetíveis

As regras do xadrez, naturalmente, determinam como as peças podem ser movidas; elas distinguem entre movimentos válidos e inválidos. Por exemplo, uma vez que os movimentos do cavalo são bastante limitados, é claro que os meios permitidos para mover o cavalo são de menor escopo do que os possíveis meios para movê-lo.

— ***Bernard Suits**, Grasshopper: Games, Life, and Utopia*

Xadrez

Quais são as regras do jogo? Vamos começar com um exemplo simples, um dos mais simples jogos que podemos encontrar: o jogo da velha. O jogo da velha é definido pelo seguinte conjunto de regras:

1. O jogo acontece em um tabuleiro, na forma de uma grade 3 x 3, de 9 de casas vazias.
2. Dois jogadores se revezam marcando nas casas vazias; o primeiro jogador marca os xis (X) e o segundo, os círculos (O).
3. Se um jogador fizer três marcas iguais em uma fileira (horizontal, vertical ou diagonal), ele ganha.
4. Se todas as lacunas forem preenchidas e não houver um vencedor, o jogo termina em empate.

Essas quatro regras descrevem completamente o sistema formal do jogo da velha. Elas não descrevem a experiência da interação, não descrevem a história nem a cultura do jogo, mas constituem as regras do jogo. Essas quatro regras são tudo que você precisa para começar a jogar um jogo da velha.

Ainda que pareça mentira, essas regras simples geraram milhões e milhões de horas de jogo. Armados com essas regras, dois jogadores quaisquer podem ter certeza de que, quando começarem o jogo, ambos estarão jogando exatamente o mesmo jogo. Seja no computador ou riscado na areia de uma praia, todo jogo da velha compartilha a mesma identidade básica formal. Nesse sentido, as regras são a profunda estrutura de um jogo do qual todas as instâncias do mundo real da interação do jogo são derivadas.

Um baralho de cartas

Ao explorar os jogos como sistemas formais, é importante determinar exatamente o que são e o que não são regras. As regras são a lógica oculta sob a superfície da experiência de qualquer jogo. Mas como os jogos são inatamente estruturais, pode ser difícil distinguir quais estruturas em um jogo fazem ou não parte das regras. Por exemplo, quais os elementos do pôquer constituem suas regras? Algumas estruturas são claramente parte das regras. As diretrizes que ditam quantas cartas distribuir para cada jogador, como apostar e o valor de diferentes combinações de cartas parecem claramente fazer parte das regras do jogo.

Todo conjunto completo de regras do pôquer também terá como referência um baralho de cartas padrão. Esse baralho de cartas faz parte das regras, porque as qualidades matemáticas particulares do baralho (o número exato de cartas, o fato de que cada carta é definida por um número e um naipe etc.) são uma parte crucial do jogo. A maioria das variantes do pôquer, por exemplo, especifica ou não se os coringas devem ser usados. A constituição de um baralho de cartas é sempre parte das regras do pôquer, embora, em geral, esse elemento das regras não seja declarado. A relação entre regras declaradas e não declaradas aparecerá novamente nos capítulos posteriores. Por enquanto, é suficiente saber que as regras do pôquer contêm — ou, pelo menos, implicam — a estrutura precisa de um baralho de cartas.

E se o baralho de cartas foi alterado mudando os seus quatro naipes? Será que ainda estaríamos jogando o mesmo jogo? Talvez o naipe de espadas torne-se a Morte, o de copas se torne-se o Amor, o de paus torne-se a Guerra e o naipe de ouros torne-se o Sexo. A mudança pode implicar uma alteração gráfica nos naipes quando eles aparecem nas cartas ou no nome pelo qual os jogadores se referem às cartas. ("*Tenho um oito de Guerra*"). Essa parece uma mudança radical a fazer em um baralho de cartas. Mas, no plano formal, nada mudou absolutamente: o jogo continua o mesmo. Os jogadores ainda poderiam, com esse baralho, jogar um pôquer, contanto que o baralho fosse composto por quatro naipes em uma determinada ordem de classificação e 13 números. Alguns aspectos de certas variantes de pôquer, como ao jogar com Rainhas Vermelhas como curingas, podem exigir a conversão para o novo baralho, mas, contanto que a estrutura formal do jogo permaneça intacta, designar as Rainhas do Amor e Sexo como curingas é o mesmo que criar os curingas Rainhas Vermelhas em um baralho regular. Obviamente a *experiência* de jogar pôquer com esse baralho seria diferente daquela que um jogador teria com um baralho padrão. Mas o sistema formal de um jogo, o jogo considerado como um conjunto de regras, *não* é a experiência do jogo. Portanto, ao olhar para os jogos do ponto de vista das regras, estamos menos preocupados com a experiência do jogador do que com as regras que constituem a experiência. Embora essa distinção crie uma separação artificial entre a estrutura de um jogo e a experiência da estrutura pelos jogadores, a separação permite olhar para os jogos como sistemas formais.

Formalmente, contanto que um baralho de cartas tenha as qualidades matemáticas próprias, ele pode ser usado para jogar pôquer. De fato, desde que as "cartas" do jogo tivessem o tipo certo de informação 4 x 13 e pudessem ser randomizadas (embaralhadas), distribuídas e mantidas devidamente ocultas quando necessário (em uma mão do jogo), elas não precisariam ser cartas. Poderiam ser, por exemplo, palitos de sorvete cuidadosamente marcados. Seria possível jogar um jogo de "pôquer", que não lembrasse superficialmente o pôquer, e que não pudesse ser reconhecido como pôquer pelos observadores, mas ainda assim possuísse a estrutura formal de pôquer.

Como isso é possível? Quando falamos sobre as regras de um jogo — a identidade formal de um jogo — não estamos nos referindo às qualidades estéticas (como os nomes dos naipes) ou à representação de identidade (como a capacidade deles de serem reconhecidos por um observador). Estamos limitando o foco ao conjunto de regras ou estruturas formais que constituem o jogo. Examinar exclusivamente as regras de um jogo significa ignorar muitas outras qualidades fascinantes do jogo e da cultura do jogo. Essa não é uma tarefa fácil. Mas, como veremos, as regras dos jogos estão entre suas características mais singulares e merecem um estudo cuidadoso — estudo analítico que pode ser de grande utilidade na solução de problemas de design de jogos.

Outros tipos de regras

Muitas vezes, ao investigarmos uma determinada qualidade dos jogos, nós os comparamos com outras formas de cultura. A comparação ajuda a situar os jogos dentro de um contexto mais amplo e também destaca as qualidades dos jogos que os tornam únicos. Uma das nossas principais intenções é entender o que torna os jogos singulares e que torna o design original do jogo um campo. Mas isso não significa que o único tipo de comparações a fazer sejam as que separam os jogos de qualquer outra coisa.

Regras e estratégia

Uma nota de esclarecimento sobre a diferença entre as regras de um jogo e as regras da estratégia: regras, como as que entendemos aqui, como a estrutura formal de um jogo, não são o mesmo que estratégias para a interação, embora as duas possam ser semelhantes.

Ao jogar o jogo da velha, você pode inventar uma "regra de ouro" para ajudar o seu jogo. Por exemplo, se seu oponente estiver prestes a vencer, você precisa colocar uma marca para bloqueá-lo. Esse tipo de "regra" estratégica é um aspecto importante dos jogos (por exemplo, você poderia usar as regras como essa para programar um computador adversário para um jogo da velha), mas essas regras de estratégia não fazem parte das regras formais do jogo. As regras do jogo reais são a parte central do sistema formal que constitui a maneira como um jogo funciona. Regras que ajudam outros jogadores a obter um melhor desempenho não fazem parte do sistema formal.

Caso em questão: na tentativa de descobrir exatamente o que são as regras do jogo, é útil perguntar: *as regras são exclusivas aos jogos?* A resposta é sim e não. Há, certamente, "regras e regulamentos" em muitos tipos de atividades. Por exemplo, as convenções de etiqueta são regras de comportamento, assim como são também regras as leis de um estado ou "regras" internacionais de guerra. Um sinal para "não pisar na grama" comunica via uma regra, e o mesmo ocorre com um memorando sobre uma política de escola que proíbe colar em provas. Alguns podem definir a ciência dizendo que ela revela regras ocultas da natureza, que as moléculas, por exemplo, obedecem a certas regras quando se combinam. Se regras são diretrizes que orientam e direcionam o comportamento, há muitos contextos em que as pessoas ou fenômenos realmente parecem "seguir as regras".

A palavra "regras" (*rules*) — assim como as palavras "interação lúdica" (*play*) e "jogo" (*game*) — pode ser usada de muitas maneiras diferentes. Para efeitos de design de jogos, é importante considerar de que maneira os jogos fazem uso das regras. Talvez uma pergunta melhor do que "As regras são exclusivas dos jogos?" seja: "O que é único sobre as regras encontradas nos jogos?"

Os jogos são sistemas artificiais, separados de alguma forma da vida comum. A autoridade das regras de jogos só tem influência no âmbito limitado do jogo. As leis de um estado, por outro lado, permeiam a vivência dos seus cidadãos de uma forma muito menos limitada. É verdade que as leis são uma construção social, como são as regras do jogo. Mas, do ponto de vista formal, a artificialidade dos jogos impede que suas regras tenham um impacto fora do círculo mágico do jogo. Como afirma o designer de jogos e filósofo Bernard DeKoven, "Considero um jogo algo que nos dá um objetivo comum, cuja realização não tem influência sobre tudo o que está fora do jogo".

Qualidades das regras

As regras de um jogo são absolutamente obrigatórias e não permitem nenhuma dúvida

— ***Johann Huizinga**, Homo Ludens*

As regras são o que diferenciam os jogos de outros tipos de brincadeiras. Provavelmente a definição mais simples de um jogo seja a de que ele é uma brincadeira organizada, ou seja, baseada em regras. Se você não tem regras você tem livre interação, não um jogo. Por que as regras tão importantes para os jogos? Regras impõem limites — elas nos obrigam a tomar caminhos específicos para atingir metas e garantir que todos os jogadores assumam os mesmos caminhos. Elas nos colocam dentro do mundo do jogo, deixando-nos saber o que está dentro e fora dos limites.

— ***Marc Prensky**, Digital Game-Based Learning*

Como são regras de um jogo? O que as diferencia de outros tipos de regras? Como elas funcionam em um jogo? Considere a seguinte lista de características da regra:

- **As regras limitam a ação do jogador**. A principal maneira como as regras operam é limitar as atividades dos jogadores. Se estiver jogando o jogo de dados General, também conhecido como *Yam* ou *Yatzee*, pense em todas as coisas que você poderia fazer com os dados nesse jogo: você poderia prepará-los no fogo, comê-los, fazer malabarismo com eles ou utilizá-los para fazer joias. Mas você não faz nenhuma dessas coisas. Ao jogar o General, você segue as regras e faz algo incrivelmente limitado e específico. Quando for sua vez, você joga os dados e interpreta os resultados numéricos de maneira particular. As regras são "conjuntos de instruções", e seguir as instruções significa fazer o que as regras exigem e não fazer outra coisa em seu lugar.
- **As regras são explícitas e inequívocas**. As regras são completas e não dispõem de qualquer ambiguidade. Por exemplo, se fosse jogar em um tabuleiro e não estivesse claro o que fazer quando você aterrissasse em um espaço particular, essa ambiguidade teria de ser esclarecida para haver jogo. Da mesma forma, as regras têm de ser totalmente explícitas no que transmitem. Se você fosse jogar beisebol em um terreno baldio e uma árvore estivesse sendo usada como segunda base, as ambiguidades sobre o que seria uma segunda base poderiam levar a um colapso do jogo. No que você pode tocar e ainda estar na segunda base? Nas raízes? Nos galhos? Ou apenas no tronco da árvore?
- **As regras são compartilhadas por todos os jogadores**. Em um jogo com muitos jogadores, todos os jogadores compartilham um mesmo conjunto de regras. Se um jogador estiver seguindo um conjunto de regras diferentes do que os outros, o jogo pode perder a validade. Tome o exemplo do jogo de beisebol em um terreno baldio. Se um jogador acredita que tocar em um galho da árvore é legalmente tocar a segunda base, mas outro jogador achar que apenas o tronco é a base e marcar o corredor quando ele estiver segurando um galho da árvore, o jogador estará "fora"? Quando a divergência é levantada, o jogo trava completamente. Para que a situação seja resolvida, permitindo ao jogo continuar, todos os jogadores devem chegar a um acordo comum sobre as regras e sua aplicação dentro do jogo. Não é suficiente que as regras sejam explícitas e claramente declaradas: a interpretação das regras também deve ser compartilhada.
- **As regras são fixas**. As regras de jogos são fixas e não mudam quando um jogo é jogado. Se duas pessoas estiverem jogando xadrez e uma delas de repente anunciar uma nova regra segundo a qual um de seus próprios peões não está vulnerável, é muito provável que o outro jogador proteste contra a súbita impro-

visação da regra. Há muitos jogos nos quais faz parte a mudança das regras; de alguma forma, no entanto, a forma como as regras podem ser modificadas é sempre muito regulamentada. No esporte profissional, por exemplo, as mudanças de regras devem passar por um processo legislativo das organizações dirigentes. Mesmo nos jogos em que as regras são alteradas durante o próprio jogo, como o esquisito jogo de cartas Flux (em que jogar uma carta pode mudar os objetivos e regras do jogo inteiro), as formas de as regras mudarem são bem limitadas e elas próprias são determinadas por outras regras mais fundamentais.

- **Regras são obrigatórias**. As regras são feitas para serem seguidas. Parte da "magia" do círculo mágico é que as regras contêm sua própria autoridade. A razão pela qual as regras do jogo podem ser fixas e compartilhadas é porque são, em última análise, obrigatórias. Em alguns jogos, a autoridade das regras é manifesta na persona do árbitro. Como as próprias regras, o árbitro tem autoridade além daquela de um jogador comum. Se os jogadores sentissem que as regras não eram obrigatórias, eles ficariam à vontade para trapacear ou deixar o jogo como um "esporte fraudulento".
- **Regras são repetíveis**. As regras são repetíveis de jogo para jogo e são portáveis entre diferentes conjuntos de jogadores. Em um campeonato de Magic: The Gathering, todos os jogadores seguem as mesmas regras quando se posicionam uns contra os outros. Fora do contexto limitado de um torneio individual, as regras do jogo são igualmente repetíveis e portáveis. Embora os jogos costumem ter "regras da casa", como as muitas versões diferentes de regras para o espaço "Estacionamento Livre" no Monopoly (Monopólio/Banco Imobiliário), essas regras variantes são apenas variantes locais em conjuntos de regras bem consistentes. Em qualquer caso, os jogadores devem resolver as ambiguidades entre os conjuntos de "regras da casa", a fim de disputar um jogo.

Essas qualidades das regras estão em funcionamento sempre que se disputa um jogo. Se qualquer uma dessas qualidades não estiver em vigor, o sistema de jogo pode quebrar, tornando impossível jogar. Se as regras forem ambíguas, os jogadores devem resolver as ambiguidades antes de o jogo começar. Se as regras não forem obrigatórias, os jogadores não respeitarão sua autoridade e poderão trapacear.

As características dessa lista constituem as qualidades das regras. Descrever as regras dessa forma é uma maneira bem clássica de entender os jogos. É possível, por exemplo, criar um jogo em que os jogadores não compartilham o mesmo conjunto de regras e o jogo se resume a resolver essa discrepância. Ou talvez você queira jogar um "jogo para praticar" com alguém, e não vai obedecer a todas as regras para aprender a jogá-lo. É claro que a autoridade das regras nem sempre é rigorosamente obedecida: a trapaça acontece. Ao examinarmos as regras dos jogos de muitos ângulos diferentes, algumas dessas qualidades podem ser postas em questão. Mas, de um ponto de vista estritamente formal, essas são as características gerais de todas as regras do jogo.

Regras em contexto

Se você acha que toda essa conversa sobre regras fixas e categóricas faz com que os jogos pareçam um pouco coercivos, você está certo. De todas as formas possíveis de jogar, desde o casual Frisbee ao divertido jogo da sedução, há algo levemente conservador sobre jogos. Um jogo ilimitado, no qual as regras são constantemente inventadas (como o exemplo dos peões invencíveis acima), provavelmente não é um jogo em nossa definição. Embora o jogo possa ser livre e muito espontâneo, existem outras formas de interagir mais improvisadas do que a interação normalmente encontrada nos jogos. Mas há um tipo especial de lucidez e clareza sobre os jogos. A "vida real" está repleta de ambiguidades e informações parcialmente conhecidas, mas essa é uma das razões pelas quais os jogos como sistemas são artificiais e distintos da vida cotidiana. Na vida comum, é raro habitar um contexto com um grau tão elevado de clareza artificial. Essas características peculiares dos jogos dão origem às qualidades admiravelmente únicas da experiência do jogo. Mas a experiência entra em cena nos próximos capítulos: voltemos às regras.

De um ponto de vista formal, baseado nas regras, o que significa fazer parte de um jogo? Para jogar um determinado jogo, os participantes se submetem voluntariamente ao jogo; eles limitam seu comportamento a restrições específicas impostas pelas regras do jogo. Assim que o jogo começa, os jogadores são colocados no contexto artificial de um jogo — seu círculo mágico — e devem aderir às regras para participarem. Se você estiver jogando Candyland, quem se importa que a peça de plástico atinge primeiro o espaço final? Outros jogadores se importam, é claro. Eles são os que, como você, entraram no círculo mágico do jogo, um espaço compartilhado de interação lúdica criado pelas regras.

Há uma enorme lacuna entre as regras do Candyland e a experiência de jogo em ação. Nos demais capítulos dentro de REGRAS, começamos a cruzar essa lacuna, examinando como conjuntos de regras tornam-se sistemas de jogo. Vários esquemas de design de jogos diferentes ajudarão nessa tarefa, pois consideramos os jogos como sistemas de emergência, incerteza, informações, feedback, tomada de decisão e conflito. Inclusive, consideramos os jogos como sistemas de regras a serem quebradas. Mas, antes de entrarmos nesses esquemas, é necessário entender as regras em si mesmas como sistemas formais. Nos dois próximos capítulos, vamos construir uma base mais concreta para entender exatamente o que são regras, incluindo as regras nos jogos digitais.

Definindo regras

Resumo

- As **regras** constituem a estrutura formal interna dos jogos. Todos os jogos têm regras, e estas são uma das qualidades essenciais de jogos.
- As regras não são a experiência do jogar. É possível fazer alterações experimentais em um jogo (como alterar os nomes dos quatro naipes de um baralho), sem mudar as regras ou estruturas formais de um jogo.
- As regras do jogo, quando consideradas no esquema primário de **REGRAS**, são diferentes das regras de estratégia. As "regras de ouro" estratégicas ajudam os jogadores a jogar um jogo, mas não definem a identidade formal de um jogo.
- As regras do jogo são diferentes das regras de etiqueta, leis, guerra ou outras regras sociais. Os jogos são intrinsecamente artificiais e separados de contextos "reais", ao passo que essas outras formas de regras não estão separadas da vida comum.
- A seguir, as características gerais que todas as regras do jogo compartilham:

  1. **As regras limitam a ação do jogador**.
  2. **As regras são explícitas e inequívocas**.
  3. **As regras são compartilhadas por todos os jogadores**.
  4. **As regras são fixas**.
  5. **As regras são obrigatórias**.
  6. **As regras são repetíveis**.

- Embora alguns jogos questionem e violem tais características, essas são as peculiaridades das regras do jogo consideradas de um ponto de vista estritamente formal.

12

REGRAS EM TRÊS NÍVEIS

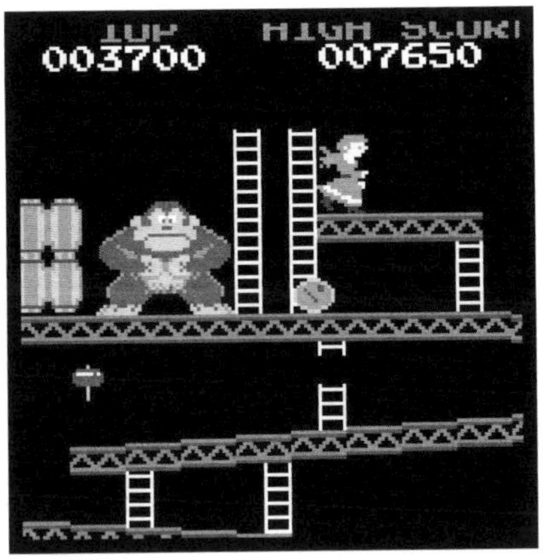

Amarelinha | Donkey Kong | | Nintendo

regras constitutivas
regras operacionais
identidade formal
especificidade
regras elegantes

O "casual" jogo de tênis que eu e meus amigos jogamos é realmente baseado em um conjunto extremamente complexo de "regras" — pressupostos, tradições e convenções — que governam nosso comportamento na quadra (estejamos conscientes disso ou não).

— ***Stephen Sniderman***, *Unwritten Rules*

Considere o jogo de xadrez. Em geral, é jogado com uma coleção de peças de xadrez em um tabuleiro composto por quadrados pretos e brancos. Podemos todos concordar, eu acho, que esses são de fato objetos reais. Além disso, o jogo envolve um conjunto de regras especificando como as peças podem ser movidas, o que constitui uma posição legal no tabuleiro, como uma peça captura outra e assim por diante. Essa é a versão real do jogo de xadrez. Mas há outra versão, uma que já existe puramente no mundo de símbolos e na sintaxe (ou seja, os sistemas formais), e essa versão espelha exatamente o jogo real que normalmente vemos... na verdade, o xadrez é uma relação entre um conjunto de símbolos abstratos (as peças pretas e brancas) e outro conjunto de símbolos abstratos (as casas do tabuleiro). Em resumo, não há nada essencial sobre a materialização desses símbolos, na medida em que os fundamentos do jogo estão em questão.

— ***John L. Casti***, *Complexification*

Jogo da velha diferente

Até agora discutimos as regras de maneira relativamente simples. Por exemplo, examinamos as regras do jogo da velha como elas podem aparecer em um manual de instruções e argumentamos que essas regras constituem plenamente as regras do jogo, a estrutura formal completa do jogo da velha. Eis essas regras mais uma vez:

1. a interação ocorre em um tabuleiro, na forma de uma grade 3 x 3, de 9 de casas vazias.
2. Dois jogadores alternam na marcação de lacunas, ou casas vazias; o primeiro jogador marca os Xs, e o segundo, os círculos (Os).
3. Se um jogador fizer três marcas iguais em uma fileira (horizontal, vertical ou diagonal), ele ganha.
4. Se todas as lacunas forem preenchidas e não houver um vencedor, o jogo termina em empate.

Será que essas quatro regras constituem o sistema formal completo do jogo da velha? Embora tais regras não descrevam para os jogadores o que eles precisam saber para poderem jogar, há aspectos do sistema formal do jogo da velha que não estão incluídos aqui. De modo específico, existem dois tipos de estruturas formais que essas quatro regras não abrangem completamente: as estruturas matemáticas subjacentes do jogo e as regras implícitas de etiqueta do jogo.

Sob o capô

Vamos explorar esses dois tipos de estruturas formais, um de cada vez. Primeiro, há a estrutura formal fundamental que se encontra "sob o capô" das regras do jogo da velha. Será que existe uma estrutura desse tipo? Ela é diferente daquelas regras declaradas do jogo? Há, de

2	9	4
7	5	3
6	1	8

A conclusão do jogo

fato, uma lógica matemática básica que faz parte de cada jogo, mas isso não é necessariamente expresso diretamente nas regras do jogo declaradas que um jogador deve aprender. Para entender esse ponto, dê uma olhada em um experimento mental de Marc LeBlanc. O jogo é chamado de "3 para 15" (3-to-15).[1]

Regras do 3 para 15:

1. Dois jogadores se revezam em turnos.
2. Na sua vez, um jogador escolhe um número de 1 a 9.
3. Não é possível escolher um número que já foi escolhido pelo outro jogador. Se você tiver um conjunto de exatamente 3 números cuja soma é 15, você ganha.

O que esse jogo tem a ver com o jogo da velha? À primeira vista, 3 para 15 não parece ter nada do jogo da velha. Em vez de fazer Xs e Os, os jogadores escolhem números. Não há sequer menção a uma grade. Mas a conclusão do jogo é que o 3 para 15 é na verdade um tipo de jogo da velha. Se você acha que entendeu isso, examine o diagrama na página.

3 para 15 é um quebra-cabeça do tipo "quadrado mágico", em que os números em qualquer linha horizontal, vertical ou diagonal somam 15. Ao escolherem os números do quadrado mágico na forma prescrita pelas regras, os jogadores na verdade estão jogando um jogo da velha. Ou não? O que os dois jogos têm em comum? As regras subjacentes encontradas no jogo da velha *e* no 3 para 15 parecem um pouco com isto:

- Dois jogadores se alternam fazendo uma seleção exclusiva em várias grades de 3 por 3 unidades.
- O primeiro jogador a selecionar três unidades em uma linha horizontal, vertical ou diagonal é o vencedor.
- Se nenhum jogador conseguir fazer seleção e não houver vencedor, o jogo termina em empate.

Essas "regras" se parecem tanto com as do jogo da velha como com as do 3 para 15, com algumas diferenças significativas. Por exemplo, as regras não mencionam como o jogador decide entre diversas escolhas ou como registrar a ação de um jogador. As regras acima são um tipo de abstração de ambos os jogos.

Ainda há perguntas: O 3 para 15 é uma variante do jogo da velha ou um jogo completamente diferente? Se for um jogo diferente, o que tem em comum com o jogo da velha? O que tudo isso nos diz sobre as "regras" do jogo da velha? Respondemos a essas questões mais adiante neste capítulo. Por enquanto, apenas uma nota de que há, de fato, aspectos formais de jogos como o jogo da velha que residem sob as "regras de jogo" declaradas.

Sendo esportista

Se há aspectos dos sistemas formais de jogos que estão por trás das regras quando elas são expressas para jogadores, há também aspectos de um jogo que estão além ou fora das regras declaradas. Essas regras são regras de comportamento que estão implícitas, mas, em geral, não explicitamente declaradas em um jogo. Dê uma olhada novamente nas quatro "regras" do jogo da velha.

1. a interação ocorre em um tabuleiro, na forma de uma grade 3 x 3, de 9 de casas vazias.
2. Dois jogadores alternam na marcação de lacunas, ou casas vazias; o primeiro jogador marca os Xs, e o segundo, os círculos (Os).
3. Se um jogador fizer três marcas iguais em uma fileira (horizontal, vertical ou diagonal), ele ganha.
4. Se todas as lacunas forem preenchidas e não houver um vencedor, o jogo termina em empate.

Será que isso realmente cobre todas as regras possíveis de comportamento do jogo da velha? Na verdade, não. Também há outras regras que os jogadores observam. Em seu ensaio "Life of Games", Stephen Sniderman afirma uma dessas regras: o prazo limite implícito entre os turnos de cada jogador no jogo da velha:

> Existe um limite de tempo entre movimentos? Normalmente, nós tanto "entendemos" que há um limite como "sabemos" que nossos movimentos devem ser feitos dentro de um prazo "razoável", digamos 20 segundos. Se um de nós levar mais tempo, o outro começa a inquietar-se ou ficar entediado, talvez até mesmo fazer comentários não tão sutis e, finalmente, ameaça parar. Sem isso ter sido declarado, aceitamos um prazo limite tácito. E como não declaramos isso, esse prazo é bem flexível e muito funcional.
>
> Suponha que seja a minha vez de jogar e, independentemente do que eu fizer, você ganhará no próximo movimento. Eu não poderia impedir que isso acontecesse, dentro das regras declaradas, simplesmente me recusando a jogar? Nada nas regras me obriga a mover dentro de um determinado período de tempo, então simplesmente não executo o próximo passo. Não deixei de seguir as regras e evitei a derrota? E apesar de nunca ter jogado um jogo, você sabe que essa estratégia quase nunca é usada e seria completamente inaceitável. Qualquer um que recorra seriamente a essa tática seria considerado infantil ou sem espírito esportivo ou socialmente indesejável e, provavelmente, não seria chamado para jogar no futuro. Esse comportamento parece violar um princípio fundamental, mas raramente declarado, do jogo, sem nenhum de nós nunca ter precisado discuti-lo.[2]

Existem muitas outras "regras não escritas" além do limite de tempo autoimposto no revezamento. Por exemplo, é um consenso geral que os jogadores vão jogar jogo da velha de uma forma que permita facilmente fazer Xs e Os. É por isso que a maioria dos jogos acontece fazendo as marcações em uma folha de papel em vez de colher folhas de uma planta espalhada por um amplo terreno, ou usando um giz para marcar no asfalto de uma rua perigosamente movimentada — as condições da interação nesses casos tornariam o jogo quase impossível. Outras regras não escritas assumem que os jogadores não irão fazer cócegas um no outro, esconder o tabuleiro ou outras ações que impedem que seus adversários tenham sua vez. Essas regras são implícitas de alguma forma nas quatro "regras" declaradas. Se toda regra implícita possível tivesse de ser listada, a lista seria infinita.

Três tipos de regras

Como o exemplo do jogo da velha demonstra, para entender a operação formal de um jogo é preciso complexificar nossa compreensão das regras do jogo. Propomos um sistema de três partes para entender o que são as regras do jogo e como elas funcionam.

Regras operacionais

As regras operacionais são as "regras do jogo". Elas são o que normalmente consideramos como regras: as orientações de que os jogadores precisam para jogar. Em geral, as regras operacionais são um sinônimo das "regras" escritas que acompanham os jogos de tabuleiro e outros jogos não digitais. As regras operacionais do jogo da velha são as quatro regras que apresentamos inicialmente.

Regras constitutivas

As regras constitutivas de um jogo são as estruturas formais subjacentes que existem "sob a superfície" das regras apresentadas aos jogadores. Essas estruturas formais são lógicas e matemáticas. No caso do jogo da velha, as regras constitutivas são a lógica matemática que o jogo da velha compartilha com o jogo 3 para 15.

Regras implícitas

Regras implícitas são as "regras não escritas" de um jogo. Essas regras dizem respeito à etiqueta, ao espírito esportivo e outras regras implícitas de comportamento apropriado do jogo. O número de regras implícitas do jogo da velha é vasto e não pode ser completamente listado. As regras implícitas do jogo da velha são semelhantes às regras implícitas de outros jogos por turnos, como o xadrez. Contudo, as regras implícitas podem mudar de jogo para jogo e de contexto para contexto. Por exemplo, você poderia deixar uma criança "refazer" um movimento tolo em um jogo de xadrez, mas provavelmente não iria deixar o adversário fazer o mesmo em uma competição.

As regras de escadas e escorregadores

Tudo isso em prol da simplicidade das regras. Agora que olhamos mais de perto a estrutura formal do jogo da velha, é evidente que o fenômeno das regras do jogo é mais complexo do que parecia a princípio. Continuemos nossa investigação de três tipos de regras, voltando nossa atenção para o tabuleiro de jogo escadas e escorregadores. As regras impressas do jogo são as seguintes:

Embora essas não sejam as regras completas impressas no manual que acompanha o jogo (as regras oficiais incluem um texto introdutório e uma seção de preparação), elas nos dão as informações de que precisamos para a nossa análise formal. Como essas regras impressas se relacionam com as regras operacionais, constitutivas e implícitas do jogo?

Escadas e escorregadores: regras operacionais

Como a maioria das regras que estão escritas como instruções para os jogadores, as regras impressas de escadas e escorregadores consistem principalmente em regras operacionais. As regras operacionais são instruções explícitas que orientam o comportamento dos jogadores. A regra "Como Jogar" número dois, por exemplo, diz aos jogadores: "Na sua vez, gire o disco e mova seu peão, quadrado por quadrado, o número apresentado no disco giratório".

Essa é uma clara instrução que mobiliza diretamente os materiais do jogo. Como os materiais físicos de um jogo de tabuleiro permitem aos jogadores interagirem com o sistema do jogo, é importante que as regras operacionais descrevam com precisão como um jogador deve manipular e interpretar os objetos de um jogo. A regra menciona o disco, o peão e os quadrados (casas) do tabuleiro, definindo em uma única frase o principal mecanismo do jogo.

Escadas e escorregadores: regras constitutivas

O principal interesse das regras operacionais de um jogo é orientar o comportamento dos jogadores. Em contrapartida, as regras constitutivas de um jogo — a estrutura matemática subjacente — existem independentemente do jogador. Considerando que as regras operacionais são concretas e descrevem ações específicas que os jogadores vão tomar, as regras constitutivas são abstratas. As regras constitutivas são conjuntos de relações lógicas que não estão necessariamente incorporadas em um formato material ou em um conjunto de orientações comportamentais para o jogador. As regras constitutivas têm literalmente sua própria lógica, que não declara explicitamente como um jogador fará uso delas.

Quais são as regras constitutivas de escadas e escorregadores? Elas podem ser semelhantes a estas:

1. Os jogadores começam com o valor zero.

Escadas e escorregadores

Como jogar

1. Todo mundo gira o disco. O jogador com o maior número é o primeiro a jogar. O jogo segue para a esquerda.
2. *O que fazer na sua vez.* Na sua vez, gire o disco e mova seu peão, quadrado por quadrado, o número apresentado no disco giratório. Por exemplo, em sua primeira vez, se ao mover o disco você tirar um 5, mova para a casa nº 5 no tabuleiro. Depois de você mover o seu peão, chega a vez de outra pessoa jogar.
3. Dois ou mais peões podem estar no mesmo espaço ao mesmo tempo.
4. *Subindo ou descendo na escada.* Toda vez que um peão cair na casa de uma figura na parte inferior de uma escada, esse peão deve subir até a casa dessa figura no topo da escada.... *Escorregadores.* Toda vez que um peão cair na casa de uma figura no topo de um "escorregador", esse peão deve deslizar pelo escorregador até a casa da figura na parte inferior do escorregador .
5. Se o seu peão terminar a vez dele em qualquer um dos espaços a seguir, a vez dele terminou:
   - uma casa sem figura;
   - uma casa sem figura e apenas uma flecha;
   - uma casa pela qual passa uma escada ou escorregador;
   - uma casa com figura no topo da escada;
   - uma casa com figura na parte inferior de um escorregador.

Vencendo o jogo

O primeiro jogador a chegar na casa Faixa Azul nº 100 ganha o jogo. Você pode chegar lá de duas maneiras:

1. Caindo lá por uma contagem exata. Se ao girar o disco isso o levar além da casa nº 100, não se mova. Tente novamente na sua próxima vez.
2. Subindo lá por terminar seu movimento na casa nº 803 da escada.[3]

2. Os jogadores jogam um de cada vez adicionando um número aleatório de 1-6 ao seu valor atual.
3. O primeiro jogador a atingir exatamente um valor de 100 ganha o jogo (se adicionar o número aleatório ao total de um jogador exceder o total superior a 100, não acrescente o número aleatório nessa vez).
4. Quando o total de um jogador atingir exatamente certos números, o total muda. Por exemplo, se um jogador atinge exatamente 9, o seu total se torna 31. Se um jogador chega exatamente ao 49, o total dele será 11. (Essa regra abrange os "escorregadores" e as "escadas" do jogo. Para um verdadeiro conjunto de regras constitutivas, essa regra teria de ser expandida para incluir todos os possíveis ajustes de número de "escorregador" e "escada" para a edição particular do jogo.)

Observe que nessas regras não há menção de um disco, um tabuleiro ou peões. Não há nenhuma menção de como os jogadores devem gerar os números aleatórios ou monitorar seus números durante o jogo. Esses mecanismos, que envolvem materiais e comportamentos específicos, fazem parte das regras operacionais do jogo.

Como as regras constitutivas se relacionam com as regras operacionais? Existe um relacionamento de um para um? Como um experimento, poderíamos usar essas mesmas quatro regras constitutivas para inventar um novo conjunto de regras operacionais que diferem do jogo escadas e escorregadores padrão. Digamos que quiséssemos mudar apenas a maneira como os jogadores geram o número aleatório a cada vez e como eles monitoram seu progresso. Eis algumas das muitas maneiras diferentes de fazermos o redesign do jogo:

- *Dados e uma folha de papel para marcar pontuação.* Os jogadores monitoram seus pontos escrevendo números em um tipo de planilha e jogam um dado para obter um número aleatório.
- *Cartas e fichas.* Os jogadores acompanham sua pontuação por meio de fichas e, então, escolhem uma entre seis cartas embaralhadas para gerar um número aleatório.

- *Disco giratório e pinos.* Os jogadores movem os pinos por uma trilha linear, utilizando os peões para guardar sua posição. Os jogadores usam um disco giratório para gerar um número aleatório.

Cada um desses três tipos de jogos teria seu próprio conjunto de regras operacionais, os quais lembrariam vagamente as regras originais de escadas e escorregadores, mas as regras precisariam ser ajustadas para levar em conta os novos materiais e comportamentos que introduzimos. Para cada jogo, teríamos de fornecer uma folha com instruções para os jogadores controlarem todos os saltos para frente e para trás, os quais no jogo original usam a forma de "escorregadores" e "escadas", representadas graficamente no tabuleiro.

Esses três tipos de jogo requerem que os jogadores se comportem de maneira diferente. Cada um cria uma experiência diferente para os jogadores: jogar um dado é uma ação diferente daquela de puxar uma carta. Apesar dessas diferenças, todas elas ainda compartilham o mesmo conjunto de regras constitutivas subjacentes. Não há, portanto, uma relação intrínseca entre as regras constitutivas e operacionais de um jogo. O mesmo conjunto de regras constitutivas pode ser expresso em diferentes formas operacionais.

Escadas e escorregadores: regras implícitas

Voltemos para o nosso terceiro tipo de regras, as regras implícitas de um jogo. Há muitas regras implícitas de escadas e escorregadores. Por exemplo, a regra implícita que destacamos no jogo da velha relacionada com o tempo que os jogadores devem ter na sua vez também se aplica aqui. Mas também há outras regras implícitas de escadas e escorregadores. Algumas delas são até incluídas nos manuais impressos do jogo. A seguir, a seção Configuração do livro de regras do jogo:

1. Posicione o tabuleiro para que todos os jogadores possam facilmente mover seus peões de casa em casa.
2. *Tudo sobre as casas do jogo.* Dê uma espiada no tabuleiro. As casas são numeradas de 1 a 100. Os peões dos jogadores se moverão para frente e para trás pelo tabuleiro, seguindo os números em ordem ascendente — da casa nº 1 pegando a direita para a casa nº 10 e, então, subindo para a casa nº 11 e pegando a esquerda até a casa nº 20 etc. Naturalmente, você pode também se mover subindo as escadas e, infelizmente, cair, também, deslizando pelos escorregadores. Mais informações sobre isso são apresentadas posteriormente.
3. Cada jogador escolhe um peão para jogar. Quaisquer peões extras ficam fora do jogo. Os peões escolhidos são posicionados sob o tabuleiro perto da nº1. Agora se prepare para se divertir![4]

Embora essas regras possam parecer óbvias, elas ajudam a ilustrar algumas das regras implícitas de escadas e escorregadores. A regra de configuração inicial número 1 é um exemplo clássico de uma regra implícita, aqui explicitada no texto impresso. O tabuleiro deve ser posicionado de modo que todos possam acessá-lo — em outras palavras, é necessário que todos sejam capazes de, física e logisticamente, pôr as regras operacionais em ação. A regra de configuração inicial que instrui os jogadores a tirar os peões extras do jogo (deixando-os fora do jogo) é outra regra que normalmente é implícita, mas passa a ser escrita aqui.

No caso dessas duas regras, uma regra implícita normalmente é uma regra operacional explicitamente declarada por seu registro junto às regras que vêm com o jogo. Para o público de jovens jogadores de escadas e escorregadores, pareceu que os designers do jogo acharam necessário, nesses casos, esclarecer o que normalmente está implícito. E como o número potencial de regras implícitas é infinito, há muitas outras regras implícitas que também podem ser declaradas. Que regras incluir ao escrever as instruções, manuais ou seções de ajuda de um jogo? Tudo depende do seu público-alvo e do tipo de experiência que você quer que os participantes tenham. Em última instância, conjuntos de regras e instruções precisam ser desenhados, analisados, testados e revisados exatamente como outros aspectos do jogo.

Para efeitos de nossa análise formal, o que significa chamar essas normas escritas de "regras implícitas"?

Se uma regra for explicitamente escrita, como pode eventualmente ser implícita? A fronteira entre as regras operacionais e implícitas pode ser bastante confusa. Muitas vezes, uma "regra do jogo" pode mudar de implícita para operacional, dependendo do contexto. Para voltar ao nosso exemplo anterior do jogo de baseball no terreno baldio, a regra sobre o tronco de árvore (e não os galhos ou raízes) sendo a segunda base poderia ser uma regra implícita para um grupo de crianças com muita experiência em comum de jogar beisebol em locais em que as árvores são usadas como bases. Mas um jogador iniciante pode precisar que essa regra implícita seja enunciada, ponto em que se tornaria uma regra operacional, explícita.

O valor desse modelo de regras de três partes não está em ser capaz de decidir definitivamente se uma dada regra é constitutiva, operacional ou implícita. Haverá sempre alguns jogos e contextos de jogo que não se encaixam perfeitamente em nosso modelo. Como todos os conceitos deste livro, essas três formas de entender as regras não se apresentam como uma tipologia explicativa definitiva: o modelo é oferecido como um quadro para identificar, analisar e resolver problemas de design que possam surgir no jogo.

A identidade de um jogo

"Todo jogo tem suas regras", diz Huizinga em Homo Ludens. *Mas podemos ir mais longe e dizer: "Todo jogo são suas próprias regras", pois elas são o que definem o jogo.*

— ***David Parlett**, The Oxford History of Board Games*

A esta altura temos uma compreensão sobre as regras constitutivas, operacionais e implícitas de escadas e escorregadores. Eis uma pergunta: qual desses conjuntos de regras é *realmente* o conjunto de regras de escadas e escorregadores? Que conjunto de regras representa as verdadeiras regras do jogo? A resposta não é óbvia. Ao analisar escadas e escorregadores, identificamos as regras constitutivas, mas essas regras também podem ser usadas para fazer outros jogos, como o jogo Dados e Folha de Pontuação. As regras operacionais parecem exclusivas de escadas e escorregadores, mas não são elas apenas uma expressão das regras constitutivas mais fundamentais? As regras implícitas não parecem exclusivas de escadas e escorregadores (elas são compartilhadas por outros jogos de tabuleiro), mas, ao mesmo tempo, algumas das regras implícitas são escritas nas instruções que vêm com o jogo. E quanto aos elementos do jogo que não fazem parte das regras: o nome do jogo, o design visual dos materiais, as mininarrativas de punição e recompensa que acontecem no tabuleiro, a história do desenvolvimento do jogo, o perfil demográfico de seus jogadores? Alguns desses atributos de escadas e escorregadores têm uma influência sobre a identidade formal do jogo?

Começamos primeiro com a última pergunta. Podemos definir um jogo de muitas maneiras. Nos capítulos sobre **REGRAS**, porém, o foco não está no design visual, conteúdo da narrativa, história cultural, social ou uso de jogos. Pelo contrário, está nas regras do jogo: as estruturas formais de um jogo. Quando se trata de decidir quais regras são as regras "reais" do jogo, podemos eliminar todos esses aspectos não relacionados com regras de escadas e escorregadores. Em vez disso, devemos olhar apenas para os três tipos de regras e decidir, do ponto de vista formal, o que constitui as verdadeiras "regras" de escadas e escorregadores. Que conjunto de regras dá a esse jogo sua identidade única formal?

Como uma possível resposta, podemos eliminar imediatamente regras implícitas. Embora as regras implícitas de escadas e escorregadores sejam cruciais para entender como o jogo funciona, em grande parte, elas são semelhantes às regras implícitas de outros jogos. Mesmo que, de certo modo, fôssemos capazes de listar todas as regras implícitas do jogo, isso não facilitaria encontrar a identidade única formal de escadas e escorregadores.

Isso nos deixa as duas outras categorias: regras operacionais e constitutivas. Acontece que esses dois tipos de regras são importantes na determinação da singularidade de um jogo. A "verdadeira e única identidade" do sistema formal de escadas e escorregadores (ou de qualquer outro jogo) emerge da interação entre esses dois conjuntos de regras. À primeira vista, pode parecer que as regras constitutivas de um jogo são o "coração" ou "essência" das regras do jogo e as regras operacionais simplesmente descrevem as formas de acessar as regras constitutivas. Na verdade, não é esse o caso. As regras constitutivas e operacionais de um jogo funcionam em conjunto para gerar o "sentido" formal de um jogo. Não existe nenhuma "essência" de um jogo fechada em seu núcleo lógico constitutivo.

Temos certeza disso? Pense nas variações de escadas e escorregadores que compartilhavam as mesmas regras constitutivas. Essas outras variações simplesmente não pareciam o escadas e escorregadores — porque *não* eram o escadas e escorregadores. Assim como a identidade formal do jogo está ligada à sua lógica constitutiva, a forma material pela qual os jogadores experimentam essa lógica, como proscrito pelas regras operacionais, é igualmente importante. O fato de os jogadores lançarem um dado e moverem peças em um tabuleiro faz tanto parte de escadas e escorregadores como da lógica matemática expressa pelos comportamentos.

Se o tabuleiro e outros materiais são importantes, eles não fazem parte da identidade formal do jogo? O que acontece se removermos as belas ilustrações de meninos e meninas? E se substituirmos as ilustrações de escadas e escorregadores por setas abstratas que indicam o espaço para onde o jogador deve ir? Será que o jogo ainda será o escadas e escorregadores? De um ponto de vista experimental, baseado na interação, não. Remover esses elementos do jogo muda a experiência dos jogadores — os jogadores podem até não reconhecê-lo como uma versão "reduzida" de escadas e escorregadores. Mas embora os jogadores possam não perceber isso, de um ponto de vista formal, eles estariam jogando escadas e escorregadores. Formalmente, mesmo sem todos os gráficos ilustrativos, as regras do jogo permaneceriam as mesmas. Quando se trata de definir a identidade formal do jogo, apenas as regras importam.

Especificidade das regras

Vamos dar mais uma olhada no complexo cruzamento de regras constitutivas e operacionais. É realmente verdade que para qualquer jogo existe um conjunto único de regras constitutivas? Ou existem vários conjuntos de regras constitutivas que podemos aplicar ao mesmo jogo? E se as regras constitutivas do jogo escadas e escorregadores fossem simplificadas da seguinte forma:

1. Os jogadores começam com o valor zero.
2. Um jogador de cada vez joga gerando um número e adicionando-o ao seu valor.
3. O primeiro jogador a atingir um valor 100 ganha.

Ou ainda mais simplificado:

1. Os jogadores começam com o valor zero.
2. O primeiro jogador a atingir um valor 100 ganha.

Ou indo ainda mais longe:

1. O primeiro jogador a atender as condições de vitória é o vencedor.

O que está acontecendo com essas sucessivas simplificações das regras constitutivas? A cada estilização, não só nos afastamos de escadas e escorregadores, como também de um conjunto de regras constitutivas que poderiam ser contidas dentro de um determinado conjunto de regras operacionais.

Como as regras operacionais e constitutivas criam juntas a identidade formal do jogo, elas devem incorporar as qualidades de regras que identificamos no capítulo anterior: explícitas e inequívocas, bem como compartilhadas, fixas, obrigatórias e repetíveis. Os vagos conjuntos de regras constitutivas listados acima não atendem a esses critérios: são simplesmente muito gerais. Um conjunto semelhante de regras operacionais ambíguas poderia ser criado para o escadas e escorregadores, como pedir aos jogadores para se mover no tabuleiro, mas não especificar exatamente como deveriam se mover. Como sabemos com base nos exemplos anteriores, a ambiguidade nas regras operacionais leva a discordâncias, que devem ser resolvidas antes que a interação possa continuar.

A especificidade das regras de qualquer jogo permite-nos identificar o jogo, dizendo que ela é definida por *esse* conjunto de regras e não *aquele*. Não há medida absoluta para o momento em que a identidade de um jogo termina e outra começa. Mas a identidade do jogo normalmente é óbvia. Portanto, se a identidade é óbvia, por que estamos passando por tanta dificuldade para identificá-la? Como a identidade formal do jogo surge da interseção das suas regras constitutivas e operacionais, a compreensão de como ele opera nos ajudará a entender como as regras constroem um jogo.

As regras operacionais não são uma mera expressão das regras constitutivas de um jogo. A relação é mais uma via de mão dupla. As regras operacionais são regras concretas, reais. As regras constitutivas são abstratas, lógicas. Elas são muito diferentes, mas cada jogo as amarra firmemente em virtude da sua identidade única. Qual é a relação entre esses dois tipos de regras? O matemático John Casti lança alguma luz sobre o problema:

> Considerando um tipo particular de estrutura matemática, temos de compor um dicionário para traduzir (ou seja, interpretar) os símbolos abstratos e as regras do sistema formal nos objetos dessa estrutura. Por essa etapa da construção do dicionário, atribuímos um significado à estrutura abstrata, puramente sintática dos símbolos e ***strings*** do sistema formal. Posteriormente, todos os teoremas do sistema formal podem ser interpretados como verdadeiras afirmações sobre os objetos reais associados.[5]

Casti não está falando de jogos (ele está discutindo as relações entre sistemas puramente formais, como matemática, e os objetos que esses sistemas formais nomeiam e manipulam). Mas seu pensamento é relevante aqui. Nos tipos de sistemas que ele descreve, não há interpretação entre os dois níveis de uma estrutura, uma interpretação que produz sentido conforme a tradução ocorre entre os níveis. Esse mesmo processo ocorre em todos os três níveis de regras de um jogo. O significado formal de um jogo depende das regras constitutivas, operacionais e implícitas interligadas. O modo como entendemos um jogo depende da interação dessas regras, de como uma forma das regras permite a expressão das outras. A importância das regras como um sistema de expressão surge da interdependência de suas partes. Dentro do círculo mágico de um jogo, estruturas formais adquirem significado em função dessas inter-relações.

Criando regras elegantes

É curioso perceber que, quando os jogadores movem os peões ou símbolos ao longo de um caminho (como em escadas e escorregadores), sua ação é realmente apenas uma maneira diferente de marcar pontos. Por outro lado, qualquer jogo em que os jogadores exibam ou registrem uma pontuação numérica também poderia ser percebido como um jogo de corrida, com representações dos jogadores deslocando-se por uma pista. Por que um jogo deveria preferir uma forma operacional a outra? Por que o escadas e escorregadores deve ser jogado em um tabuleiro se ele também poderia ser jogado de outra forma? Podemos usar o quadro de regras do jogo para ajudar a tomar esses tipos de decisões de design?

Como um designer de jogos, você geralmente quer jogadores focados na experiência da interação e não em entender as regras. Um aspecto importante da elaboração das regras é criar experiências em que regras elegantes mantêm o foco adequado do jogador.

Regras no processo de design

O que as regras têm a ver com o design? Estamos defendendo que os designers de jogos criam seus jogos pensando explicitamente em termos de regras constitutivas, operacionais e implícitas?

Antes de tudo, não existe uma fórmula mágica para desenhar interação lúdica significativa. Existem muitas abordagens para criar jogos assim como existem designers de jogos. Como designer de jogos, você pode ser movido por um desejo de explorar recursos como narrativa, estética visual, interação social e novas tecnologias — ou até novos tipos de regras formais.

Apesar de todas essas possíveis abordagens, há algo intrinsecamente estrutural sobre os jogos. Mesmo se não estiver concentrado em regras como a inspiração criativa para o processo de design de jogo, você ainda precisará criar um conjunto de regras para desenhar seu jogo. Isso significa que olhar para os jogos formalmente — como um sistema de regras — acabará por ser uma parte importante de saber como seu jogo funciona. Entender as qualidades formais dos jogos é tão importante como entender seus aspectos práticos e culturais.

Mais do que um procedimento para desenhar jogos, os três tipos de regras estabelecem um quadro para a compreensão de como funcionam as regras. Como designer de jogos, os sistemas que você constrói por meio do processo iterativo de design de jogos terão regras como uma de suas matérias-primas. Desenhar e redesenhar os sistemas de jogo significa, em algum nível, mexer com as regras. Entender como funcionam as regras torna muito mais fácil projetar interações significativas.

Em escadas e escorregadores, há muitas razões pelas quais o jogo ocorre em um tabuleiro, com o deslocamento de peões feito por jogadores, em vez de, por exemplo, os jogadores manterem a contagem em um pedaço de papel. Uma razão é a audiência do jogo. As crianças usam as casas para ajudar na contagem. Em vez de somar 6 a 57 em uma folha de papel, eles podem simplesmente contar até seis casas para chegar ao novo local no tabuleiro.

Mais importante, porém, o tabuleiro não perde de vista a chata regra constitutiva número quatro, aquela que incorpora "escalar" e "escorregar". Se os jogadores estiverem marcando pontos no papel, todos os saltos para cima e para baixo precisarão ser registrados numa folha separada para referência. A elegância do tabuleiro é que ele combina essas duas funções operacionais, ao mesmo tempo o marcador de progresso e a referência para escalar e deslizar. Isso contribui para uma experiência de jogo bem-sucedida. A interação significativa emerge de uma firme combinação de ação e resultado: um resultado *perceptível* e *integrado*. O uso de um tabuleiro de jogo no processo de gerar um número aleatório, registrar o progresso e ver ou não a sua peça subir ou descer ajuda a enfatizar o significado do jogo em uma série de maneiras:

- O tabuleiro contém todos os aspectos das informações do jogo — o progresso rumo ao espaço final, bem como a escalada e o deslizamento — ao mesmo tempo.
- As representações dos jogadores (suas peças) estão todas no mesmo "espaço", tornando a comparação das posições relativas imediata e intuitiva.
- Os jogadores podem ver claramente as consequências de seus atos, seja movendo-se normalmente durante uma jogada, escalando ou escorregando.

É fácil tomar por garantida a elegância de um jogo como escadas e escorregadores. Compare-o com um jogo no qual as regras operacionais dificultam ainda *mais* o jogo. Considere a variante "3 para 15" do jogo da velha de Marc LeBlanc. O problema com o 3 para 15 é que, ao escolher números em vez de fazer marcas, os jogadores não podem ver as implicações de suas ações. A menos que os jogadores sejam capazes visualizar uma figura cristalina do quebra-cabeça do quadrado mágico (e também lembrar todos os movimentos passados do jogo), eles não conseguirão usar o tipo de estratégia que normalmente pensamos em usar no jogo da velha. O 3 para 15 se torna um jogo de memória e matemática, em vez do conflito territorial muito simples que é o jogo da velha. Se memória e matemática eram o que o designer pretendeu enfatizar, então tudo bem. Mas se sua intenção é fazer os jogadores planejar estrategicamente os movimentos em uma grade enquanto jogam, as regras operacionais do jogo da velha são de longe muito superiores às do 3 para 15.

A ideia de elegância por meio da clareza funciona para o escadas e escorregadores considerando seu público infantil, suas habilidades limitadas de atenção e de matemáticas e a maneira como as regras operacionais do jogo criam uma experiência global. Mas é fácil pensar em jogos em que o mesmo tipo de clareza de informações poderia destruir o jogo. Imagine, por exemplo, um jogo de Assassin em que todos os jogadores sabem tudo um do outro, como o local onde vivem e que alvos foram definidos. Assassin é um jogo que exige sigilo, confusão e informações ocultas. Ter muita informação destrói esses elementos, tornando a clareza da informação uma qualidade indesejável da jogabilidade. Entretanto, as formas que os jogadores aprendem o jogo em si — como entrar no sistema de sigilo, confusão e informações ocultas — precisam ser claras. As próprias regras devem ser inequívocas em última instância.

Quando um jogo cria ambiguidade, é sempre dentro de algum quadro maior, que é claramente articulada e compartilhada por todos os jogadores. Criar esse conjunto de regras claras e amarrá-lo a ações e resultados de interação lúdica genuinamente significativa é uma maneira de entender todo o processo de design do jogo. Compreender como as regras constitutivas, operacionais e implícitas funcionam juntas no seu jogo é um elemento-chave desse processo.

Notas

1. Marc LeBlanc, Game Developers Conference 2000.
2. Stephen Sniderman, "The Life of Games". <www.gamepuzzles.com/ tlog/tlog2.htm>.
3. Milton Bradley, Chutes and Ladders.
4. Ibid.
5. John Casti, *Complexification: Explaining a Paradoxical World Through the Science of Surprise* (Nova York: HarperCollins Publishers, 1994), p. 123.

Leitura complementar

"The Life of Games", de Stephen Sniderman

Nesse ensaio on-line, Sniderman lança um olhar filosófico para as regras "não escritas" do jogo. Esse é o ensaio a partir do qual deriva nossa compreensão das regras implícitas, e nele Sniderman faz diversas conexões fortes entre jogabilidade, etiqueta e noções maiores de comportamento cultural. Ele pode ser encontrado on-line em: <www.gamepuzzles.com/tlog/tlog2.htm>.

Regras em três níveis

Resumo

- As regras de qualquer jogo existem em três níveis relacionados: regras constitutivas, operacionais e implícitas.
  - As **regras constitutivas** são as regras abstratas, centrais e matemáticas de um jogo. Apesar de conterem a lógica essencial do jogo, elas não indicam explicitamente como os jogadores deveriam pôr essas regras em prática.
  - As **regras operacionais** são as "regras da interação" ou as regras do jogo ("*rules of play*") que os jogadores seguem quando estão jogando um jogo. As regras operacionais direcionam o comportamento dos jogadores e, em geral, são o tipo de regra impressa em instruções e manuais.
  - As **regras implícitas** são as "regras não escritas" de etiqueta e comportamento que geralmente não são declaradas quando um jogo é jogado. Regras implícitas similares se aplicam a muitos jogos diferentes.
- As regras operacionais para qualquer jogo particular baseiam-se diretamente nas regras constitutivas desse jogo. Mas um dado conjunto de regras constitutivas pode ser expresso em diferentes formas operacionais.
- Há uma fronteira imprecisa entre as regras operacionais e implícitas. Por exemplo, às vezes, um designer de jogos pode explicitar certas regras implícitas incluindo-as nas regras de um jogo impresso.
- A **identidade formal** de um jogo permite distinguir um jogo como formalmente único e distinto de outros jogos. Essa identidade surge da relação entre as regras constitutivas do jogo e as regras operacionais.
- A chave para estabelecer a identidade formal de um jogo é a **especificidade** das regras. A natureza inequívoca e exata das regras constitutivas e operacionais permite que um jogo seja **este** e não **aquele**.
- Há uma tradução que ocorre entre as normas constitutivas, operacionais e implícitas de um jogo. O círculo mágico é o contexto para essa tradução. O sentido formal de um jogo emerge por um processo que une os três níveis de regras em um jogo.
- As **regras elegantes** permitem aos jogadores concentrarem-se na experiência de interação em vez de na lógica das regras. Desenhar interação significativa envolve construir relações discerníveis e integradas entre ação e resultado em todos os níveis das regras de um jogo.

AS REGRAS DOS JOGOS DIGITAIS

regras e códigos
eventos internos
eventos externos
camadas de software

13

Todos os novos objetos de mídia, sejam criados do zero em computadores ou convertidos a partir de fontes de mídia analógica, são compostos de código digital, que são representações numéricas (...). Um novo objeto de mídia pode ser descrito formalmente (matematicamente).

— ***Lev Manovich***, *The Language of New Media*

Aventura | Atari | | Driver: You Are the Wheelman | GT Interactive

Até agora nesta unidade, a maioria dos exemplos vieram das regras de jogos não digitais. Ainda que tenhamos uma agenda para examinar jogos em mídia digital e não digital para entender o que é comum a todos eles, isso não significa que não há algumas distinções importantes a fazer. É, de fato, no plano formal que algumas das diferenças mais pronunciadas entre os jogos digitais e não digitais ocorrem.

Em ***Definindo jogos***, examinamos as qualidades particulares dos jogos digitais. Nesta seção, examinamos separadamente os sistemas formais de jogos digitais para ver como o nosso modelo de regras de três partes se aplica.

Regras como um todo

Se todos os jogos têm regras, então faz sentido que os jogos digitais tenham regras também. Quais são as regras de um jogo digital? Uma resposta é que as regras de um jogo digital sejam a mesma coisa que o código de programação que compõe o jogo. À primeira vista, esse ponto de vista parece fazer sentido. O código de um programa é altamente estrutural, como as regras de um jogo, e, como regras, o código parece determinar o que um jogador pode e o que ele não pode fazer no contexto de um jogo.

Como exemplo, considere um jogo da velha jogado em um computador. Em algum nível, as regras dessa versão digital do jogo da velha têm de ser semelhantes às da versão não digital do jogo. Ambos os jogos funcionam da mesma maneira geral, permitindo que os jogadores joguem um de cada vez colocando um X ou um O em uma casa vazia. Ao mesmo tempo, há muitas outras tarefas que o código executa na versão para computador do jogo. O código tem de gerenciar as entradas e saídas (tela e mouse) do programa; o código tem de interfacear com o sistema operacional e a memória do computador. Essas seções do código também fazem parte das regras?

A resposta é não. O código de um jogo de computador não é exatamente o mesmo que suas regras. O código de computador faz parte do meio que incorpora o jogo, assim como todas as regras escritas de escadas e escorregadores estão incorporadas na mídia de tinta impressa em papel. Mas, da mesma forma como as regras de um jogo não digital, no qual os aspectos das regras podem estar ocultos "sob o capô" no nível constitutivo, ou ser subentendidos no nível implícito, as regras de um jogo digital assumem várias formas diferentes. Isso significa que, embora haja alguma sobreposição entre o código de um programa de jogo e as regras do jogo que o programa possibilita, não há uma correspondência de um para um entre eles.

Então quais são as regras?

Uma rápida revisão das qualidades das regras do jogo será útil. Em ***Definindo regras***, aprendemos que as regras:

- limitam a ação do jogador;
- são explícitas e não ambíguas;
- são compartilhadas por todos os jogadores;
- são fixas;
- são obrigatórias;
- são repetíveis.

Muitas dessas qualidades parecem ser qualidades intrínsecas do computador. Por exemplo, a ideia de que o código de computador é *explícito* e *não ambíguo* é verdadeira. O código é bastante preciso: o sinal de dois pontos que se transformou em um ponto e vírgula, ou um zero em um, pode tornar um programa inoperável. O código do computador também é *compartilhado* e *repetível:* todos os jogadores que compram um jogo em uma loja geralmente compram o mesmo código, menos os defeitos de fabricação. Os jogadores certamente não terão a mesma experiência do jogo, mas, do ponto de vista formal, as regras que cada jogador seguirá são as mesmas.

A ideia de que as regras são *obrigatórias,* bem como *fixas*, é tão verdadeira para jogos digitais como para os não digitais. Em um sentido clássico, as regras do jogo não mudam enquanto o jogo estiver sendo jogado. Naturalmente, há inúmeros casos de trapaças e *easter eggs*[1] nos jogos, mas essas intervenções só servem para desta-

[1] Em informática, um ovo de páscoa (ou easter egg, tradução para o inglês, como é mais conhecido) é qualquer coisa oculta, podendo ser encontrada em qualquer tipo de sistema virtual, incluindo músicas, filmes, videogames etc.

car o fato como um todo: as regras dos jogos digitais são realmente fixas e obrigatórias.

Que características ajudam a identificar as qualidades especiais das regras dos jogos digitais? A primeira característica das regras, que elas *limitam a ação do jogador*, é extremamente útil. As regras servem para restringir e estilizar as ações dos jogadores. Faz sentido que as regras de um jogo digital sejam aqueles aspectos diretamente relacionados com modelar o comportamento do jogador. Como o jogador de um jogo digital toma uma ação? Como o jogo responde quando um jogador faz uma escolha? Que tipo de contexto o jogo oferece para o jogador tomar decisões? Os elementos do código de um jogo que abordam essas questões ajudam a construir as regras de um jogo digital — as regras constituem o sistema estrutural que permite que as escolhas sejam feitas. As partes do código que gerenciam o uso do armazenamento de memória, por exemplo, não envolvem diretamente o jogador e não fazem parte das "regras do jogo" básicas.

Por exemplo, quando você estiver jogando Tetris em um PC, a relação entre uma ação sobre o teclado para mover ou girar a peça atual e a reação do computador faz parte das regras do jogo: as regras definem a possível ação que um jogador pode tomar e os resultados que a ação produz no sistema de jogo. Existem também outras regras para o Tetris: as regras para eliminar linhas de blocos, as regras de pontuação, as regras para perder, as regras que determinam o ritmo e aceleração do jogo. Todas essas regras ajudam a determinar a infraestrutura do jogo e fazem parte do sistema formal.

As regras do Tetris

Com isso em mente, podemos enumerar as "regras" do Tetris. Como o Tetris varia de plataforma para plataforma, vamos generalizar um pouco as regras (essas regras são baseadas na versão Game Boy Color do jogo). Para simplificar, nós nos limitamos à versão básica de um único jogador ("Marathon"), deixando de lado elementos como o nível de dificuldade e a seleção de áudio.

- A interação acontece em uma grade de 19 por 10 quadrados.
- Os blocos em uma das sete configurações aparecem no topo da tela. Essas configurações são compostas de quatro quadrados e consistem das seguintes peças:

- Os blocos aparecem na parte superior central da tela e caem quadrado por quadrado para a parte inferior da tela a uma dada velocidade que aumenta ao longo do tempo.
- O jogador pode mover o bloco em queda para a direita e a esquerda, um único quadrado da grade, tocando, para a esquerda e a direita, no pad direcional. Se o jogador pressionar e mantiver pressionado para a esquerda ou a direita no pad direcional, depois de uma pausa o bloco irá se mover rapidamente naquela direção a uma velocidade rápida.
- Os blocos não podem ser movidos além dos limites esquerdo ou direito da grade.
- A direção para cima no pad direcional não tem nenhum efeito.
- O jogador pode girar o bloco em queda utilizando o botão A ou B. O botão A gira o bloco 90 graus no sentido horário, e o botão B gira o bloco 90 graus no sentido anti-horário. O bloco gira em relação ao seu eixo central.
- Quando uma parte de um bloco atingir a parte inferior da grade ou outro bloco, o bloco em queda para de cair.
- Se, quando um bloco parar de cair, uma ou mais linhas da grade forem completamente preenchidas com os blocos, tais linhas de seções do bloco desaparecem. Quaisquer seções de blocos que estiverem acima da linha ou linhas que desapareceram caem até atingirem a parte inferior da grade ou outra seção do bloco.
- Assim que o bloco em queda parar de se mover (ou se as linhas desaparecerem, logo que as linhas superiores

terminarem de cair), um novo bloco selecionado aleatoriamente aparece na parte superior central da tela.

- Se os blocos se acumularem na grade de modo que o próximo bloco em queda não puder entrar completamente na grade, o jogo termina.
- O jogador ganha pontos a cada linha que desaparecer, de acordo com um esquema em que a remoção de mais linhas de uma vez (até quatro) dá mais pontos do que remover menos linhas. A quantidade exata de pontos pela eliminação de linhas depende do nível de dificuldade escolhido pelo jogador. Além disso, quando um jogador usar o controle para baixo a fim de acelerar a queda de uma peça, ele ganha um ponto a cada quadrado da grade que a peça desceu dessa forma.

Por uma questão de concisão, deixamos de lado alguns detalhes precisos (tais como pontuação, tempo, velocidade, procedimento exato pelo qual os blocos giram, e assim por diante), mas, em geral, essas são as regras pelas quais o jogo funciona. Será que as regras parecem mais simples ou mais complicadas do que você esperava?

Alguns aspectos da estrutura que podem parecer remotos com base na ação do jogador, como o fato de que o jogo Tetris determina aleatoriamente que tipo de peça um jogador vai receber em seguida, são listados como parte da estrutura formal de um jogo. A aleatoriedade do tipo de peça é semelhante à maneira pela qual um dado lançado poderia seria ser chamado em determinado momento em um jogo de tabuleiro e, claramente, faz parte das regras. Para entender como esse aspecto do Tetris faz parte da concepção da estrutura formal, imagine outros esquemas formais para selecionar uma peça no Tetris, como percorrer as cinco formas em ordem regular, dando ao jogador um único tipo de forma em um jogo inteiro, deixando-o escolher qual das cinco formas usar em seguida, e assim por diante. A decisão de dar aleatoriamente ao jogador um bloco em oposição a outros esquemas possíveis certamente tem um efeito sobre a estrutura formal de como o jogo avança; isso, portanto, faz parte das regras. Poderíamos usar um processo semelhante com cada uma das regras listadas acima, considerando como a mudança de regras afetaria o funcionamento do jogo.

Regras e não regras

A maioria ou a totalidade do código do programa que compõe um jogo digital afeta direta ou indiretamente a experiência do jogo. Mas, como já dissemos, isso não significa que o código seja autoidêntico às regras. Tal como acontece com os jogos não digitais, aspectos do programa que não estão envolvidos na estrutura dinâmica formal do jogo, tais como a estética visual e de áudio, não fazem parte das regras do jogo. Nas regras do Tetris listadas acima, não há nenhuma menção aos padrões dos blocos ou aos sons que acompanham os eventos do jogo. Essa é uma razão pela qual os jogos digitais são frequentemente prototipados com imagens e elementos de áudio de "reserva" que não comunicam o comportamento pretendido do jogo final, mas servem apenas para visualizar o sistema, uma vez que é necessário testar a seu funcionamento interativo básico. Esse é o mesmo tipo de processo que prototipar novos jogos de cartas usando fichas improvisadas escritas à mão.

Às vezes é difícil determinar se devemos considerar que certos elementos do código pertencem às regras. Por exemplo, o código que torna a superfície de um lago reflexivo em um jogo 3D não faz parte das regras do jogo: ele é uma mera parte do código que lida com a representação visual dos aspectos da experiência. Isso não significa que a água reflexiva não afeta a experiência do jogo, só que não faz parte das regras do jogo. Por outro lado, se a reflexividade da água for uma pista vital que permite que os jogadores saibam que a piscina é uma piscina mágica com propriedades de jogo especiais, o código que determina a presença ou ausência de refletividade faria de fato parte das regras do jogo.

A série de jogos *Game and Watch Gallery* para Game Boy fornece um exemplo útil. Esses jogos são baseados nos jogos Game and Watch LCD da Nintendo do início da década de 1980. Nas versões do Game Boy desses jogos, os jogadores podem escolher entre dois modos de jogo diferentes: "Classic" e "Modern". A versão Classic de cada jogo é uma reprodução da tela e sons do LCD

Game and Watch Gallery Donkey Kong, modo Classic

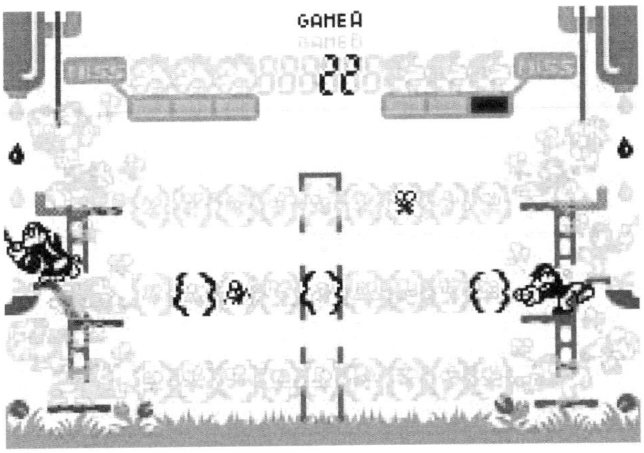

Game and Watch Gallery Donkey Kong, modo Modern

original. A versão Modern de cada jogo faz uso de imagens gráficas mais contemporâneas baseadas em *sprites* e sons de Game Boy, acrescentando elementos de fundo mais ricos, animações de personagens, músicas e efeitos sonoros. Embora o comportamento e a aparência das versões sejam muito diferentes, os controles do jogador e a estrutura de jogo das duas versões são idênticos. As duas versões compartilham as mesmas regras, que regulam a lógica do jogo, a ação e o resultado do jogador, o sistema de pontuação, o arranjo estrutural do espaço de jogo, e assim por diante. As imagens e o áudio não são intrínsecos a essas qualidades formais dos jogos e, portanto, podem ser alterados, mantendo, ao mesmo tempo, a mesma estrutura formal.

Por outro lado, se a representação visual tem um impacto sobre a estrutura formal do jogo, ela faz parte das regras. Em um jogo arcade 2D em que você tenta não tocar nos inimigos e obstáculos, tais como Berzerk, o tamanho do *sprite* do seu personagem é definitivamente uma parte das regras do jogo: quanto maior você for, mais difícil será evitar os perigos. Mas a identidade visual do seu *sprite*, como a cor, não faz parte das regras (a menos que ele se torne invisível ou difícil de ver). Da mesma forma, o design visual particular de uma peça de xadrez não faz parte do sistema formal de um jogo, exceto pelo fato de que cada peça tem de ser capaz de ocupar, de forma inequívoca, uma única casa, de ser movida pelos jogadores e cada tipo de peça deve ser facilmente distinguível das demais.

Um exemplo mais sutil relacionado ao código visual e regras aparece no jogo digital Thief. Nesse jogo, os aspectos do código que permitem que os adversários controlados pelo computador avancem pelas sombras e se escondam de um jogador a uma distância fazem parte das regras do jogo. Uma partida de Thief envolve mover-se secretamente e uma boa dose de ocultação para que você não alerte da sua presença os agentes controlados pelo computador. Por essa razão, as regras que determinam a quantidade de informação que você vê e a maneira como os personagens podem ser escondidos nas sombras fazem parte das regras do jogo. As regras relacionadas à representação visual ajudam a distinguir entre informações privadas (informações ocultas do jogador) e informações públicas (informações conhecidas pelo jogador). Essas informações têm um impacto direto na escolha estratégica de um jogador e, portanto, fazem parte da estrutura formal do jogo. Às vezes, os aspectos de um jogo que normalmente não são considerados parte das regras (como o componente visual) podem de fato ser peças-chave da estrutura formal.

Wheels Within Wheels

Se as regras de um jogo digital são os aspectos do programa que têm a ver com o comportamento do jogador, onde as regras terminam? Por exemplo, interagir com o Tetris para mover e girar peças em queda é interagir com o jogo. Mas e o que dizer da tela de opções em que o jogador escolhe o nível de dificuldade e música do jogo?

E quanto à tela "game over" com que o jogador depara quando um jogo acaba? E a tela do menu principal que um jogador vê quando o jogo está ativo? O jogador também interage com esses aspectos do programa. O código que rege a interação do jogador com essas partes do programa também faz parte das regras do jogo? Possivelmente. Depende de como a interação é moldada, tal como acontece com os jogos não digitais. Os peões não usados e caixa do jogo do escadas e escorregadores são algo que as regras impressas precisam abordar? Normalmente não, mas, como indicado anteriormente, todas as regras escritas de escadas e escorregadores explicitam a interação com esses elementos de jogo.

Para esclarecer mais precisamente os tipos de linhas que poderíamos desenhar na elaboração das regras de um jogo digital, voltemos ao nosso modelo de três partes das regras do jogo constitutivas, operacionais e implícitas.

> O funcionamento interno do computador pode ser descrito em diversos níveis. O "menor" desses níveis é o sistema eletrônico de hardware... As descrições são causais e físicas: elétrons, correntes, voltagens. O segundo nível é a lógica digital. A eletrônica do hardware se destina a representar operações lógicas ou matemáticas, como "AND" ou a adição de dígitos binários, ou "bits" (...). As descrições são lógicas, não físicas, mas ainda estão atreladas ao próprio hardware, cuja estrutura determina a forma como cada operação afeta seu sucessor. Em um terceiro nível encontra-se a "linguagem de máquina" dos programas que "executam" em uma máquina específica. A linguagem de máquina consiste na representação binária das instruções de programa, a linguagem que a própria máquina "fala".[1]

Um dos aspectos mais difíceis no entendimento de regras de jogos digitais é que estas são estruturalmente muito complexas. Como o teórico Paul Edwards destaca, o software funciona em multicamadas, em que o código de linguagem de máquina interage com informações binárias de nível inferior que, em última análise, são derivadas de sinais eletrônicos. A hierarquia poderia continuar para cima, assim: O código no nível da máquina interage com um sistema operacional de nível mais alto (como o Windows XP ou o Mac OS X), que por sua vez interage com os aplicativos e arquivos do programa atual. Essas camadas de software e a maneira como funcionam para produzir a experiência de um jogador variam de plataforma para plataforma, de programa para programa, e jogo para jogo.

aplicativos e arquivos
sistema operacional
código em linguagem de máquina
informação binária
sinais eletrônicos

Embora existam algumas semelhanças entre o quadro de regras constitutivas, operacionais e implícitas e as camadas de código de software pelo qual os dispositivos do computador funcionam, hesitamos em aplicar o modelo de três partes de regras diretamente ao funcionamento real de um programa de computador. Nosso modelo não é feito para facilitar diretamente a produção técnica de um programa de jogo, mas para oferecer um arcabouço conceitual para dar forma à reflexão sobre o design de jogos. Dito isso, como podemos justapor os jogos digitais e as três categorias de regras?

Regras constitutivas

As regras constitutivas de um jogo digital são muito semelhantes às de um jogo não digital. Por exemplo, examine novamente as regras constitutivas do jogo da velha:

1. Dois jogadores alternam fazendo uma marcação única em várias grades de 3 por 3 unidades.
2. O primeiro jogador a marcar as três unidades em uma linha horizontal, vertical ou diagonal é o vencedor.
3. Se nenhum jogador conseguir as três marcações iguais e não houver vencedor, o jogo termina em empate.

Essas regras também teriam de ser a base para um jogo da velha digital. Note que não são especificadas as ações que os jogadores têm, a forma como essas ações são representadas para os jogadores e até mesmo se um ou ambos os jogadores são humanos ou controlados por programa. As regras constitutivas estão relacionadas apenas com o funcionamento interno da lógica do jogo. Para usar os termos que estabelecemos em ***Interatividade***, as regras constitutivas envolvem eventos internos (eventos relacionados ao processamento de uma escolha) e não eventos externos (acontecimentos relacionados com a representação de uma escolha).

Regras operacionais

As regras operacionais de um jogo digital são aquelas que dizem respeito diretamente ao comportamento e interação do jogador com o jogo. Como as regras operacionais se ocupam diretamente dos materiais da interação com o jogo, as regras operacionais de um jogo digital incluem o uso de dispositivos de entrada como o mouse e o teclado ou um controlador de jogo. Assim como acontece com os jogos não digitais, existem diversos conjuntos de regras operacionais que poderiam ser formulados com base em um dado conjunto de regras constitutivas. Eis a seguir um conjunto de regras operacionais para um jogo da velha digital, desenhado para dois jogadores humanos em um computador:

1. O jogo começa com uma grade vazia de 3 x 3 na tela.
2. A tela exibe um X ou um O ao lado da grade para indicar qual o jogador irá jogar em seguida. O primeiro jogador é sempre X.
3. Os jogadores jogam um de cada vez, usando o mouse para clicar em um quadrado vazio da grade. Quando um jogador clica em um quadrado vazio, o símbolo atual é exibido nessa casa. Ao mesmo tempo, um efeito de som de uma voz dizendo "X" ou "O" será reproduzido (o som irá corresponder ao símbolo atual). Nesse mesmo momento, o símbolo que indica de qual jogador será a vez irá piscar duas vezes e depois se transformará em outro símbolo.
4. Se um jogador tentar clicar em qualquer outro lugar na tela além de um quadrado vazio, nada irá acontecer.
5. Se um jogador colocar um X ou O e, desse modo, criar três símbolos em uma linha horizontal, vertical ou diagonal, essa linha começará a piscar. Ao mesmo tempo, será reproduzido um efeito de som de uma voz dizendo "X ganhou" ou "O ganhou", dependendo do símbolo que ganhar o jogo. Se um jogador colocar um símbolo e não houver vencedor e nenhuma casa vazia, um efeito de som de uma voz dizendo: "empate" será reproduzido.
6. Depois de uma vitória ou empate, se o jogador clicar em qualquer lugar da tela, o jogo será redefinido, voltando para o início com uma grade 3 por 3 vazia.

Note que, ao descrever as regras operacionais do jogo, detalhamos apenas os eventos externos ou representacionais que influenciam a interatividade do jogador e os eventos formais do jogo. Não incluímos os componentes estéticos, experienciais do jogo que não se relacionam com as regras. Não descrevemos, por exemplo, o tipo de fonte do "X" e "O" nem a personalidade da voz da narração. Mas como o recurso de áudio comunica um evento de jogo formal para o jogador, ele faz parte das regras operacionais. A inclusão do recurso de áudio é absolutamente necessária? Provavelmente não. Mas o que é e o que não é uma "regra oficial" de um jogo é uma decisão de design. Como designer de jogos, depende de você estabelecer as regras do jogo de uma forma que seja conveniente e útil.

Existem, obviamente, muitas outras maneiras de construir as regras operacionais do jogo da velha em um computador. No nosso exemplo, um som, acompanhado de símbolos que piscam, indica a vitória. Mas deveria também aparecer um elemento visual que permitisse aos jogadores saber quem ganhou? Deveria ser usada uma mensagem de texto para indicar mais claramente de qual jogador é o turno? E o que dizer de entrar e sair do jogo? A versão acima não tem uma função de sair ou encerrar o jogo, então, presumivelmente, ela foi projetada para um contexto de computador em que um jogador poderia sair do programa, fechando a janela do programa ou usando uma tecla padrão de comando "Fechar". Essas são melhores decisões de design para o jogo? Testes de jogabilidade e uma cuidadosa consideração sobre seu público irão ajudar a responder a essas perguntas.

Regras implícitas

Muitas regras implícitas são comuns a jogos digitais e não digitais. Se estiver jogando o jogo da velha com seu amigo em um computador, a mesma regra implícita sobre ficar uma quantidade "razoável" de tempo na vez ainda se aplica. Além disso, existem regras implícitas que são exclusivas dos jogos digitais, a maioria delas parecidas com a dos jogos desenhados para a mesma plataforma tecnológica. A seguir, são apresentados alguns exemplos de regras implícitas do jogo da velha digital:

1. Quando você move o mouse, o cursor na tela corresponde ao movimento do mouse.
2. O programa de jogo da velha pode ser iniciado, interrompido, copiado, apagado, renomeado etc., como outros arquivos de programa.
3. Jogar o jogo não irá afetar o computador de nenhuma maneira permanente.

Embora essas regras implícitas possam parecer hipóteses óbvias, é a natureza das regras implícitas que é geralmente tida como certa. Mas talvez fosse interessante criar um jogo que surpreendesse jogadores "brincando" com as regras implícitas da interação com o computador. Por exemplo, e se durante um jogo o cursor não correspondesse diretamente ao movimento do mouse? Ou se, quando você digitasse no chat para outro jogador em um jogo multijogador online, o texto que aparecesse na tela do outro jogador não correspondesse exatamente àquele que você digitou? Questionar regras implícitas pode ser uma poderosa fonte de ideias de design.

Por que regras?

Entender as regras de um jogo digital é um negócio complicado, agravado pela complexidade do funcionamento do software. Em um jogo não digital, as regras do jogo são, em geral, algo que é concretamente manifestado em um manual ou na estrutura dos materiais de jogo. Mas, com um jogo digital, as regras são enterradas em camadas de código do programa e, muitas vezes, difíceis de identificar.

Por que é importante passar pela dificuldade de entender as regras dos jogos digitais? Devemos ressaltar que não esperamos que ninguém liste todas as regras de um jogo digital que está sendo desenhado. Em última instância, não é importante ser capaz de distinguir exatamente o que é e o que não é uma regra em um dado jogo, ou a quais das nossas três categorias uma regra pertence. É possível enquadrar o mesmo sistema formal de muitas maneiras com resultados diferentes.

Como designer de jogos, é extremamente importante saber identificar a estrutura formal de qualquer jogo que você projete Se você não souber identificar as principais regras de um jogo digital que pretende criar, você está desconectado do seu próprio design. Por outro lado, se puder traçar as regras de um jogo, como fizemos com o Tetris, você está perto de ser capaz de descrever as especificações de um protótipo programável. Assim que uma versão do jogo começar a tomar forma, seu conhecimento da estrutura da regra permitirá modificar mais facilmente as regras enquanto aprimora a experiência do jogador.

O objetivo deste livro é oferecer estruturas úteis para compreender como os jogos funcionam. Até o momento, a discussão de regras tem criado uma compreensão geral da natureza formal dos jogos. Nos próximos capítulos, oferecemos esquemas formais que apresentam ferramentas ainda mais específicas para entender elementos de design de jogos.

Nota

1. Paul N. Edwards, *The Closed World* (Cambridge: MIT Press, 1996). p. 246.

As regras dos jogos digitais
Resumo

- As regras de um jogo digital estão relacionadas com o código do programa, mas não são a mesma coisa que o código do programa. As regras são ferramentas abstratas para refletir sobre a estrutura formal de um jogo e não são necessariamente expressas de forma literal no código.
- De modo geral, as regras de um jogo digital são as mesmas de um jogo não digital: estão diretamente envolvidas com as **ações** que os jogadores tomam e o **resultado** dessas ações. Portanto, os aspectos de um programa de jogo que estruturam e aceitam a *input* do jogador e determinam o *output* do jogo são os aspectos que constituem as regras do jogo.
- O funcionamento interno da lógica do jogo formal (tais como a forma que um programa seleciona o próximo bloco a aparecer no Tetris) também faz parte das regras de um jogo digital.
- As manifestações específicas da parte visual e sonora em um jogo digital, em geral, não fazem parte da estrutura formal do jogo. Mas há casos em que esses elementos afetam a estrutura formal de um jogo e devem ser considerados parte das regras.
- As **regras constitutivas** de jogos não digitais e digitais são muito semelhantes. As regras constitutivas de um jogo digital servem à lógica central do jogo e, normalmente, estão contidas diretamente no código de alguma maneira. As regras constitutivas de um jogo digital tratam dos **eventos internos** do jogo.
- As **regras operacionais** dos jogos digitais não envolvem apenas os eventos internos, mas também os **eventos externos** da entrada do jogador e do *output* de jogo, expressando as escolhas e resultados para o jogador. Tal como acontece com os jogos não digitais, existe uma linha imprecisa entre as regras operacionais e implícitas dos jogos digitais.
- Os jogos digitais têm muitas **regras implícitas** com jogos não digitais. Além disso, eles têm seus próprios tipos de regras implícitas, que incluem as premissas não declaradas da plataforma do jogo. Brincar com essas regras implícitas pode ser a fonte de ideias de design inovadoras.
- Como os programas de jogos são objetos em várias camadas, complexos, determinar exatamente que aspectos do programa de um jogo pertencem a cada tipo de regra nem sempre é claro. Mas o valor da estrutura de regras de três partes não é para o desenvolvimento de jogos ou design de programa, mas, em vez disso, para entender melhor o sistema formal abstrato de um jogo e como ele funciona para produzir uma interação lúdica significativa.

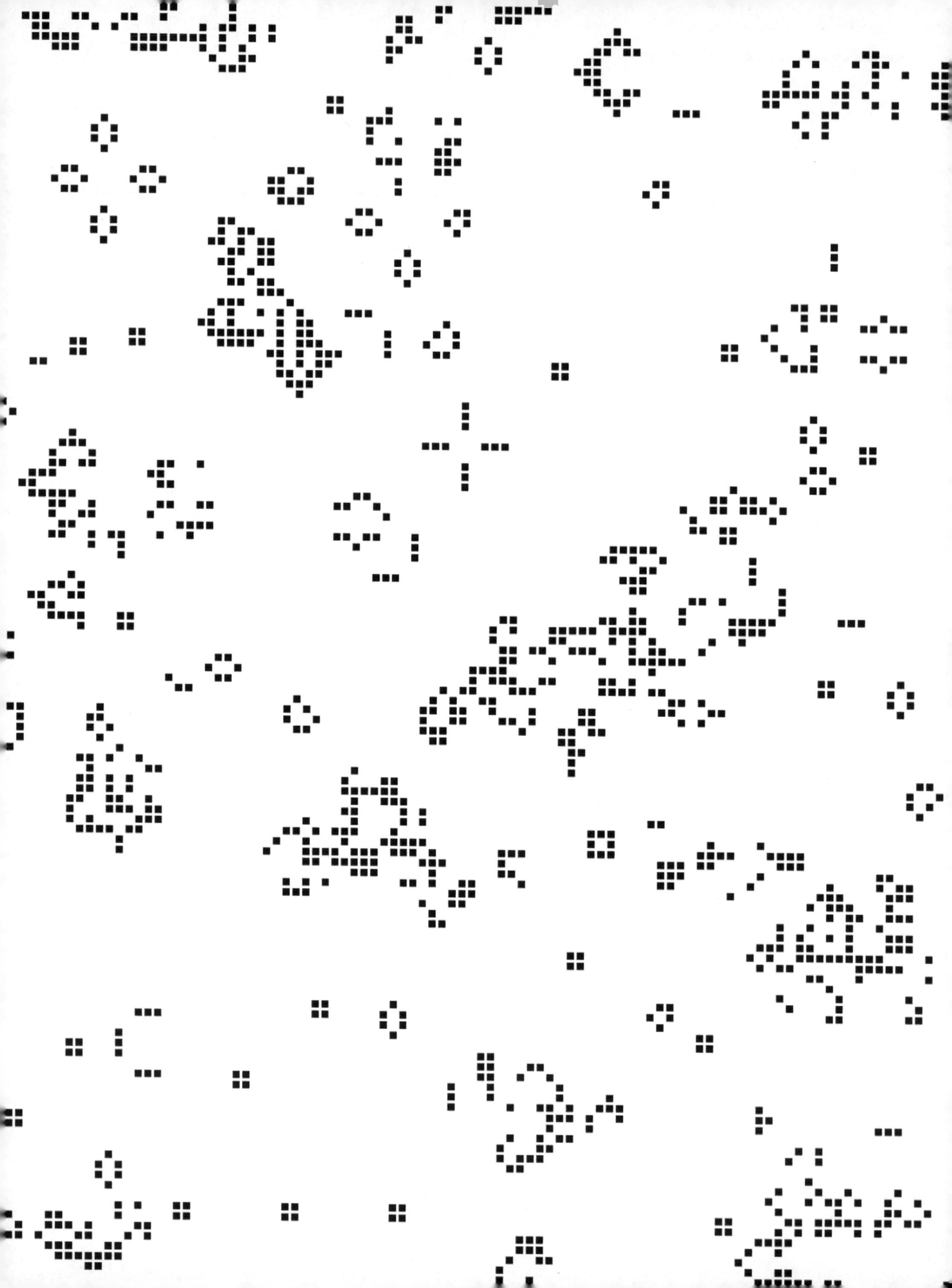

14 JOGOS COMO SISTEMAS EMERGENTES

Jogo da Vida | John Conway | | **Populous: The Beginning** | Bullfrog Productions

sistemas

complexidade

emergência

comportamentos de baixo para cima

mecanismos

design de segunda ordem

Imagine uma mesa de bilhar repleta de bolas de sinuca motorizadas, semi-inteligentes, programadas para explorar o espaço da mesa e alterar os seus padrões de movimento de acordo com interações específicas com outras bolas. Em geral, a mesa está em atividade permanente, com bolas em constante colisão, mudando de direção e velocidade a cada segundo (...). Esse sistema definiria a forma mais elementar de comportamento complexo: um sistema com vários agentes interagindo dinamicamente de diversas formas, seguindo regras locais e alheios a quaisquer instruções de alto nível. Mas ele não seria considerado realmente emergente até essas interações locais resultarem em algum tipo de macrocomportamento perceptível. Digamos que as regras locais de comportamento seguidas pelas bolas acabassem por dividir a mesa em dois grupos de bolas pares e ímpares. Isso marcaria o início da emergência, um padrão de nível mais alto decorrente de interações paralelas complexas entre os agentes locais. As bolas não são programadas explicitamente para se agrupar em dois grupos, mas são programadas para seguir regras muito mais aleatórias: virar bruscamente para a esquerda ao colidir com uma bola de cor sólida; acelerar após o contato com a bola três, parar repentinamente em suas trajetórias ao bater na bola oito, e assim por diante. Mas fora dessas rotinas de baixo nível, surge uma forma coerente.

— ***Steven Johnson**, Emergence*

Introduzindo sistemas emergentes

Bem-vindo ao primeiro esquema de design de jogos, ***Jogos como sistemas emergentes***. Os capítulos anteriores definiram alguns dos principais conceitos relativos aos jogos, design e regras. Este capítulo oferece algo um pouco diferente. Esquema é uma estrutura conceitual que enfoca um aspecto particular do projeto do jogo. Qualquer esquema especial irá destacar alguns aspectos dos jogos e tirar a ênfase de outros aspectos. Embora um dado esquema de design de jogo possa ser aplicado a qualquer jogo, alguns são mais úteis para resolver certos problemas de design e menos úteis para outros. A finalidade de um esquema de design de jogos é facilitar o design de uma interação lúdica significativa.

O esquema ***Jogos como sistemas emergentes*** baseia-se diretamente na discussão de sistemas apresentada no Capítulo 4. Como sistema, um jogo é um conjunto de peças que se inter-relacionam para formar um todo. Ser capaz de identificar e analisar cada parte de um sistema, seus atributos e relações com outras partes do sistema ajuda a entender como um sistema de jogo resulta em uma experiência de jogo mais ampla. Nesse esquema, aprofundamos nossa compreensão de jogos como sistemas examinando-os em termos de *complexidade* e *emergência*. Como Steven Johnson demonstra na citação que abre este capítulo, a emergência decorre da complexidade. É o fenômeno de padrões não planejados que aparecem dentro de um sistema. A emergência é um aspecto crucial dos jogos, ligando sua natureza intrinsecamente sistêmica ao espaço de possibilidades e interação lúdica significativa.

Complexidade

Como passo preliminar para entender emergência e sistemas, vamos começar com o conceito de *complexidade*. Surgindo da teoria dos sistemas clássicos, o estudo da complexidade tornou-se seu campo interdisciplinar. Pesquisadores da complexidade estudam muitos tipos de sistemas diferentes — de sistemas computacionais de informação pura até sistemas biológicos, como células e organismos, ecossistemas naturais e a sociedade humana. O estudo de sistemas complexos tende a examinar sistemas que se "auto-organizam, se replicam, aprendem e se adaptam".[1] Em nossa própria breve investigação da complexidade, abordaremos, admitidamente de modo superficial, esse campo fascinante, talvez de forma nada convencional.

Comecemos esclarecendo o termo "complexidade". Em seu livro *Grammatical Man*, Jeremy Campbell tece muitos elementos da teoria dos sistemas para examinar relações entre informação, linguagem e DNA. Eis o que ele tem a dizer sobre complexidade:

> Em organismos vivos, e até mesmo em máquinas, existe uma "barreira de complexidade". Além dessa barreira, em que os sistemas são de uma complexidade muito alta, princípios inteiramente novos entram em jogo.
>
> A complexidade não é só uma questão de um sistema que tem uma grande quantidade de peças que são relacionadas entre si de modo não simples. Em vez disso, encontramos uma propriedade especial, a qual torna sistemas complexos de um tipo diferente dos mais simples, permitindo que tais sistemas façam coisas e sejam coisas que poderíamos não esperar. [2]

Campbell não oferece uma definição precisa de complexidade, mas a passagem acima apresenta uma representação útil do conceito. Complexidade é uma propriedade de um sistema e, de acordo com Campbell, nem todos os sistemas são complexos: apenas alguns deles alcançam o que ele chama de "barreira de complexidade". Em um sistema complexo, as relações internas entre elementos do sistema tornam-se intricadamente compostas e extraordinariamente complexos.

Embora existam modelos matemáticos para definir precisamente a "barreira da complexidade", para nossos propósitos, a diferença entre um sistema simples e um complexo é mais conceitual do que numérica. Um sistema simples, como uma mesa de madeira, tem partes (quatro pernas e um base) que se inter-relacionam para formar um todo, e o todo é mais do que a soma das partes, pois uma mesa completa pode servir a funções que as peças não poderiam servir isoladamente. Mas é claramente um sistema simples, uma vez que as relações entre partes são fixas e totalmente previsíveis.

A mesa, como um sistema, é muito mais simples do que até mesmo o jogo mais elementar. No jogo da velha, as relações entre as partes, a imprevisibilidade das ações do jogador, a mudança dinâmica do sistema ao longo do tempo, o resultado incerto, tudo isso contribui para a complexidade do jogo, um tipo de complexidade fundamentalmente diferente da demonstrada por uma mesa. Como Campbell afirma, essa complexidade é "uma propriedade especial por si própria" e, no caso dos jogos, seu tipo especial de complexidade leva a uma interação lúdica significativa (*meaningful play*). Se a complexidade não estiver presente em um jogo, a interação lúdica significativa não ocorrerá.

Mensageiros e edifícios

Para separar nossa discussão sobre complexidade da análise de jogos, vejamos o exemplo de um sistema que não é um jogo. Nosso exemplo de sistema é uma rede de comunicação, uma cidade fictícia em que um mensageiro precisa entregar mensagens entre prédios. Na versão mais simples desse sistema, há apenas dois edifícios. Cada prédio gera mensagens que são endereçadas para o outro edifício; o mensageiro tem que correr entre eles.

No geral, esse não é um sistema complexo. Embora o movimento do mensageiro e a mudança de estados dos edifícios o tornem mais complicado que nosso exemplo da mesa, o comportamento do sistema é definido em um padrão fixo previsível. O mensageiro vai oscilar indo e vindo entre os dois prédios. Mesmo que os dois edifícios gerem mensagens em intervalos aleatórios, de modo que o mensageiro nunca saiba quando e onde a próxima mensagem aparecerá, isso não acrescenta novos estados substanciais ao sistema como um todo.

O que acontece se adicionarmos novos elementos e relacionamentos que estimulam o sistema a um maior grau de complexidade? Imagine que agora há 10 mensageiros tentando entregar mensagens entre 50 prédios, aleatoriamente posicionados em uma grade. As diferentes distâncias entre os edifícios determinam por quanto tempo os mensageiros viajam. Isso é importante, porque estamos tentando maximizar a eficiência: se uma mensagem demora para ser entregue, o sistema de comunicação parou de funcionar eficientemente. Com a adição desses elementos, o sistema de repente aumenta substancialmente em termos de complexidade.

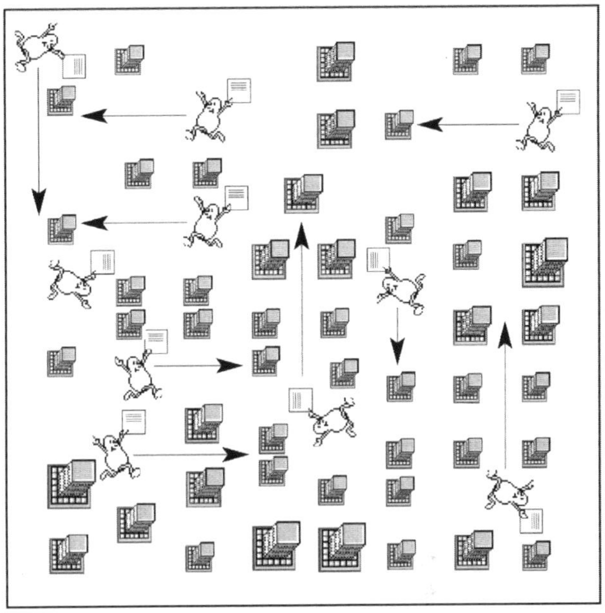

Para avaliar a complexidade, considere escrever um programa de computador para gerenciar o comportamento dos mensageiros. No sistema de dois prédios, o programa seria muito simples, apenas enviando o único mensageiro entre os dois edifícios. Mas com 10 mensageiros e 50 edifícios, torna-se uma tarefa mais complexa. Se um mensageiro entregar sua última mensagem em um edifício e não houver nenhuma nova mensagem, para onde ele vai depois? Essa decisão deve ser baseada parcialmente na proximidade que o mensageiro está dos prédios, mas também nos edifícios que outros mensageiros visitaram recentemente; é mais provável que os edifícios não visitados recentemente tenham uma mensagem não entregue.

Considere também o que deve acontecer quando um mensageiro pegar várias mensagens que precisam ir para edifícios em diferentes partes da cidade. Qual é a lógica que determina o modo de entregar as mensagens? E se os mensageiros tiverem a habilidade de se "encontrarem" entre os edifícios, para que possam trocar mensagens a fim de trabalhar com maior eficiência? Como, quando e onde será o encontro dos mensageiros? Consolidar entregas para o mesmo prédio pela troca de mensagens pode tornar o sistema mais eficiente, mas se os mensageiros se encontrarem com muita frequência, a eficiência global do sistema pode cair. O funcionamento do sistema de comunicação já não é mais uma oscilação simples e previsível entre dois estados. Ele alcançou um grau fundamentalmente novo de inter-relações complexas.

E se esse cenário não fosse suficientemente complexo, poderíamos acrescentar outras variáveis. Por exemplo, e se alguns edifícios tiverem relações especiais com outros edifícios (uma grande quantidade de correio passa entre eles dois) e essas relações mudarem com o passar do tempo? Ou talvez os mensageiros não entreguem o correio entre "edifícios", e sim para as "empresas". As empresas mudam de endereço continuamente, então, sua localização física na cidade está em constante deslocamento. Ou talvez os mensageiros nunca tenham uma visão panorâmica da cidade, mas apenas obtenham informações sobre o *layout* e o comportamento da cidade pela própria experiência e troca de informações com outros mensageiros.

Escrever um programa de computador para simular tudo isso seria mais difícil do que o nosso primeiro cenário. Na verdade, o sistema de exemplo destaca alguns dos problemas de transmissão de informação e comportamento social modelado em pesquisas sobre a complexidade. O que torna complexo nosso sistema de comunicação? As muitas inter-relações dinâmicas e contingentes entre as partes empurram o sistema pela "barreira de complexidade" que Campbell descreve. A versão inicial do sistema, com dois prédios e um mensageiro era, por comparação, primitiva e mecanicista. Mas as versões mais complexas de nossa cidade se assemelham a um ecossistema repleto de agentes inteligentes. Nos exemplos a seguir, articulamos essa distinção conceitual entre um sistema simples e um ainda mais complexo.

Complexidade simples

No caso da cidade dos mensageiros, o sistema se tornou complexo porque acrescentamos muitas relações complexas e contingências. Mas às vezes a complexidade pode surgir inesperadamente de uma série de elementos simples. Eis um exemplo que nos foi dado pelo programador e matemático John Casti, sobre física planetária:

> Sabe-se que o comportamento de dois corpos planetários que orbitam entre si pode ser inteiramente escrito em forma fechada. Entretanto, torna-se impossível combinar as soluções de três problemas de dois corpos para determinar se um sistema de três corpos é estável. Assim, a essência do Problema de Três Corpos reside, de certo modo, nas ligações entre os três corpos (...). Então, eis um caso em que o comportamento complicado surge como resultado das interações entre subsistemas relativamente simples. [3]

Casti está se referindo ao fato de que, no estudo do movimento planetário, os sistemas com dois corpos planetários (como uma estrela e um planeta que a orbita) podem ser articulados matematicamente para prever com precisão o movimento dos dois corpos no espaço. Mas uma vez que um terceiro elemento é adicionado ao sistema, a gravidade de cada corpo planetário afeta os outros dois, complicando significativamente os fatores matemáticos que determinam o movimento relativo de todos os planetas.

A adição de um terceiro corpo planetário no sistema muda tudo: o sistema cruza a "barreira de complexidade" de Campbell para se tornar um sistema realmente complexo. As relações entre os elementos do sistema se entrelaçam de forma tão complexa que a dinâmica resultante ainda precisa ser matematicamente resolvida. O que é surpreendente sobre esse exemplo é o reduzido número de elementos que o sistema contém. Dois corpos planetários têm uma relação simples; a adição de apenas mais um elemento ao sistema introduz complexidade de uma ordem completamente diferente.

Há muitos exemplos de sistemas aparentemente simples que, na realidade, são incrivelmente complexos. Uma conversa, por exemplo, pode ter apenas duas pessoas interagindo entre si. Mas, quando todos os fatores cognitivos, sociais, perceptivos, linguísticos e contextuais são considerados, fica claro que mesmo um simples diálogo é um processo extremamente complexo.

O que a complexidade não é

O que é complexidade? Certamente sistemas ordenados em que cada ponto no tempo e espaço se parece com todos os outros pontos não são complexos. Além disso, não faz sentido falar em complexidade quando o sistema for aleatório, e cada ponto no espaço for completo, não correlacionado com nenhum outro ponto.

— ***Per Bak,*** *How Nature Works*

Uma forma de explorar o conceito de complexidade é examinar o que a complexidade não é. De acordo com o físico Per Bak, um sistema complexo não pode ser organizado demais, em que o sistema tem o mesmo comportamento a cada momento. Ao mesmo tempo, um sistema não pode ser inteiramente caótico, em que cada instante da operação do sistema corresponda apenas aleatoriamente ao momento seguinte. Quando Bak se refere aos pontos no tempo e no espaço de um sistema, ele está falando sobre o modo como o sistema se organiza ao longo do tempo. Examinar como as relações com o sistema mudam a cada momento pode ajudar a determinar se o sistema exibe ou não um comportamento complexo.

Por exemplo, imagine os casos não complexos como uma tela de televisão. A televisão que não recebesse energia ou nenhum tipo de sinal teria uma tela totalmente preta. Cada pixel seria identicamente preto o tempo inteiro ("cada ponto no tempo e espaço é parecido com qualquer outro ponto"). Por outro lado, a tela que estiver cheia de estática aleatória seria inteiramente caótica, em que a cor de um ponto em um instante não corresponderia à cor daquele ponto no momento seguinte, ou à cor de quaisquer outros pontos ("cada ponto... não correlacionado com nenhum outro ponto").

Em contraposição, imagine uma exibição diagramática do sistema de comunicação de mensageiros. A tela exibiria alguns elementos estáticos (prédios), mas os mensageiros se moveriam de um ponto para o outro na tela ao navegar entre os prédios, coletando e entregando mensagens e se encontrando entre edifícios para a troca de mensagens. Ao contrário de um conjunto de pontos completamente fixos ou completamente aleatórios, a visualização teria uma lógica e ritmo, enquanto os mensageiros mudariam de padrões através do espaço. A visualização imprevisível, mas padronizada dessas complexas sequências de comportamento seria um reflexo do sistema subjacente verdadeiramente complexo.

Quatro tipos de sistemas

Antes de passar para uma discussão entre complexidade e jogos, façamos um balanço. Vamos examinar vários exemplos de sistemas, alguns deles complexos, outros não. Como esses diferentes graus de complexidade se relacionam? Christopher Langton, matemático pioneiro em vida artificial, oferece quatro modos de compreender o nível de complexidade de um sistema.[4]

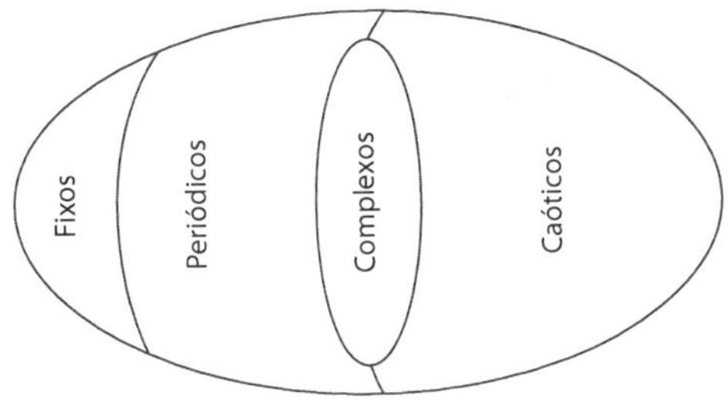

Cada categoria no gráfico se refere a um diferente grau de complexidade que pode aparecer em um sistema.

- Na extremidade esquerda estão os sistemas *fixos* que permanecem imutáveis. As relações entre seus elementos são sempre as mesmas. A tela preta, imutável, é uma boa imagem para esse tipo de exemplo.
- À direita dos sistemas fixos no gráfico estão os sistemas *periódicos*. Os sistemas periódicos são sistemas simples que repetem os mesmos padrões infinitamente. A versão simples do sistema de entrega de mensagens entre dois prédios, em que um único mensageiro oscila de um prédio para o outro, é um sistema periódico.
- Na extrema direita do gráfico encontram-se os sistemas *caóticos*. Em um sistema caótico, os elementos estão em constante movimento, mas seus estados e relações são aleatórios, como uma tela de TV cheia de estática.
- A última categoria é a que nos interessa mais: sistemas *complexos*. Esses sistemas são mais complicados e imprevisíveis do que um sistema periódico, mas não tão cheios de relações dinâmicas que acabem como uma neblina caótica de estática.

Considerando todos os tipos possíveis de sistemas que possam existir, os sistemas *complexos* habitam uma estreita faixa. As condições que permitem que um sistema complexo exista são algo semelhante às condições que permitem que um planeta suporte a vida: entre todos os planetas que existem no universo, apenas um pequeno subconjunto tem a combinação certa de temperatura, atmosfera e composição química para permitir o surgimento da vida. Quais são as condições especiais que permitem que os sistemas se tornem complexos, especialmente no caso dos jogos?

Dois jogos horríveis

Por fim, nossa última discussão sobre a complexidade nos leva ao reino do design de jogos. Sabemos que os jogos são sistemas, mas o que seria preciso para tornar um jogo um sistema *complexo?* Anteriormente, examinamos os sistemas que *não eram* complexos, para ajudar a identificar as características dos sistemas complexos. A seguir, usamos uma estratégia semelhante, inventar dois jogos que não conseguem atingir a complexidade. Como jogos, eles são péssimos, mas como todos os jogos ruins, eles podem nos ensinar algo. O primeiro jogo é chamado cara ou coroa:

> *cara ou coroa,* um jogo para dois jogadores: Um jogador lança uma moeda para cima e a apara, mantendo-a coberta com a mão para impedir que o outro jogador veja o lado da moeda virado para cima. O outro jogador tenta adivinhar se tal lado da moeda é cara ou coroa. Se o jogador adivinhar, ele ganha. Caso contrário, o jogador que lançou a moeda ganha.

Definitivamente, esse jogo não parece muito divertido. Imagine jogá-lo apenas uma vez: como o jogador lançador da moeda, você lança a moeda, aguarda a resposta e, então, descobre se você ganhou ou perdeu. Mesmo se você jogasse o jogo repetidamente, ele ainda seria um exercício de lançar e adivinhar. O jogo parece simples demais para um dia se tornar verdadeiramente complexo. O segundo exemplo de jogo horrível não é tão simples, mas também não consegue atingir a complexidade:

> *The Grid,* um jogo para dois jogadores: A interação acontece em uma grade de 100 por 100 casas. Cada jogador tem dez peças idênticas, colocadas aleatoriamente no tabuleiro no início do jogo. Uma peça ocupa uma casa na grade, embora as peças se empilhem, portanto qualquer número de peças de um ou outro jogador pode ocupar uma única casa na grade. Os jogadores se revezam em turnos movendo 10 de suas peças de cada vez. Mover uma peça significa movê-la de 1-1000 espaços em qualquer combinação de movimentos horizontal, vertical ou diagonal. As peças não afetam uma a outra de nenhuma maneira.

Esse jogo também não parece muito divertido. Os jogadores se revezam em turnos, empurrando arduamente suas peças no tabuleiro, mas como os jogadores não podem afetar uns aos outros, o jogo pode se estender indefinidamente sem nenhum ganhador. Os jogadores podem criar padrões de peças no tabuleiro, mas, em última análise, esses padrões não teriam sentido em termos de progressão para ganhar o jogo. Como estática, as peças estariam constantemente em movimento, mas nunca formariam padrões estratégicos coerentes em que os pontos teriam qualquer relação significativa entre si (como afirmou Bak, as peças seriam "pontos sem correlação").

Tanto o cara ou coroa como o Grid não têm complexidade. Eles também são jogos muito diferentes. O que eles têm em comum que os impede de atingir a complexidade? Para responder a essa pergunta, voltemos ao nosso conceito básico de interação lúdica significativa.

> **A *interação lúdica significativa* em um jogo surge da relação entre a ação do jogador e o desfecho do sistema; é o processo pelo qual um jogador toma medidas no sistema projetado de um jogo e o sistema responde à ação. O significado de uma ação reside na relação entre ação e resultado.**

Pensando nos dois jogos no contexto da interação lúdica significativa, está claro que nenhum deles forjava relações significativas entre a ação do jogador e o resultado do sistema — entre as decisões que o jogador tomava e os resultados dessas decisões no jogo. No caso do cara ou coroa, o jogo consiste em um único evento aleatório que determina o resultado do jogo e sobre o qual os jogadores não têm nenhum controle. O segundo jogo, o Grid, carece de interação lúdica significativa mas de outra maneira: diferentemente do cara ou coroa, não há nenhuma aleatoriedade e os jogadores tomam muitas decisões a cada turno enquanto movem suas peças. Mas como não há nenhuma maneira de essas decisões resultarem em uma interação lúdica significativa, em última análise, o Grid também não tem interação lúdica significativa.

Se nesses dois jogos não há complexidade nem interação lúdica significativa, quer dizer que se trata da mesma coisa? Não, de maneira alguma. A interação lúdica significativa e a complexidade tratam de dois aspectos diferentes dos jogos. A interação lúdica significativa envolve a relação entre a decisão e o resultado, e a complexidade envolve o modo como as partes se relacionam entre si em um sistema. Apesar dessa distinção, os dois conceitos estão intimamente relacionados. Nos jogos em que há interação lúdica significativa, alguns aspectos do sistema de jogo serão complexos. A complexidade pode vir na forma de complexidade estratégica formal, relações sociais complexas, uma estrutura narrativa rica, complexidade psicológica de apostar dinheiro real, ou de outros modos, mas a complexidade é um pré-requisito da execução significativa. Sem complexidade, o espaço de possibilidades de um jogo não é grande o suficiente para apoiar a interação lúdica significativa.

O que seria necessário para tornar o cara ou coroa um jogo que tivesse interação lúdica significativa? Podemos fazer um ajuste simples no sistema de regras e ver como isso muda as coisas:

> *Cara ou coroa: a variante decisão.* Em vez de lançar a moeda aleatoriamente, o jogador que está com a moeda tem que escolher um lado da moeda. O outro jogador tenta adivinhar o que o jogador escolheu. Se o jogador adivinhar, ele ganha. Caso contrário, o jogador que lançou a moeda ganha.

Nessa versão do cara ou coroa, o adivinhador procura determinar a decisão do outro jogador, em vez de tentar adivinhar o resultado de um evento aleatório. Será que esse jogo produz interação lúdica significativa no jogo? Isso torna o jogo mais complexo? Bem, isso torna o jogo um evento menos aleatório: um jogador tenta "analisar" o outro e adivinhar suas intenções. Mas apesar desse fato, jogar a variante decisão uma única vez não levaria o jogo ao reino da complexidade. Por que não? O jogo ainda parece arbitrário. Mesmo que o jogador puder determinar o lado da moeda escolhido, o resultado geral do jogo parece aleatório. Interação arbitrária, na qual as ações parecem não relacionadas entre si, é o oposto da interação lúdica significativa. Outro fator importante é que o jogo não dura tempo suficiente para ter qualquer tipo de trajetória ou contexto maior em que as decisões do jogador estejam *integradas*. Considerando um único jogo, os jogadores iriam iterar as regras apenas uma vez e, então, o jogo terminaria, sem nenhuma oportunidade de suas decisões afetarem os futuros resultados de forma significativa.

Quer o lançamento da moeda seja aleatório ou pré-determinado, um único jogo de cara ou coroa carece de complexidade porque não apresenta interação lúdica significativa. Como dissemos, a interação lúdica significativa e a complexidade não são a mesma coisa: elas se referem a diferentes aspectos dos jogos. Mas a complexidade é uma condição necessária para a interação lúdica significativa. Eis, a seguir, algumas variações adicionais do cara ou coroa que enfatizam esse ponto. Cada versão do jogo faz algumas modificações nas regras que afetam a integração da ação do jogador e o resultado do sistema. Embora cada variação acrescente apenas algumas regras novas, cada uma delas empurra o funcionamento do sistema do jogo para além da barreira da complexidade e em direção à interação lúdica significativa.

> ***A variante conversacional.*** Nessa versão do jogo, um jogador, o lançador, escolhe um lado da moeda. Mas antes que o outro, o adivinhador, tente adivinhar, os ambos têm dez minutos para discutir a decisão que o lançador tomou. O lançador pode mentir sobre o lado em que caiu a moeda, dizer a verdade ou tentar alguma tática de psicologia dupla complexa. O adivinhador ganha se o palpite for correto e o lançador ganha se o palpite for incorreto.
>
> *Por que é mais significativa.* Na variante conversacional, a rica interação social que se dá eleva o jogo para o campo da interação lúdica significativa. O lançador tem de selecionar uma estratégia de indução ao erro, que o adivinhador tenta derrotar. A adivinhação final que o adivinhador fizer é parte integrante de toda a conversa que levou à decisão.
>
> ***A variante adivinhação repetida.*** Nessa variante, o lançador ainda escolhe um lado da moeda. Nenhuma discussão é permitida, mas os jogadores jogam o jogo 21 vezes. Toda vez que o adivinhador acertar, ele ganhará um ponto. Toda vez que o adivinhador der um palpite errado, o lançador ganha um ponto. No final do jogo, o jogador com mais pontos ganha.

Por que é mais significativa. A variante adivinhação repetida é muito semelhante à variante decisão. A diferença é que, como o jogo é jogado muitas vezes, há uma chance de surgirem padrões. Tal como acontece com o pedra-papel-tesoura, os dois jogadores tentam se antecipar e detectar padrões de comportamento do outro. Toda escolha está integrada em decisões anteriores tomadas por ambos os jogadores.

A variante risco aumentado: Nesse jogo, os jogadores se alternam nos papéis de adivinhador e lançador. A cada turno, o adivinhador atual tenta adivinhar o resultado de um lançamento aleatório. Se o adivinhador estiver correto, ganha 1 ponto e pode optar por ter a moeda lançada novamente e tentar adivinhar mais uma vez. Se o adivinhador acertar uma segunda vez, os pontos ganhos dobram (de 1 para 2). Enquanto o adivinhador continuar acertando, ele pode continuar a adivinhar e tentar dobrar os pontos ganhos nesse turno, de 1 para 2 e de 4 para 8, etc. Entretanto, um único erro elimina todos os pontos ganhos nesse turno e os dois jogadores trocam de papéis. O primeiro jogador a fazer 25 pontos ganha.

Por que é mais significativa. Embora esse jogo ainda use o lançamento aleatório de moeda, os jogadores fazem escolhas significativas do tipo "8 ou 800" que podem premiar ou punir o risco. Toda ação do jogo é integrada nas decisões de um turno especial, bem como o jogo como um todo. Por exemplo, se seu oponente estiver prestes a ganhar, você pode ser forçado a assumir mais riscos.

Cada variante do jogo cara ou coroa oferece interação lúdica significativa fornecendo mais relações entre decisão e resultado e integrando esses momentos de interatividade em uma estrutura de jogo maior. O cara ou coroa original era um simples exercício de probabilidade. Mas é impossível prever como uma das variantes pode terminar. Como seria a conversa na variante conversacional? Que padrões surgiriam na variante adivinhação repetida? Quantos jogadores estariam dispostos a se arriscar na variante risco aumentado? As experiências de jogo que surgiriam de dentro dessas variações seriam surpreendentemente complexas, mais do que seus conjuntos de regras muito simples poderiam levar você a acreditar. Esse fenômeno — sistemas que geram padrões de comportamento complexos e imprevisíveis de regras simples — é chamado de emergência.

Emergência

Um número modesto de regras aplicado repetidamente a uma coleção limitada de objetos resulta em novidade, variedade e surpresa. Podem-se descrever todas as regras, mas não necessariamente todos os produtos das regras — nem o conjunto de todos os números inteiros, e nem todas as frases de uma língua, nem todos os organismos que podem surgir da evolução.

— ***Jeremy Campbell***, *Grammatical Man*

Emergência é um aspecto crucial da compreensão de como o sistema de um jogo se torna significativo para os jogadores. Na citação acima, Jeremy Campbell descreve como a emergência decorre da complexidade. A primeira frase de Campbell aponta para as principais características da emergência: que um simples conjunto de regras aplicado a um conjunto limitado de objetos em um sistema conduz a resultados imprevisíveis. Isso é precisamente o que acontece nas três variantes do cara ou coroa. O número de maneiras diferentes como a variante conversacional poderia terminar é praticamente infinito. Mas o jogo em si é tão simples! Essa é a chave para a emergência nos jogos: possibilidades complexas são o resultado de um conjunto simples de regras.

A maioria dos jogos compartilha essas características. As regras do Pong são relativamente simples, mas se você imaginar todas as maneiras como um jogo termina, de uma rápida partida vitoriosa, em que um jogador domina, a um final dramático, prorrogado, é evidente que o sistema do Pong demonstra emergência. Mesmo um jogo com um conjunto de regras muito mais complicado, como o Warcraft II, contém emergência. Embora o jogo pareça muito complexo comparado ao Pong, em essência o Warcraft II só tem cerca de uma dúzia de tipos de elementos diferentes, e as formas como eles podem interagir são bem limitadas. Se duas unidades inimigas se encontram, elas não vão travar uma conversa ou começar a dançar juntas — vão lutar ou não lutar. Apesar da complexidade do código, ainda há, sem dúvida, um "pequeno número de regras", aplicado a uma "coleção limitada de objetos". O sistema do jogo, quando posto em ação, resulta em padrões imprevisíveis de emergência.

Ao incluir uma gama tão ampla de fenômenos de jogo sob o título de emergência, estamos reconhecidamente divergindo da teoria da complexidade ortodoxa. Teóricos da emergência costumam fazer uma distinção entre emergência "fraca" e "forte" — por exemplo, a menos que a bola do Pong fosse um agente autônomo, adaptativo, que aprendeu a evitar ou seguir as raquetes, o jogo não seria considerado um caso de emergência "forte". Mas, para nossos propósitos, eliminamos essas distinções para considerar a emergência de um modo mais geral. A emergência pode acontecer por meio de complexos mecanismos programados que simulam agentes e sistemas adaptativos, mas também pode acontecer em um nível experimental, em que regras extremamente simples dão origem a complexas relações sociais ou psicológicas entre os jogadores.

As partes e o todo

Independentemente de como enquadramos isso, todos esses casos de emergência compartilham certas características:

> A emergência é, acima de tudo, um produto de interações baseadas na conexão, dependentes do contexto. Tecnicamente, essas interações, e o sistema resultante, são *não lineares:* o comportamento de todo o sistema *não pode* ser obtido pela *soma* dos comportamentos de suas partes constituintes. Não podemos entender melhor as estratégias de um jogo de tabuleiro compilando estatísticas dos movimentos de suas peças do que podemos entender o comportamento de uma colônia de formigas em termos de médias. Sob tais condições, o todo é, na verdade, mais do que a soma de suas partes.[5]

Essa seleção do cientista da computação John Holland contém um grupo extremamente rico de ideias sobre a emergência. Como Holland se move do particular para o geral, vamos interpretar o texto linha por linha, trabalhando a partir da afirmação final e voltando para o início. Na última frase Holland diz que, na verdade, quando a emergência está em funcionamento, "o todo é maior que a soma de suas partes". Isso se encaixa em nossa compreensão geral dos sistemas, em que as partes se inter-relacionam para formar um todo. Em um sistema emergente, há uma relação especial entre as partes e o todo. Como um sistema emergente irá terminar de forma imprevisível, o todo do jogo é mais do que a soma das partes.

O que a Holland quer dizer com isso? Procure uma frase anterior:

> "Não podemos entender melhor as estratégias de um jogo de tabuleiro compilando as estatísticas dos movimentos de suas peças do que podemos entender o comportamento de uma colônia de formigas em termos de médias."

Holland usa os jogos de tabuleiro e um formigueiro, como exemplos de emergência, destacando que esses sistemas não podem ser compreendidos considerando apenas as médias do comportamento de objetos independentes no sistema. Essa noção é muito próxima daquela das ideias que Campbell mencionou, de que "Pode-se descrever todas as regras, mas não necessariamente todos os produtos das regras — nem o conjunto de todos os números inteiros, e nem cada sentença de uma língua, nem todos os organismos que possam surgir da evolução". Campbell afirma que, em um sistema emergente, podemos conhecer todas as regras iniciais, mas não podemos descrever todas as maneiras como as regras acabarão se manifestando quando forem colocadas em prática. Ele fornece os exemplos diversos da matemática, língua e evolução. No caso da língua, por exemplo, não podemos descrever cada frase que poderia ser dita em uma língua, embora pudéssemos conhecer todas as palavras nesse idioma com as regras da gramática que as organizam.

Campbell e Holland dizem a mesma coisa: o que torna um sistema emergente é que existe uma desconexão especial entre as regras do sistema e as formas como essas regras acabam se manifestando. Embora as regras possam ser concisas e reconhecíveis, o comportamento dessas regras colocadas em ação no sistema cria padrões e resultados não contidos dentro das regras em si — resultados esses que contêm "novidade, variedade e surpresa". As regras gramaticais podem nos dizer como organizar palavras em frases, mas não podem ser responsáveis pelo *Huckleberry Finn*, pela Constituição dos Estados Unidos e pelas letras da música "Oops! I Did It Again" de Britney Spears. As regras gramaticais, ativadas pelo uso da língua, ultrapassam a barreira da complexidade para produzir resultados emergentes, que nunca poderiam ter sido previstos por uma mera consideração das regras em si.

Isso é o que Holland quer dizer com *"O comportamento de todo o sistema* ***não pode*** *ser obtido pela* ***soma*** dos *comportamentos de suas partes constituintes".* Simplesmente consolidar todas as regras em uma lista não pode explicar a grande variedade no comportamento de um sistema emergente. Quando menciona que, *"Tecnicamente, essas interações, e o sistema resultante, são* ***não lineares****"*, ele quer dizer não lineares no sentido matemático. Ele está dizendo que as formas com as quais objetos no sistema interagem para produzir a complexidade não são apenas aditivas, mas aumentam geometricamente. Esse é o tipo de complexidade visto no exemplo do sistema de três planetas. Adicionar um terceiro planeta à equação não só aumentou em um terço a complexidade do sistema: isso acrescentou ordens de grandeza de nova complexidade.

Interações entre objetos

Chegamos agora à primeira linha da citação de Holland: "A emergência é, acima de tudo, um produto de interações baseadas na conexão, dependentes do contexto". Até agora, vimos os tipos gerais de emergência que podem surgir de um sistema. Mas o que dizer de um sistema que permite atravessar a barreira da complexidade e tornar-se verdadeiramente emergente? A chave está nos termos "baseadas na conexão" e "dependentes do contexto". Quando Holland diz que a emergência é um produto dessas duas formas de interação, ele quer dizer interações entre objetos dentro de um sistema.

Pense nos quatro elementos de um sistema do livro ***Systems*** de Littlejohn: objetos, atributos, relações internas e ambiente. Quando as regras de um sistema emergente são postas em movimento, as relações internas entre os objetos começam a transformar os atributos dos elementos. Essas transformações, então, afetam a mudança nas relações dos objetos internos, alterando ainda mais seus atributos, resultando em ciclos e padrões de comportamento. Assim, as interações de um sistema complexo são *baseadas na conexão*, o que significa que os elementos do sistema estão recursivamente conectados. Como formigas em um formigueiro, os objetos no sistema atuam em conjunto para executar de forma que os objetos isoladamente não podem. Como os objetos estão ligados uns aos outros, uma mudança no sistema cria outra mudança, que cria outra mudança, dando origem a padrões no espaço do sistema. Essas interações são *dependentes do contexto*, o que significa que as mudanças que ocorrem não são as mesmas o tempo todo. Em vez disso, a natureza exata das transformações depende do que mais poderia acontecer no sistema a qualquer dado momento. As interações baseadas na conexão ajudam a produzir padrões globais por todo o sistema; interações dependentes do contexto garantem que o arranjo exato desses padrões seja dinamicamente mutável ao longo do tempo.

No exemplo de sistema de comunicação de mensageiros, os objetos (mensageiros e edifícios) têm atributos e também relações entre si. Se um mensageiro pegar as mensagens de um edifício, os atributos do edifício (Ele tem ou não correio para ser entregue?) e os atributos do mensageiro (O mensageiro tem mensagens para entregar? Qual é o próximo destino?) mudam como resultado. Como o sistema funciona, os objetos do sistema interagem entre si de maneiras determinadas pelas regras do sistema. Se o sistema fosse realmente emergente, surgiriam padrões inesperados no comportamento dos objetos, comportamentos não contidos nas próprias regras. Por exemplo, imagine que decidíssemos colorir de azul qualquer prédio que não tenha nenhuma mensagem à espera de ser pega. Os padrões de edifícios azuis poderiam alternar-se de modo regular ao longo do sistema. Esses padrões não fazem parte das regras de nenhum sistema, mas são padrões que surgem durante o funcionamento do sistema. Esse é precisamente o tipo de padrão emergente que Steven Johnson descreveu em seu exemplo imaginário de bolas de bilhar motorizadas na citação no início deste capítulo. Em ambos os casos, as interações baseadas na conexão e dependentes do contexto entre os elementos do sistema são responsáveis pelos fenômenos emergentes.

Jogo da Vida

No domínio da teoria da complexidade, talvez o exemplo mais conhecido venha do estudo matemático dos autômatos celulares. Autômatos celulares são sistemas baseados em grade que lembram vagamente tabuleiros de jogo. A qualquer momento, um quadrado da grade pode ser ocupado ou desocupado. Um conjunto de regras determina como as células se comportam e como seus estados mudam ao longo do tempo. O nome "autômatos celulares" vem da grade de quadrados, chamados de "células", e do fato de que, uma vez que o sistema é colocado em movimento, as regras movem-no para frente de tal modo que ele funciona "autonomamente", sem entrada externa adicional.

Nem todos os sistemas autômatos celulares criam emergência automaticamente. Tudo depende das regras que regem o comportamento das células. Por exemplo, se quiséssemos replicar uma tela de TV em uma grade de autômatos celulares, poderíamos criar as seguintes regras:

1. Para começar, todas as células estão desocupadas.
2. O estado das células não muda.

Essas regras resultariam no sistema fixo de um campo em branco, vazio. Se quiséssemos replicar um sistema de autômatos celulares que resultasse em puro caos, poderíamos criar as seguintes regras:

1. Para começar, metade das células estaria ocupada e metade desocupada, determinadas aleatoriamente.
2. A cada trigésimo de segundo, um novo conjunto de metade das células é ocupado, determinado aleatoriamente.

Essas regras resultariam no contínuo brilho de pontos em constante mutação, mas sem um padrão, que compõem a televisão estática.

Os autômatos celulares foram originalmente sistemas desenvolvidos pelos matemáticos John Von Neumann e Stanislaw Ulam nos anos de 1930 e 1940. Mas a aplicação mais famosa vem de John Conway. Seu sistema de autômatos celulares, The Game of Life (Jogo da Vida), ou mais simplesmente, Life, popularizou-se quando Martin Gardner o publicou como um quebra-cabeça na revista *Scientific American*, em 1970.

Há muitas maneiras fascinantes de examinar o Jogo da Vida. O que nos interessa no Jogo da Vida não é o fato de ele ser uma forma inicial de vida artificial, ou até por ser chamado de jogo (não é um jogo pela nossa definição), mas sim por ser um ótimo exemplo dos princípios de emergência e complexidade. A vida acontece em uma rede infinita; as células do padrão quadriculado são regidas por um simples conjunto de regras, aqui resumido por Steven Levy em *Artificial Life:*

> a vida ocorre em um tabuleiro de xadrez virtual. Os quadrados são chamados de células. Eles estão em um de dois estados: vivos ou mortos. Cada célula tem oito vizinhos possíveis, as células que tocam seus lados ou cantos.
>
> Se uma célula do tabuleiro de xadrez estiver viva, ela irá sobreviver na próxima etapa (ou geração) se houver dois ou três vizinhos ainda vivos. Ele morrerá de superlotação se houver mais de três vizinhos vivos, morrerá de exposição, se houver menos de dois.
>
> Se uma célula do tabuleiro estiver morta, ela permanecerá morta na próxima geração a menos que exatamente três dos seus oito vizinhos estejam vivos. Nesse caso, a célula irá "nascer" na próxima geração.[6]

Embora o jogo de Conway não seja originalmente criado em um computador, hoje ele aparece comumente como software de computador. O Jogo da Vida sempre começa com algumas das células ocupadas e outras vazias, em padrões pré-determinados ou aleatórios. Quando o programa é executado, a grade é atualizada em passos, cada passo iterando as regras de acordo com a configuração atual da grade. Visualmente, o Jogo da Vida manifesta-se como um conjunto de padrões geométricos dinâmicos, em constante mudança à medida que células da grade morrem e renascem.

O que nos surpreende no Jogo da Vida é que a partir dessas regras extremamente simples surgem padrões inesperados. Algumas formas morrem e desaparecem rapidamente da grade. Outras alcançam padrões estáveis e fixos, ou oscilam sempre entre dois estados. Outras podem mover-se continuamente pela rede (como a famosa forma "*glider*" [planador]), ao passo que outras exibem um comportamento ainda mais complexo

O Jogo da Vida: o glider

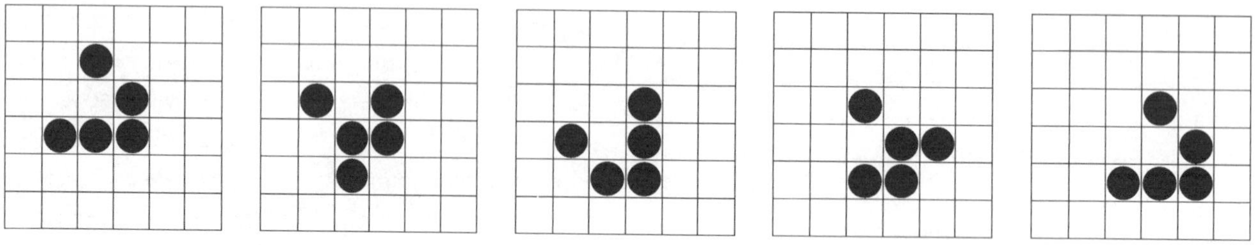

Algumas histórias de tripleto no Jogo da Vida

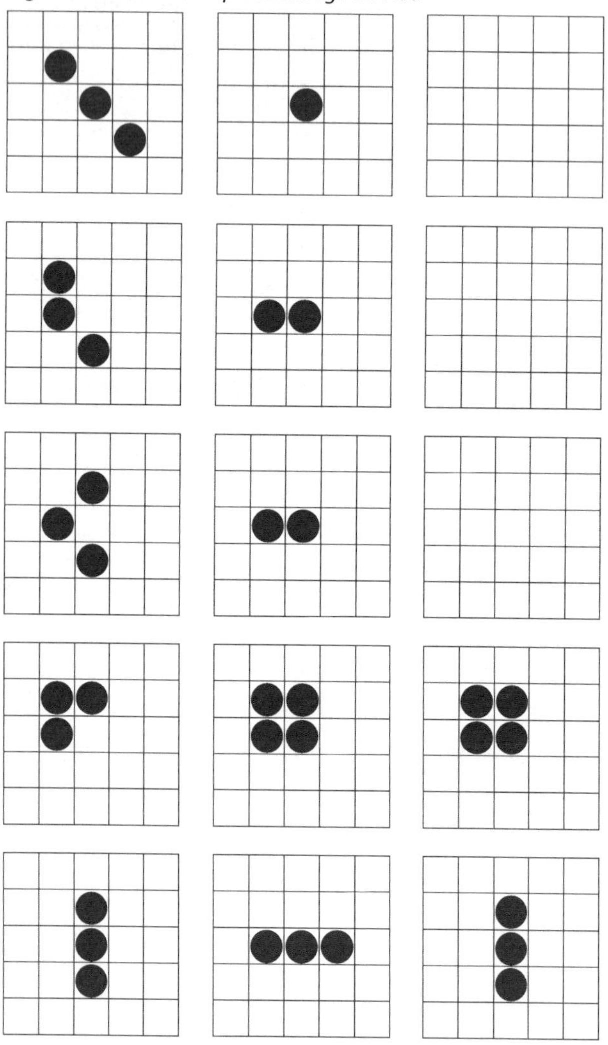

(como o "*glider gun*", que produz uma nova forma de asa delta a cada 30 gerações).

Ao combinar esses diferentes padrões e comportamentos inesperados, os fãs do Jogo da Vida fizeram de tudo, dos ricos padrões visuais a calculadoras funcionais e outras "máquinas virtuais" que operam usando as células na grade. O Jogo da Vida é um complexo sistema que exibe comportamento emergente com base em um simples conjunto de regras. Usando o Jogo da Vida como um estudo de caso, fica claro por que a emergência é formada por interações baseadas na conexão e dependentes do contexto entre os elementos de um sistema:

> **Baseadas na conexão.** No Jogo da Vida, a interação entre dois objetos não é uma relação isolada. As relações dependem de um conjunto de relações baseadas na conexão. O fato de uma célula estar viva ou morta no Jogo da Vida depende das posições das células adjacentes; a vida e a morte *dessas* células também dependem de todas as *suas* células adjacentes. Essas relações baseadas na conexão criam formas entrelaçadas que se multiplicam no espaço como um todo, dando origem a padrões surpreendentes.
>
> **Dependentes do contexto.** Com o tempo, à medida que o contexto de um objeto em um sistema muda, mudam suas relações com os outros objetos, dando origem a transformações globais do sistema. No caso do Jogo da Vida, o contexto de uma dada célula são seus oito vizinhos. A cada unidade de tempo, esse contexto muda, propagando o comportamento dinâmico por todo o sistema. Assim como interações baseadas na conexão repercutem por todo o espaço da grade, as interações dependentes do contexto reverberam ao longo do tempo à medida que o espaço do sistema se transforma e cria novos contextos para os objetos do sistema.

Comportamentos de baixo para cima

O mais impressionante sobre o Jogo da Vida é que suas interações baseadas na conexão e dependentes de contexto emergem de um conjunto de regras muito simples. Veja a simplicidade com qual podemos resumir o comportamento das células:

- Uma célula viva estará viva na próxima geração se duas ou três células vizinhas estiverem vivas.

- Uma célula morta irá recobrar a vida na próxima geração se três de suas células vizinhas estiverem vivas.
- Caso contrário, uma célula permanecerá morta.

O fato de que essas regras simples podem produzir tudo, de *glider guns* (canhões de planadores) a calculadoras é surpreendente. Os *glider guns* não estão descritos em lugar nenhum das três regras listadas anteriormente. Mas, paradoxalmente, existem no espaço de possibilidades definidas pelas três regras. Todos os potenciais padrões de células, todas as máquinas virtuais que já foram construídas na grade do Jogo da Vida, todas as muitas formas de "vida" que foram descobertas no Jogo da Vida existem, de certo modo, dentro dessas três regras.

O Jogo da Vida demonstra como, nos sistemas emergentes, interações locais simples resultam em padrões maiores, mais complexos. Teóricos da complexidade muitas vezes usam a frase *de baixo para cima* para resumir esse fenômeno. O teórico Steven Johnson descreve os processos de baixo para cima em sistemas como formigueiros, espaços urbanos e *software* adaptativo:

> Que características esses sistemas compartilham? (...) Eles são sistemas de baixo para cima e de cima para baixo. Eles obtêm sua inteligência de baixo (...). Nesses sistemas, os agentes que residem em uma escala começam produzindo um comportamento que reside uma escala acima deles: formigas criam colônias; urbanitas criam bairros, softwares de reconhecimento de padrão simples aprendem a recomendar novos livros. O movimento das regras de baixo nível para sofisticação de nível mais alto é o que chamamos de emergência.[7]

Além dos tipos de sistemas que Johnson descreve, há outra importante classe de sistemas em que a emergência de baixo para cima ocorre: jogos. Os jogos geram um comportamento emergente complexo, enquanto as estruturas formais das regras facilitam a experiência de jogo imprevisível. Semelhante à possibilidade de *glider guns* estarem contidos nas regras do Jogo da Vida, todos os jogos de beisebol que já foram jogados, todas as estratégias para ganhar, todas as estatísticas de equipe e jogador que o jogo produz estão, de algum modo, contidos nas regras do beisebol.

A emergência de baixo para cima é intrínseca aos jogos e não se limita à complexidade formal de um jogo. A emergência ocorre de diferentes maneiras no nível das regras, da interação lúdica ou da cultura em qualquer jogo. Neste capítulo, o foco está nas propriedades formais da emergência, mas, em certo sentido, o restante deste livro continua a trajetória que começamos aqui, examinando as muitas maneiras como a interação lúdica significativa surge em um jogo.

Emergência em jogos

Muitos estudos sobre a emergência examinam sistemas como o Jogo da Vida, que são autônomos e não requerem a participação humana ativa para funcionar. Mas, na realidade, o Jogo da Vida não é um jogo. Não só falta uma meta quantificável, como também não é um sistema de conflito de que um ou mais jogadores participam. É verdade que um usuário pode configurar o conjunto inicial de células, definindo quais estão ativadas e quais estão desativadas. Mas, uma vez que o jogo começa, o Jogo da Vida funciona sozinho. Depois que o programa é ativado, o comportamento do Jogo da Vida se divorcia da interação humana.

Jogos não são assim. Os jogos exigem jogadores, e os jogadores tomam decisões que fazem o jogo avançar. O conceito de interação lúdica significativa, por exemplo, se baseia na ideia de que há relações perceptíveis entre a ação do jogador e o desfecho do jogo. A natureza participativa de jogos os torna sistemas complicados de analisar, porque, diferentemente do "jogo" da Vida, um verdadeiro jogo sempre inclui um ou mais jogadores dentro do sistema de tomada de decisões. Nos jogos, a emergência surge por meio da interação do sistema de jogo formal e as decisões tomadas por jogadores. Um exemplo maravilhoso desse tipo de emergência é blefar no pôquer. A estratégia do blefe — fingir ter a melhor cartada na mão — é um componente-chave do jogo. Mas não é explicitamente descrita nas regras do jogo. O blefe é simplesmente um comportamento emergente que ocorre no jogo, facilitado pelo processo de apostas, pelo fato de que as cartas dos jogadores ficam ocultas e pelo desejo dos jogadores de vencer o conflito do jogo. O blefe é semelhante aos canhões no Jogo da Vida, presente no espaço de possibilidades, embora nunca tenha sido declarado explicitamente nas regras.

Mesmo o mais simples dos jogos pode gerar vastos e inesperados comportamentos. John Holland deixa isso claro em uma discussão de jogos de tabuleiro:

> Os jogos de tabuleiro são um exemplo simples de emergência de grande complexidade com base em simples regras ou leis. Mesmo no tradicional jogo da velha 3×3, o número de configurações válidas distintas excedem 50.000 e as maneiras de ganhar não são imediatamente óbvias. O jogo da velha tridimensional de 4×4×4 oferece surpresas o suficiente para desafiar um adulto. Xadrez e Go têm propriedades emergentes suficientes que continuam a nos intrigar e a oferecer novas descobertas depois de séculos de estudo. E não é só o número total de possibilidades. Há linhas de interação e regularidades que continuam a surgir depois de anos de estudo, o suficiente para um mestre deste século poder superar habilmente um mestre do século anterior.[8]

Mesmo os conjuntos de regras simples podem criar uma tremenda complexidade emergente. O modo como essa complexidade se manifesta nem sempre se dá intuitivamente pelas regras. Por exemplo, compare dois dos jogos que Holland menciona, xadrez e Go. Eles estão entre os jogos mais antigos e sofisticados do mundo, e são semelhantes em muitos aspectos. Ambos têm dois jogadores, são de estratégia baseada em turnos jogados com peças em um tabuleiro. Que jogo é mais complexo — pelo menos do um ponto de vista formal, matemático? Examinando as regras, o xadrez parece ser o jogo mais complexo. No xadrez, há seis peças diferentes, cada uma com maneiras exclusivas de se mover pelo tabuleiro. Também há muitas regras "especiais", como o movimento de abertura de um peão, transformar um peão em rainha e rocar um rei. Em contraste, o Go possui regras mais simples. Existe apenas um tipo de peça; uma vez colocadas no tabuleiro, ali não se movem.

Mas, apesar de o conjunto de regras do Go ser mais simples, ele é um jogo matematicamente mais complexo. Uma demonstração disso é o desenvolvimento de programas de inteligência artificial de computadores para jogos. A programação de oponentes de software tanto para o Go como para o xadrez são problemas de computador de longa data da ciência, que receberam a atenção mundial, de acadêmicos e desenvolvedores de jogos comerciais nas últimas décadas. Embora o foco da pesquisa do Go tenha sido na Ásia, onde o jogo é mais comum, o grau de atenção dado à programação de inteligência artificial (IA) para os dois jogos é praticamente equivalente. Alguns anos atrás, quando Gary Kasparov perdeu para o Deep Blue da IBM na modalidade Speed Chess (xadrez rápido), os computadores sem dúvida ultrapassaram o domínio humano do xadrez. Mas ainda não foi escrito um programa de Go que possa desafiar um jogador avançado do jogo.

Por que a discrepância? O Go demonstra um maior grau de complexidade emergente, que surge das interações baseadas na conexão entre peças do jogo. Como os autômatos celulares, cada parte no Go forma relações com peças e espaços vazios adjacentes. Quando essas relações simples são multiplicadas pela grade do tabuleiro (que é maior do que um tabuleiro de xadrez), a inter-relação das peças ligadas soma-se a um grau de complexidade que ultrapassa o xadrez em possibilidades numéricas brutas.

A questão dessa comparação não é identificar qual jogo é superior. O xadrez e o Go são, ambos, passatempos nobres para jogadores, e jogar um ou outro bem é um exigente exercício intelectual. A lição aqui é que regras mais complexas não necessariamente significam mais complexidade no sistema. Ainda que pareça paradoxal, as regras mais simples do Go geram um maior grau de complexidade emergente.

Projetando a surpresa

Como os conceitos de complexidade e emergência se relacionam com o design de jogos? Está claro que os jogos são sistemas e que a complexidade e a emergência afetam a interação lúdica significativa. Mas como a emergência e a complexidade afetam o processo de design? De que forma o entendimento de jogos como sistemas complexos auxilia na criação de jogos?

A complexidade está intrinsecamente ligada à interação lúdica significativa. Jogar um jogo é sinônimo de explorar o espaço de possibilidades de um jogo. Se um sistema é fixo, periódico ou caótico, ele não apresenta um espaço de possibilidades suficientemente grande ou flexível para os jogadores habitarem e explorarem por meio de interações significativas. Por outro lado, se um sistema é emergente, a exploração de possíveis relações entre os elementos do jogo é continuamente envolvente. Os jogadores irão jogar um jogo repetidamente se algo sobre a experiência continuar a envolvê-los com "variedade, novidade e surpresa". No negócio de desenvolvimento de conteúdo online, é sabido que os melhores jogos são aqueles mais difíceis. Um fã de uma série de animação da Web poderia assistir ao último episódio duas ou três vezes, mas alguém viciado em um jogo o disputará dezenas, centenas ou milhares de vezes. A possibilidade infinita que surge de um sistema emergente é uma estratégia de design chave para incentivar a repetição da interação. Um sistema de jogo emergente de sucesso continuará a apresentar novas experiências, enquanto os jogadores exploram as permutações do comportamento do sistema.

O jogo de Peter Molyneaux, Populous: The Beginning, oferece um excelente exemplo de emergência de jogo. Os designers de jogos Rollings e Morris ilustram vividamente como um complexo sistema de jogo cria inesperadamente novas possibilidades de interação:

> Em Populous: The Beginning, quando os guerreiros inimigos correm até um de seus personagens pregadores, eles param a uma curta distância quando o pregador começa a cantar. Por um tempo, eles se sentam para ouvir. Se o processo não for interrompido, então eles irão se converter para o lado do pregador.
>
> Essa é uma regra. Outra regra é que se guerreiros inimigos tiverem começado a lutar, um pregador não pode convertê-los.
>
> O que isso significa na prática é que você pode deixar seus pregadores em um perímetro de defesa em torno de seu assentamento. A primeira onda de guerreiros inimigos será convertida. Isso é automático, e o jogador está livre para avançar com outras coisas. Mas agora considere a segunda onda de guerreiros inimigos. Eles vêm correndo, e a primeira coisa que encontram não é o raio de conversão do pregador, mas o raio de ataque do último grupo de guerreiros que estava sendo convertido. Uma briga começa repentinamente entre os grupos de guerreiros, e os pregadores não podem intervir para converter a segunda onda.
>
> O aspecto que emerge é que você não pode deixar as suas defesas não gerenciadas. De tempos em tempos, você precisa percorrer o seu assentamento e mover os guerreiros recém-convertidos para trás dos pregadores.
>
> Não tenho ideia se isso era o que o designer pretendia ou não. Muito possivelmente era. Mas é um bom exemplo de emergência porque não é imediatamente óbvio que essas duas regras dariam origem a esse aspecto do jogo.[9]

Segundo Rollings e Morris, a emergência no Populous ocorre em dois níveis: no contexto local de interação entre as unidades de jogo, bem como no nível maior do comportamento dos jogadores. As interações locais entre pregadores controlados por jogadores e guerreiros inimigos intrusos produziram resultados dependentes do contexto. A primeira interação entre esses elementos do jogo — sem a presença de guerreiros convertidos — converte os guerreiros inimigos. Mas se aparecer uma segunda onda de guerreiros inimigos, o contexto alterado contendo guerreiros convertidos cria uma situação inteiramente nova, em que começa uma batalha. As regras que determinam o comportamento dessas unidades são relativamente simples: pregadores convertem guerreiros inimigos dentro de determinado raio. Mas como os guerreiros têm seus próprios comportamentos simples (eles lutam contra guerreiros inimigos e são imunes à conversa durante a luta), o cruzamento dessas regras simples produz comportamentos emergentes, que mudam de acordo com o contexto em que se situam.

A emergência também ocorre em um segundo nível: o comportamento maior do jogador dentro do jogo. Como Rollings e Morris apontam, um jogador precisa periodicamente "percorrer [seu] assentamento e mover guerreiros recém-convertidos para trás dos pregadores", gerenciando esses relacionamentos emergentes durante toda a interação de um jogo. O efeito da interação pregador/guerreiro se propaga, crescendo de comportamento meramente local para se incorporar a um tecido maior do jogo em geral.

A lição a aprender com esse exemplo é a especificidade com que as relações entre elementos devem ser desenhadas. Os comportamentos emergentes que Rollings e Morris observaram só foram possíveis devido a atributos precisamente específicos das unidades pregador e guerreiro. Qual é a área dentro da qual os pregadores podem converter guerreiros inimigos? Quanto tempo leva a conversão? Qual é a área em que guerreiros inimigos podem notar pregadores, e vice-versa? A que velocidade os guerreiros inimigos viajam? Quando eles são imunes à conversão? Os atributos das unidades em jogo têm um equilíbrio cuidadoso. Se os guerreiros inimigos viajarem depressa demais, ou se o processo de conversão demorar muito, então os guerreiros inimigos podem chegar ao pregador e liquidar a unidade antes de haver tempo de o pregador convertê-los. Se os guerreiros em combate não estiverem imunes à conversão, então, a segunda onda de guerreiros inimigos seria convertida, reduzindo assim a necessidade de o jogador controlar os pregadores do assentamento. Só foi por meio de muita atenção nas regras do jogo do design do Populous que surgiram esses comportamentos.

Ajuste do mecanismo

Alcançar conjuntos de regras do jogo que produzem com sucesso um comportamento emergente envolve um processo de design difícil e muitas vezes demorado. Isso só pode ser concluído pelo tipo de design iterativo descrito no Capítulo 2 do volume 1. As regras para o Jogo da Vida parecem simples e elegantes, mas John Conway levou dois anos de testes e aperfeiçoamento para chegar a sua forma definitiva.

No exemplo do Populous: The Beginning, os comportamentos emergentes eram o resultado do que o designer de jogos Marc LeBlanc chamou de *ajuste do jogo* (*game tuning*): ajuste iterativo, testes e aperfeiçoamento das regras do jogo a fim de criar uma rica experiência lúdica. O ajuste de jogo também foi usado no processo de design do jogo de PC Gearheads. Nesse jogo, um ou dois jogadores enviam brinquedos de dar corda pelo campo de jogo, tentando levar o maior número possível de brinquedos para o outro lado da tela. Quanto mais tempo um jogador aguardar para liberar um brinquedo, mais energia ele terá e mais viajará. Assim que um brinquedo é liberado, um jogador não tem controle sobre isso, então qualquer jogador pode utilizá-lo para fazer pontos. Alguns dos brinquedos são lentos, pesados e fortes como a escavadeira Big Al, outros são rápidos e leves, como a barata mecânica Ziggy. Alguns brinquedos destroem outros, como a Walking Time Bomb; outros ainda podem mudar a direção de movimento, como o Deadhead, um crânio tagarela que assusta brinquedos e inverte a direção em que eles estão indo. Cada um dos doze brinquedos do jogo tem habilidades especiais, e as interações entre os brinquedos enquanto se movem pelo campo de jogo é um aspecto fundamental do design do jogo.

Bem no início do processo de design, um protótipo funcional que fora criado permitiu aos designers criar novos tipos de brinquedos e refinar seus atributos. Dentro da aplicação do jogo havia menus *pull-down* com grades de estatísticas para cada brinquedo. À medida que os atributos de cada tipo de brinquedo eram alterados, as mudanças entravam imediatamente em vigor no jogo, de modo que mesmo no meio de um jogo os designers podiam facilmente fazer ajustes e ver como as mudanças afetavam o jogo em geral. O teste de jogabilidade iterativo que ocorreu em todo o processo de desenvolvimento de 18 meses ajudou a criar um jogo equilibrado.

Durante o desenvolvimento, os designers descobriram combinações emergentes de brinquedos. Eles descobriram que, apesar de os brinquedos poderem ser usados como unidades de jogo individual, a verdadeira riqueza do Gearheads surgia do uso dos brinquedos em conjunto com os outros. Em geral, as combinações de brinquedo que eles descobriram eram muito surpreendentes. Os designers Frank Lantz e Eric Zimmerman inventaram o termo *mecanismo* (*engine*) para descrever essas combinações de brinquedo: como um dispositivo mecânico, combinações de brinquedo eram um conjunto de peças interligadas que trabalhavam em conjunto para atingir um efeito maior. Listamos alguns exemplos dos muitos mecanismos descobertos no sistema abaixo:

> *Punching Roaches*. Embora Ziggy, a barata de dar corda, seja o brinquedo mais rápido no jogo, seu movimento é irregular; quando ela esbarra em outro brinquedo, ela vira de costas (um segundo encontro com outro brinquedo irá colocá-la de pé novamente). Outro brinquedo, Kanga, é um personagem canguru boxeador que golpeia qualquer brinquedo que encontra. Um mecanismo simples consiste em lançar rapidamente muitas Ziggys no tabuleiro, a maioria das quais acaba de barriga para cima. Um ou dois brinquedos Kanga lançados depois golpeiam as leves Ziggys, atirando-as para o lado oposto da tela para marcar pontos.
>
> *Bomb Shield*. Dois dos brinquedos mais destrutivos no jogo são o Disasteroid e o Walking Time Bomb. O Disasteroid, um robô gigante muito lento, dispara lasers em qualquer brinquedo que ele encontra, eliminando-o. O Walking Time Bomb é um brinquedo forte e de velocidade média, mas quando sua energia se esgota ele explode, eliminando todos os brinquedos próximos — com exceção do Disasteroid, que é o único que a bomba não consegue destruir.

Um mecanismo que usa esses brinquedos em combinação é lançar um Disasteroid, seguido imediatamente de um Walking Time Bomb. Empurrando por trás, a bomba acelera o normalmente lento Disasteroid, que dispara laser em todos os brinquedos que estiverem no seu caminho, abrindo caminho para ambos os brinquedos marcarem pontos. Mesmo se o Walking Time Bomb explodir antes que o par possa atingir o outro lado da tela, o Disasteroid ainda sobrevive à explosão e, possivelmente, pode fazer pontos sozinhos.

Perpetual Motion. Um mecanismo mais complexo faz uso dos brinquedos Handy e Crush Kringle. Crush Kringle é um brinquedo de Papai Noel de lutar vale-tudo profissional e que se move constantemente em todo o campo de jogo, parando periodicamente para bater o pé no chão. Quando ele bate o pé violentamente, todos os brinquedos nas proximidades mudam de direção da esquerda para a direita. Handy é uma luva branca ambulante, e sua habilidade especial é que, ao encontrar um brinquedo no campo de jogo, ele dá corda nele novamente, reabastecendo sua energia. Embora o Kringle Crush seja um brinquedo poderoso, ele é muito lento, o que significa que o jogador tem de passar um longo tempo dando corda nele. Mas um mecanismo do jogo oferece um atalho para essa limitação. Primeiro, os jogadores lançam um Crush Kringle com pouca corda, seguido por um Handy, seguido por outro Crush Kringle com pouca corda, todos na mesma linha do campo de jogo. O Handy mais rápido colide no primeiro Crush Kringle, reabastecendo sua energia. O Crush Kringle, em seguida, bate o pé pesadamente, invertendo a direção do Handy, que corre para trás na direção segundo Crush Kringle, que tem então sua corda recarregada também. O segundo Crush Kringle, por fim, bate o pé no chão, enviando Handy de volta para o primeiro brinquedo. Dessa forma, o trio de brinquedos continua seu caminho no campo de jogo, o Handy oscilando para frente e para trás entre os dois Crush Kringles.

Os mecanismos de combinação de brinquedos não foram algo projetado diretamente para as regras do Gearheads. Foram padrões emergentes da interação que surgiram de um conjunto mais simples de atributos que definiram cada brinquedo individualmente. Em alguns casos, os atributos de brinquedos foram aperfeiçoados, para tornar um mecanismo específico possível — mas, na maioria das vezes, os mecanismos foram descobertos durante a interação e o desenvolvimento do jogo.

Como no exemplo do Populous: The Beginning, a emergência em Gearheads se manifesta em muitos níveis ao mesmo tempo. As interações inesperadas locais entre os brinquedos criam padrões maiores no campo do jogo. O próprio processo de tomada de decisão do jogador também é um padrão que emerge como resultado das combinações de brinquedos, enquanto jogadores ajustam seu comportamento para se beneficiar das combinações emergentes. Os jogadores são encorajados a pensar em termos de emergência, selecionando um número limitado de brinquedos antes de a partida começar: jogadores experientes incluem um ou dois mecanismos nos quatro ou cinco tipos de brinquedos que escolhem para um jogo. A programação de IA foi outra forma de esses mecanismos entrarem no desenvolvimento do jogo. Ao projetar o oponente de software, inclui-se a heurística baseada em mecanismo, para que o programa ficasse ciente de vantajosas combinações de brinquedo e dos mecanismos mais usados contra o jogador. Alguns jogadores do Gearheads aprendem certos mecanismos simplesmente observando o comportamento da IA.

Design de segunda ordem

Mecanismos como esses ocorrem em jogos não digitais. Um jogo de cartas como o Magic: The Gathering, com seus milhares de diferentes tipos de cartas, é um campo fértil para a emergência, projetada especialmente para facilitar a criação de mecanismos de combinação de cartas por seus jogadores. No Magic: The Gathering ou no Gearheads, o uso de elementos do jogo combinados entre si cria um espaço rico de possibilidades. Os brinquedos do Gearheads ou as cartas do Magic são os elementos de uma linguagem simples. Ao usá-los em diferentes combinações, o jogador cria seus próprios significados pela interação com o jogo. As combinações de unidades e mecanismos não são a única forma de criar efeitos emergentes em um jogo; se seu jogo contiver vários tipos diferentes de objetos, projete-os para trabalhar em conjunto, a fim de que a amplitude do espaço de possibilidade possa aumentar exponencialmente.

É um desafio projetar um sistema de jogo emergente que gera complexidade significativa com base em um conjunto de regras simples. Por que é tão difícil? Como designer de jogos, você nunca projeta diretamente o comportamento dos seus jogadores. Em vez disso, simplesmente projeta as regras do sistema. Como os jogos são emergentes, nem sempre é possível prever o resultado das regras. Como designer de jogos, você tenta resolver um problema de design de segunda ordem. O objetivo do design de jogos bem-sucedido é a interação lúdica significativa, mas a interação é algo que emerge do funcionamento das regras. Como designer de jogos, você nunca pode projetar a interação lúdica diretamente. Você só pode projetar as regras que dão origem à interação lúdica. Designers de jogos criam experiência, mas apenas indiretamente.

Em um sistema emergente complexo, cada elemento adquire sua identidade em virtude de suas possíveis relações com outros elementos. Quando um único elemento muda, o resto dos relacionamentos é, por sua vez, afetado. A chave para o processo iterativo é a capacidade de pensar nos jogos como sistemas, analisar como eles funcionam, saber quando, por que e como um sistema de jogo não consegue gerar interação lúdica significativa. Todo ajuste de regras resulta em uma mudança na interação do jogo, e você nunca será capaz de testar toda variação de regra possível, ou mesmo uma pequena fração delas. É por isso que antecipar como as mudanças na estrutura formal de um jogo afetam sua interação é uma das principais competências que os designers do jogo devem desenvolver. Com o tempo, designers de jogos adquirem um "sexto sentido" estrutural do que vai e do que não vai funcionar em um jogo, de como a mudança de uma parte do sistema vai, provavelmente, afetar a experiência como um todo. Ao mesmo tempo, não é possível prever todo efeito. Um dos grandes prazeres de ser um designer de jogos é ver seu jogo jogado de maneiras nunca antecipadas por você, ver os jogadores explorando os espaços de possibilidades mais recônditos que você nunca pensou que existissem. Entender como a emergência funciona e criar um design que a incentiva é uma das maneiras de os seus jogos proporcionarem esse prazer.

Embora uma abordagem baseada em regras não seja a única maneira de entender os jogos, é uma parte indispensável do conjunto de ferramentas conceituais de um designer de jogos. Definindo regras e estruturando jogos como sistemas emergentes, preparamos o terreno para pensarmos nos jogos em termos estruturais. Os esquemas do design de jogos a seguir oferecem maneiras mais específicas de pensar e projetar jogos como sistemas formais.

Leitura complementar

Complexification, de John Casti

Esse livro sobre a ciência da complexidade escrito pelo matemático John Casti é uma abordagem não técnica mas sofisticada do tópico. A ampla abordagem, incluindo tudo desde fractais e emergência a estranhos atratores e o teste de Turing, oferece uma boa introdução ao estudo de sistemas complexos.

Recomendados:
Capítulo 1: The Simple and the Complex
Capítulo 6: The Emergent

Emergence: From Chaos to Order, de John Holland

Conhecido como o "pai dos algoritmos genéticos", John Holland é um matemático e cientista da computação. Embora os capítulos finais se tornem um pouco técnicos, os capítulos iniciais fornecem uma sólida introdução à teoria dos jogos e autômatos celulares. Muitos dos problemas apresentados no livro se referem especificamente a regras de jogos e IA em jogos.

Recomendados:
Capítulo 2: Games and Numbers
Capítulo 3: Maps, Game Theory, and Computer-Based Modeling

Emergência, de Steven Johnson

Uma introdução popular aos sistemas emergentes e à complexidade, em *Emergência,* o estudioso da cultura digital Steven Johnson nos fala de uma variedade de fenômenos emergentes, de colônias de formigas a planejamento urbano e jogos de computador.

Recomendados:
Capítulo 1: O mito da formiga-rainha
Capítulo 5: Artistas do controle

Grammatical Man, de Jeremy Campbell

Grammatical Man é um amplo relato jornalístico sobre o desenvolvimento da teoria da complexidade, teoria dos sistemas, teoria da informação, teoria dos jogos, genética e desenvolvimentos relacionados a ciência e engenharia. Como uma introdução geral à forma com que esses diversos campos se integram, esse título é uma fonte valiosa.

Recomendados:
Parte Um: Establishing the Theory of Information
Parte Dois: Nature as an Information Process

Turtles, Termites, and Traffic Jams, de Mitchel Resnick

Estudante da Seymour Papert, Mitchel Resnick é membro do corpo docente do MIT Media Lab, e seu grupo de pesquisa é responsável, entre outras coisas, pelo LEGO Mindstorms. ***Turtles, Termites, and Traffic Jams*** é um livro altamente acessível sobre sistemas descentralizados. O volume inclui uma introdução geral ao tema, bem como descrições detalhadas do próprio trabalho de Resnick no campo com StarLogo.

Recomendado:

Capítulo 1: Foundations

Notas

1. Jeremy Campbell, *Grammatical Man: Information, Entropy, Language, and Life* (Nova York: Simon & Schuster, 1982), p. 105.
2. Ibid, p. 102.
3. John Casti, *Complexification: Explaining a Paradoxical World Through the Science of Surprise* (Nova York: HarperCollins Publishers, 1994), p. 40-41.
4. Christopher Langton, *Artificial Life: An Overview* (Cambridge: MIT Press, 1995), p. 112.
5. John Holland, *Emergence* (Reading, PA: Helix Books, 1998), p. 121–122.
6. Langton, *Artificial Life*, p. 52.
7. Steven Johnson, *Emergence: The Connected Lives of Ants, Brains, Cities, and Software* (Nova York: Scribner, 2001), p. 18.
8. Holland, *Emergence*, p. 22-23.
9. Andrew Rollings and Dave Morris, *Game Architecture and Design* (Scottsdale: Coriolis Group, 1999), p. 26.

Jogos como sistemas emergentes

Resumo

- Os sistemas podem atingir um nível de complexidade quando uma "barreira de complexidade" é atravessada. Os sistemas que cruzam a barreira são **sistemas complexos** e apresentam comportamentos especiais.
- Christopher Langton identifica quatro categorias de sistemas que representam tipos de complexidade:
  - **Sistemas fixos** permanecem os mesmos sempre, são as relações entre elementos que nunca mudam.
  - Os **sistemas periódicos** são sistemas simples que repetem os mesmos padrões infinitamente.
  - **Sistemas complexos** residem entre sistemas periódicos e sistemas caóticos, apresentando padrões de comportamento mais complexos do que a repetição de sistemas periódicos.
  - **Sistemas caóticos** se comportam de forma completamente aleatória.
- Os sistemas complexos podem ser o resultado de muitos elementos complexos inter-relacionados. Mas, às vezes, um sistema complexo pode conter apenas alguns elementos que se relacionam entre si de maneiras muito intrincadas.
- Quando um jogo não tem complexidade, ele também não proporciona interação lúdica significativa. Quando a interação lúdica significativa está presente em um jogo, algum aspecto do jogo alcançou a complexidade. A complexidade garante que o espaço de possibilidades de um jogo é grande o suficiente para apoiar a interação lúdica significativa.
- Sistemas que são **sistemas emergentes** geram padrões imprevisíveis de complexidade com base em um conjunto limitado de regras. Em um sistema emergente, o todo é maior que a soma das partes. Por exemplo, o conjunto limitado de regras gramaticais não pode antecipar todos os enunciados que podem ser feitos em um idioma.
- Em um sistema emergente, as interações entre objetos no sistema são **baseadas na conexão** e **dependentes do contexto**. Interações baseadas na conexão afetam o espaço global e o padrão de um sistema uma vez que cada interação conecta-se a outras, que por sua vez conecta-se a outras. Interações dependentes do contexto mudam a cada momento, dependendo do que está acontecendo em outras partes do sistema, criando padrões que mudam dinamicamente ao longo do tempo.
- O comportamento **de baixo para cima** de um sistema emergente refere-se à maneira como surgem comportamentos emergentes decorrentes das regras locais de um sistema para se espalharem pelo sistema, criando padrões globais. Por exemplo, o Jogo da Vida é um sistema de baixo para cima que produz fenômenos como *glider guns*, que não são explicitamente descritos nas regras do sistema, mas que são padrões produzidos pelo funcionamento de baixo para cima de suas regras simples.
- A emergência em jogos resulta do sistema formal do jogo colocado em ação pelos jogadores. O blefe no pôquer, por exemplo, não aparece explicitamente nas regras do jogo, mas é um padrão de comportamento do jogador que emerge do jogo.

- A maneira como surge a emergência em um jogo nem sempre pode ser intuída a partir das regras. O Go tem regras muito mais simples do que o xadrez, mas, devido à emergência, é um jogo com um maior número de permutações matemáticas.
- Se um jogo é emergente, ele tem um espaço de possibilidades grande o bastante para premiar os jogadores pela exploração de todas as maneiras possíveis de disputar o jogo. Por exemplo, em jogos com diferentes tipos de unidades ou objetos, os jogadores podem criar **mecanismos** usando as unidades em combinações inesperadas. Projetar um jogo que pode apoiar esses tipos de mecanismos de emergência gera uma rica emergência e aumenta o espaço de possibilidades do jogo.
- **O design de jogos é um problema de design de segunda ordem**. Um designer de jogos projeta as regras do jogo diretamente, mas só projeta a experiência do jogador indiretamente. Um entendimento baseado no sistema de como os jogos funcionam pode melhorar significativamente a capacidade de um designer de jogos de antecipar como as mudanças na estrutura de regras de um jogo irão se ramificar em uma experiência de jogo.

10
25
29
12

15 JOGOS COMO SISTEMAS DE INCERTEZA

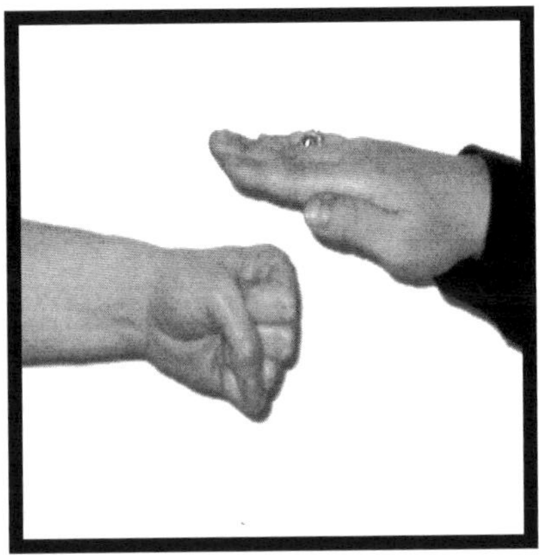

probabilidade

certeza *versus* incerteza

risco

macro e microincerteza

acaso

É verdade que todos os aspectos da função dos dados podem ser suspeitos: os dados em si, a forma e a textura da superfície, a pessoa que os joga. Se levarmos a análise ao extremo, podemos até imaginar que a sorte tem a ver com tudo isso. Nem o curso dos dados, nem suas quicadas contam com a sorte, pois são regidos pelo estrito determinismo da mecânica racional. O bilhar é baseado nos mesmos princípios, e nunca foi considerado um jogo de sorte ou azar. Portanto, em última análise, a sorte reside na falta de jeito, inexperiência ou ingenuidade do lançador — ou nos olhos do observador (...).

Quanto ao bilhar, ele pode ser facilmente transformado em um jogo de sorte ou azar simplesmente inclinando a mesa, equipando-a com pinos que poderiam fazer as bolas rebater e se desviar e colocando seis bolsas na parte inferior da mesa, ou em outros pontos, para que a bola caísse necessariamente em um deles. Como não estamos tentando favorecer a habilidade, haveria um gatilho mecânico e a bola subiria a inclinação por uma mola que o jogador puxaria com mais ou menos força. Esse jogo de bilhar mecânico não é menos aleatório do que os dados tradicionais.

— ***Ivar Ekeland***, The Broken Dice

Introduzindo a incerteza

Imagine a falta que sentiria se, antes mesmo de o jogo começar, você já fosse declarado o vencedor. Imagine a falta de propósito que o jogo passaria.

— ***Bernard DeKoven****, The Well-Played Game*

A incerteza é uma característica fundamental de todo jogo."É isso mesmo: todo e qualquer jogo. Como o designer de jogos e filósofo Bernard DeKoven assinala, a incerteza sobre o resultado de um jogo é um ingrediente necessário para dar a um jogo um sentido, uma finalidade. Incerteza, em outras palavras, é um componente-chave da interação lúdica significativa.

Neste capítulo, vamos explorar os jogos como ***Sistemas de incerteza.*** Os jogos expressam a incerteza em dois níveis: em um macronível em relação ao resultado geral do jogo, e em um micronível relativo a operações específicas de aleatoridade dentro do sistema projetado. Apesar de todos os jogos possuírem a incerteza em um macronível, nem todos os jogos possuem formalmente elementos de incerteza em um micronível. Como veremos, a experiência da incerteza por um jogador nem sempre é congruente com a quantidade real de chances matemáticas em um jogo. Explorar essas relações, ligar a macro e microincerteza entre si e entender como ambas influenciam o design da interação lúdica significativa é o nosso principal foco nesse esquema.

Todo e qualquer jogo realmente possui a incerteza? A palavra *incerteza* traz à mente ideias de acaso e aleatoriedade. Mas um jogo não precisa ter jogadas de dados ou algoritmos aleatórios para conter um elemento de incerteza. Se você estiver jogando uma sessão de Halo com vários jogadores contra jogadores de capacidade mais ou menos equivalente, o resultado do jogo será incerto, mesmo que o jogo seja um jogo de habilidade e não de azar. Quando dizemos que a incerteza é uma característica fundamental de todo e qualquer jogo, estamos repetindo DeKoven na citação acima: é fundamental em um jogo que os jogadores não saibam exatamente como o jogo irá terminar. Pense nisso: se soubesse que iria ganhar um jogo antes de começar, você se preocuparia em jogar? Há uma razão por que transmissões esportivas são quase sempre transmitidas ao vivo: despojadas do clima dramático do resultado incerto, elas não conseguem manter o nosso interesse.

Uma forma entender de por que os jogos precisam da incerteza é que, se o resultado de um jogo estiver predeterminado, a experiência não pode proporcionar uma interação lúdica significativa. Se um jogo não tem incerteza — se o resultado do jogo é completamente predeterminado — então todas as escolhas que um jogador fizer não terão sentido, porque não têm impacto no modo como o jogo se desenrola. A interação lúdica significativa surge de escolhas significativas. Se as escolhas de um jogador não tiverem nenhum significado no jogo, não há realmente nenhuma razão de jogar.

Há uma conexão intrínseca entre incerteza e interação lúdica significativa. Em geral, a incerteza é considerada algo que enfraquece os jogadores por eliminar um senso de escolha e atuação, mas, paradoxalmente, é o resultado incerto de um jogo que permite aos jogadores sentirem que suas decisões têm um impacto no jogo. A interação lúdica significativa, como sabemos, surge de relações do tipo decisão/resultado.

Por todo um sistema de jogo, essa noção mais ampla de um resultado incerto é associada ao micronível de incerteza dentro de um jogo. Os mecanismos específicos de incerteza que incorporam a aleatoriedade e o acaso, seja através do giro de uma roleta ou da geração de um número aleatório em um programa de jogo, são tão importantes como a sensação maior de incerteza associada ao resultado de um jogo. Com base na interação entre esses dois níveis, surge a interação lúdica significativa da incerteza.

Certeza, incerteza e risco

A essência do fenômeno do jogo é a tomada de decisão. O ato de tomar uma decisão consiste em escolher um curso de ação, ou estratégia, dentre o conjunto de estratégias admissíveis. A decisão específica pode indicar a carta a ser jogada, o cavalo em que apostar, a fração de uma fortuna a ser arriscada em uma determinada parte do jogo (...). As decisões podem ser classificadas de acordo com a relação específica entre a ação e o resultado.

— ***Richard Epstein****, The Theory of Gambling and Statistical Logic*

Em *The Theory of Gambling and Statistical Logic*, o matemático Richard Epstein investiga a matemática da incerteza no jogo. Sua pesquisa, entretanto, pode ser aplicada a todos os tipos de jogos. Em sua ênfase na tomada de decisão e na relação entre ação e resultado, Epstein reflete sobre algumas de nossas próprias ideias fundamentais.

Em seu livro, Epstein identifica três tipos de relações de decisão/resultado, levando a três graus de incerteza: *incerteza, risco* e *certeza*. Cada categoria corresponde a um tipo diferente de relação decisão/resultado e experiência de jogo. Um jogo que é completamente *certo* não é um jogo em absoluto e, com certeza, não é muito divertido. É como tirar cara ou coroa: não há dúvida de qual será o resultado final. Às vezes, a certeza é contextual. Um jogo da velha entre duas pessoas que são completamente familiarizadas com a lógica do jogo tem um resultado *certo*: o jogo terminará sempre em empate. Embora as decisões específicas dos jogadores não sejam certas, o resultado geral do jogo será. Em um jogo que é completamente certo, é impossível ter interação lúdica significativa.

Outras duas categorias de Epstein descrevem o que normalmente consideramos como incerteza em jogos. O risco refere-se a uma situação em que existe alguma incerteza, mas os jogadores sabem de antemão a natureza da incerteza. Por exemplo, um jogo de roleta envolve a fazer apostas sobre os possíveis resultados de uma rodada e, em seguida, girar a roleta para conseguir um resultado aleatório. Há alguma incerteza no giro da roleta, mas a chance percentual de um determinado resultado ocorrer, e a perda ou ganho resultante na aposta, podem ser calculados com precisão. Dos trinta e um números na roda da roleta, 15 são vermelhos, 15 são pretos e um deles (o zero) não é nem vermelho nem preto. Se apostar no vermelho, você tem 15 de 31 chances (ou 48,39%) de vencer e dobrar sua aposta. Em outras palavras, em um jogo de *puro risco,* você pode ter total certeza sobre o grau de incerteza no resultado do jogo.

A categoria de Epstein da *incerteza* descreve uma situação na qual os jogadores não têm nenhuma ideia sobre o resultado do jogo. Por exemplo, imagine que você seja um jogador de xadrez moderadamente hábil e vá para um site de jogos on-line para jogar xadrez com um adversário que você seleciona de forma aleatória. Você não tem ideia de com quem você vai jogar. Pode ser um mestre em xadrez, que provavelmente irá derrotá-lo, ou alguém aprendendo a jogar pela primeira vez, o qual você provavelmente vencerá. Não existe nenhuma maneira de prever o resultado do jogo. Se você, por outro lado, estiver jogando com um amigo com o qual jogou muitas vezes antes e souber que normalmente ganha três de quatro jogos, você tem uma boa noção do resultado. Mas, sem conhecer o seu adversário, você não pode fazer esse tipo de suposição.

Embora os jogos de certeza pura sejam extremamente raros (e cujas apostas não são muito divertidas), os jogos de risco puro e de pura incerteza também são bastante raros. A maioria dos jogos possui alguma combinação de risco e incerteza. Mesmo que você saiba algo sobre as chances gerais de ganhar contra o seu amigo, certamente não tem certeza matemática absoluta sobre suas chances de ganhar. E embora saiba o risco exato de cada vez que fizer uma aposta na roleta, a sua perda ou ganho total ao longo de uma noite de jogo é muito mais incerta.

A impressão de aleatoriedade

A roleta e o xadrez apontam para um aspecto muito importante da incerteza. Em geral, o grau de sorte/azar em um jogo tem menos a ver com a matemática real do sistema de jogo e mais com a maneira como a experiência do jogo pelo jogador é estruturada. Quando examinamos apenas uma rodada da roleta, o jogo é uma experiência de puro risco. Mas quando a enquadramos como o ganho e perda de dinheiro durante muitas rodadas, o resultado geral é mais incerto. De modo semelhante, é possível produzir um sentimento de incerteza em jogos que não possuem formalmente um elemento de aleatoriedade. Eis abaixo dois exemplos:

> **Xadrez chinês**. Quando quatro, cinco ou seis pessoas jogam esse jogo, ele pode parecer completamente aleatório. À medida que o jogo se desenrola e os jogadores movem suas peças, o centro do tabuleiro fica repleto com um arranjo aparentemente aleatório de peças. É verdade ainda que cada movimento no tabuleiro seja o resultado de um jogador fazer uma escolha estratégica sobre onde jogar em seguida.

Se você fechasse os olhos e os abrisse apenas quando fosse sua vez de jogar, poderia parecer que o tabuleiro é uma mera redistribuição dele próprio, especialmente no meio do jogo, quando a área central está mais ocupada. Entretanto, essa sensação de aleatoriedade é apenas uma ilusão, pois não existe um mecanismo formal do acaso no jogo. Jogadores perfeitamente lógicos (que só existem em exemplos hipotéticos) não sentiriam nenhuma aleatoriedade: eles poderiam olhar para o tabuleiro e rastrear imediatamente cada movimento de volta de acordo com uma série de decisões estratégicas.

Mas, para jogadores humanos, esse sentimento de aleatoriedade é parte importante daquilo que torna o jogo divertido. Embora isso não se aplique a todo jogo, no caso do xadrez chinês, a impressão de aleatoriedade cria uma noção de possibilidade aberta e os jogadores são recompensados por aproveitarem as configurações do acaso no tabuleiro. A regra que permite aos jogadores mover peças pulando várias vezes outras peças é projetada para enfatizar o arranjo aparentemente aleatório do tabuleiro. Ver um padrão emergir do caos que permite pular uma peça para frente e para trás por todo o tabuleiro é um momento maravilhoso de interação lúdica significativa.

SiSSYFiGHT 2000. Em um jogo multijogador que enfatiza a interação social, pode haver uma ilusão semelhante de aleatoriedade. No SiSSYFiGHT 2000, como há muitos jogadores com as suas próprias agendas e estratégias, o jogo muitas vezes parece aleatório. Entretanto, como com o xadrez chinês, não há elementos genuinamente aleatórios no jogo: lógica, não o acaso, determina os resultados das decisões do jogador.

Mas a imprevisível combinação de eventos que ocorre a cada rodada faz parte da diversão do jogo. Dois jogadores podem ambos, por acaso, atacar um terceiro jogador, criando a impressão de que são aliados trabalhando juntos. Eles estão realmente trabalhando juntos? Se não, o acaso pode levá-los a formar uma aliança em rodadas futuras? E alguém mais notou? A complexidade de possibilidades leva a um elevado grau de incerteza.

Eliminar essa sensação de aleatoriedade exigiria não só jogadores perfeitamente racionais, mas com poderes paranormais que permitiriam ver a mente dos outros jogadores e entender completamente as estratégias, rivalidades, emoções e outros fatores que levaram a suas decisões. Mas quem iria querer jogar? Dessa forma, despojado da lógica básica, o SiSSYFiGHT 2000, obviamente, perderia muito de sua atração.

Ambos os jogos produzem uma experiência de aleatoriedade, apesar de nenhum jogo conter mecanismos baseados no acaso como parte do sistema de regras. Esse "sentimento de aleatoriedade" é um tanto paradoxal e misterioso. Será que um jogo de xadrez cria uma sensação de aleatoriedade que emerge da complexidade das relações entre as peças? Talvez. Mas é provável que ele pareça menos aleatório do que um jogo de xadrez chinês e, definitivamente, menos aleatório do que uma partida de pega-varetas.

O ponto-chave é que e sensação de aleatoriedade é mais importante do que a aleatoriedade em si. Quanta aleatoriedade você deve colocar no jogo? Não há fórmula mágica em relação ao grau de "sentimento de aleatoriedade" ou ao grau de aleatoriedade real em um jogo. Mas a presença ou ausência de aleatoriedade tende a levar um jogo para uma direção ou outra. Um jogo que não tem nenhum sentimento de aleatoriedade provavelmente parecerá muito seco e, em geral, muito mais competitivo do que um jogo que tenha um elemento de aleatoriedade. Por outro lado, um jogo que é completamente aleatório pode parecer caótico e desestruturado. Em ambos os casos, o objetivo é dar aos jogadores escolhas significativas no sistema de jogo mais amplo. Um jogo não aleatório, competitivo, pode ser significativo contanto que os jogadores tenham uma oportunidade justa de superar os adversários. Um jogo completamente aleatório também pode ser significativo, se os jogadores fizerem escolhas interessantes enquanto exploram o sistema de jogo, abusando da sua sorte e correndo riscos.

Probabilidade em jogos

O foco deste capítulo até agora foi no macronível da incerteza inerente a todos os jogos. Agora vejamos uma análise mais específica das micro-operações da aleatoriedade. O estudo da incerteza matemática é chamado *probabilidade*. De acordo com Richard Epstein, "a palavra 'probabilidade' vem do latim *probabilis*, que significa "semelhante à verdade", assim a própria palavra, literalmente, convida à má interpretação semântica".[1] O que Epstein entende por "má interpretação semântica" é que se alguma coisa é "semelhante à verdade", então ela não é realmente verdadeira; ao mesmo tempo, a verdade é exatamente o que a coisa parece.

É conveniente que a probabilidade tivesse em suas raízes etimológicas um significado tão paradoxal. Vimos que a macroincerteza tem seus próprios paradoxos, como uma sensação de aleatoriedade quando a aleatoriedade formal não existe. O estudo da microincerteza — apresentado na forma de probabilidade — também tem seus próprios paradoxos. Por exemplo, o papel que a probabilidade pode desempenhar em um jogo é duplo. Por um lado, os elementos do acaso em um jogo introduzem a aleatoriedade e o caos, levando à incerteza. Por outro, um estudo completo da matemática da probabilidade reduz completas incógnitas a valores de risco conhecidos, aumentando a certeza geral de um jogo.

Muito apropriadamente, o estudo matemático da probabilidade tem sua origem nos jogos. No século 17, um nobre francês, Chevalier de Méré (que na sociedade contemporânea poderia ser considerado um jogador profissional), trouxe um problema para seu amigo Blaise Pascal, o matemático. De Méré queria descobrir uma maneira lógica de dividir as apostas em um jogo de dados quando o jogo tivesse de ser encerrado antes de concluído. Ao trabalhar na solução desse problema, Pascal desenvolveu um novo ramo da matemática, a *teoria das probabilidades*. O problema do nobre De Méré se resumia a determinar a probabilidade que cada jogador tinha de ganhar o jogo, em determinada fase do jogo.[2]

O estudo de probabilidade evoluiu para uma importante área da matemática que vai muito além dos simples percentuais e apostas. De fato, para aqueles com inclinação matemática, o livro de Epstein oferece uma visão maravilhosa do campo. Mas, para efeitos do presente volume, vamos manter a matemática extremamente simples e direta.

Probabilidade nos jogos de dados

Outro livro que explora a probabilidade em jogos de maneira completamente diferente é *Dice Games Properly Explained,* do designer de jogos Reiner Knizia. Além de oferecer uma extensa biblioteca de jogos de dados, o livro contém um capítulo que oferece um modelo não técnico da matemática dos jogos de dados como uma base para entender probabilidades. Dependendo da sua experiência com a matemática e de seu amor por ela, as próximas seções podem parecer ridiculamente fáceis ou terrivelmente desagradáveis. Mas, nesse esquema, é importante estabelecer alguns conceitos básicos para entender o que significa probabilidade nos jogos.

Como primeiro exemplo de probabilidade, considere um simples dado, padrão, que tem seis lados, cada lado mostrando um número de um a seis. Knizia chama os números de um a seis os *resultados básicos* do lançamento de um dado. Toda vez que você lança um dado, cada resultado básico tem um 1/6 ou 16,67% de chance de aparecer. Se você somar todas as chances de resultados básicos, elas totalizam 1 ou 100%.

Knizia lista três qualidades de qualquer resultado básico em um dado:

- Todos os resultados básicos são igualmente prováveis.
- O processo produz sempre um dos resultados básicos.
- As probabilidades de todos os resultados básicos totalizar 1.[3]

Um *resultado combinado* é aquele que reúne mais de um resultado básico. Para determinar um resultado combinado, adicione os resultados básicos. Por exemplo, tirar um número par em um único dado significa tirar um 2, um 4 ou um 6. Esses três resultados básicos totalizam 3/6, então o resultado combinado de tirar um número par é de 50%. Knizia chama uma rodada de um resultado combinado de um "evento" e conclui que "a probabilidade de qualquer evento é calculada somando o número de resultados básicos desejados e dividindo pelo número de todos os resultados básicos possíveis".[4]

Se você jogar mais de um dado, a determinação dos resultados se torna mais complexa. Com dois dados, Knizia anota os resultados básicos sob a forma de 3~4, em que o primeiro número é o número tirado no primeiro dado e o segundo é o número tirado no segundo dado. Um gráfico de todas as possibilidades de resultados básicos para dois dados é apresentado na Tabela 1.

Note que os resultados simétricos, como 2~5 e 5~2 aparecem, ambos, no gráfico, uma vez que representam diferentes possíveis resultados básicos. Existem 36 resultados básicos com dois dados, assim a chance de qualquer resultado aparecer é de um 1/36. Quando dois dados são lançados em um jogo, em vez de resultados individuais de cada dado, o jogo utiliza o total combinado de ambos os dados. Podemos determinar a possibilidade de obter um resultado combinado igual a um número particular da mesma forma como acontece com um único dado: somando os resultados básicos. Para determinar a possibilidade de obter um 5, conte os resultados básicos que totalizam 5: 1~4, 2~3, 3~2, 4~1. Isso são quatro resultados básicos, e 4/36 = 1/9 ou 11,11%.

Tabela 1

1~1	2~1	3~1	4~1	5~1	6~1
1~2	2~2	3~2	4~2	5~2	6~2
1~3	2~3	3~3	4~3	5~3	6~3
1~4	2~4	3~4	4~4	5~4	6~4
1~5	2~5	3~5	4~5	5~5	6~5
1~6	2~6	3~6	4~6	5~6	6~6

Qual é a chance de obter duplos? Há seis resultados básicos que são duplos: 1~1, 2~2, 3~3, 4~4, 5~5, 6~6. Isso são seis resultados, e 6/36 = 1/6 ou 16,67%.

Plotando todos os resultados de dois dados em um gráfico, obtemos os valores apresentados na Tabela 2. Note a distribuição radicalmente desigual de probabilidades para se tirar números mais altos e mais baixos, em oposição a tirar números no meio do intervalo.

Podemos aplicar os mesmos princípios básicos que Knizia articula a uma grande variedade de situações de design de jogos. Por exemplo, se o jogo requer que os jogadores lancem uma moeda, você pode determinar os dois resultados básicos como cara ou coroa, com uma probabilidade de 50% de obter cada resultado. Ou poderia criar um jogo de simulação de computador que usa lotes de números aleatórios para determinar a frequência dos eventos, ou um baralho de cartas especiais com uma probabilidade especial de certas cartas aparecerem por vez. Em qualquer um desses casos, os princípios gerais permanecem os mesmos. Se os jogadores lançarem três moedas, qual será a probabilidade de todas serem caras? Qual é a probabilidade de ter uma mão de cinco cartas de naipes iguais?

Se você estiver desenhando um jogo que envolve lançar de dados, embaralhar cartas ou outras formas de geração de números aleatórios, é importante entender os princípios básicos das probabilidades envolvidas. Mas os princípios matemáticos isoladamente não levarão você a projetar uma interação lúdica significativa. A chave, como com outros aspectos dos jogos, é entender como a probabilidade se relaciona com as decisões do jogador e os resultados. Por exemplo, ao projetar um jogo de tabuleiro como o Monopólio (ou Banco Imobiliário), em que as peças dos jogadores circulam pelo tabuleiro em uma trilha, como é que você vai determinar o número de espaços no tabuleiro? No Monopólio, o tabuleiro tem quarenta espaços. Como o resultado combinado médio de um lançamento de dois dados é

Tabela 2

Total	**2**	**3**	**4**	**5**	**6**	**7**	**8**	**9**	**10**	**11**	**12**
Resultados	1-1	1-2	1-3	1-4	1-5	1-6	2-6	3-6	4-6	5-6	6-6
		2-1	2-2	2-3	2-4	2-5	3-5	4-5	5-5	6-5	
			3-1	3-2	3-3	3-4	4-4	5-4	6-4		
				4-1	4-2	4-3	5-3	6-3			
					5-1	5-2	6-2				
						6-1					
Favoráveis	1	2	3	4	5	6	5	4	3	2	1
Probabilidade	1/36	2/36	3/36	4/36	5/36	6/36	5/36	4/36	3/36	2/36	1/36
		1/18	1/12	1/9		1/6		1/9	1/12	1/18	
Porcentagem	2.78	5.56	8.33	11.11	13.89	16.67	13.89	11.11	8.33	5.56	2.78

7, leva em média seis lances para percorrer o tabuleiro. Isso significa que, por volta da sétima vez, alguns dos jogadores provavelmente já terão iniciado sua segunda volta, e começarão a cair em propriedades uns dos outros. Se você estiver criando um jogo com uma estrutura semelhante, desenhe o tabuleiro e o uso de dados para obter um ritmo de eventos apropriados para o seu jogo.

Acaso e jogabilidade

Existe uma relação curiosa entre o acaso e a jogabilidade. Uma forma de enquadrar o acaso, especialmente um jogo de pura sorte, é que os jogadores desistem completamente do controle e têm de aceitar passivamente os resultados do jogo à medida que eles ocorrem. Como o antropólogo Roger Caillois escreve em seu livro *Man, Play and Games*, o acaso "significa e revela o favor do destino. O jogador é totalmente passivo: ele não mobiliza seus recursos, habilidades, músculos, inteligência. Tudo o que ele precisa fazer é aguardar, na esperança e apreensão, o lançamento do dado". [5]

Com o devido respeito a Caillois, nós discordamos totalmente. O que Caillois descreve pode ser de fato uma representação fiel das emoções de alguns jogadores durante um jogo de sorte ou azar, mas há muitos jogos baseados no acaso que oferecem ao jogador a decisão e a interação lúdica significativa. Mesmo em um jogo de puro azar, um jogo bem desenhado oferece continuamente aos jogadores momentos de escolha. A interação lúdica significativa requer que, em algum nível, um jogador tenha uma relação ativa e engajada com o jogo e faça escolhas com resultados significativos. Um jogador que não faz nada, além de "aguardar, na esperança e apreensão, o lançamento do dado" não pode estar envolvido em interação lúdica significativa.

Vejamos novamente um jogo com o qual estamos todos muito familiarizados, escadas e escorregadores. Formalmente, é um jogo de puro azar. Na sua vez, você lança o dado, move a peça de forma adequada e, então, passa o dado para o próximo jogador. Os jogadores não tomam nenhuma decisão estratégica no decorrer do jogo. Entretanto, o escadas e escorregadores pode ser um jogo divertido. Mesmo sem considerar as formas social, narrativa e cultural de prazer que o jogo poderia proporcionar, há várias maneiras de escadas e escorregadores oferecer prazer por meio de aspectos formais do jogo:

- O prazer mecanicista de habitar um sistema de jogo e ajudar esse sistema a avançar jogando dados, contando espaços e movendo as fichas.
- A incerteza de saber quem vai ganhar e o esforço de terminar em primeiro lugar.
- As escadas e escorregadores em si, que reforçam, ambos, os prazeres anteriores. Por um lado, com as descidas erráticas do movimento que elas produzem, as escadas e escorregadores tornam o sistema mecanicista mais rico e mais divertido. Elas também permitem inversões de sorte inesperada, aumentando o potencial dramático de quem vai terminar em primeiro lugar.

Embora seja verdade que quase todo o jogo tenha as duas primeiras qualidades, é sempre um desafio aproveitar esses dois prazeres a serviço da interação lúdica significativa. Em escadas e escorregadores, são as escadas e escorregadores em si que servem como a característica central na estrutura do jogo formal para criar interesse. Imagine o jogo sem as escadas e escorregadores: jogar um dado, mover uma ficha e chegar ao último espaço em primeiro lugar. Como um jogo, seria uma experiência completamente sem graça. As escadas e escorregadores criam uma estrutura que resulta em uma interação mais significativa, mesmo sem precisar fazer nenhuma escolha real.

Como isso acontece? Considere o fluxo formal da jogabilidade. Sem os altos e baixos das escadas e rampas, as pontuações dos jogadores se acumulariam lentamente a uma taxa mais ou menos equivalente. Um jogador poderia avançar ou ficar para trás, mas o padrão do jogo continuaria bastante desinteressante, com cada jogador movendo de uma a seis casas em cada turno. De fato, se um jogador andar substancialmente para frente ou para trás dos demais jogadores, muito provavelmente ele permanecerá aí, reduzindo ainda mais a incerteza dramática. As escadas e escorregadores oferecem mudanças de posição maiores do que o ajuste relativamente modesto da jogada de dados de 1-6. Esses saltos atrapalham as chances, de algum modo, enfadonhas de vencer.

Um segundo exemplo, muito diferente dos jogos de puro azar, são os jogos baseados em loteria. A interação básica de um jogo de loteria é incrivelmente simples: escolher um número ou uma série de números e depois esperar para ver se o seu número ou números foram sorteados. Mais uma vez, à primeira vista, é difícil imaginar como um jogo tão simples pudesse ser tão convincente. Mas, apesar de uma loteria ser um jogo de puro azar, há muitos momentos em que os jogadores fazem escolhas: escolher o tipo de loteria, escolher um número ou série de números, escolher o número de vezes a jogar em determinada loteria e até mesmo (para jogadores regulares) escolher um padrão de jogo ao longo do tempo. Muitos jogos de loteria oferecem opções adicionais, como a "raspadinha" em um cartão de loteria. Cada momento de escolha é um evento com potencial para interação lúdica significativa. Jogadores de loteria costumam usar sistemas elaborados para ajudá-los a selecionar números, com base em números que foram sorteados no passado, datas de aniversário, palpites aleatórios ou outras especulações numerológicas. A simples escolha de qual número jogar torna-se repleta de significado, pois os jogadores exploram o espaço de possíveis opções. Naturalmente, a chance de ganhar dinheiro é inegavelmente um elemento essencial da atração dos jogos de loteria. Mas não é o único aspecto do jogo que torna sua interação lúdica significativa. As oportunidades de os jogadores decidirem como navegar no sistema de aleatoriedade são as decisões que permitem ao jogador atacar o puro destino, que mantêm viva a esperança de vencer e que ajudam a dar ao jogo seu significado.

A lição aprendida com os jogos de sucesso de puro azar, como o escadas e escorregadores ou um jogo de loteria, é que a interação lúdica significativa pode ocorrer em sistemas em que não há decisões estratégicas reais a serem tomadas. Em jogos de puro azar, a relação dos jogadores com o sistema de jogo deve ser cuidadosamente projetada. A cada momento que entram em contato com o sistema, as possibilidades de interação lúdica significativa devem ser trazidas à tona e enfatizadas.

Estudo de Caso 1: Thunderstorm

Embora o livro *Dice Games Properly Explained* tenha um capítulo inteiro dedicado à teoria das probabilidades de dados, a maior parte do livro oferece descrições e análises de mais de cem jogos de dados. Os jogos vão de simples jogos para crianças a complexos jogos de apostas e blefes. Alguns são desenhados pelo próprio Knizia, mas a maioria é de jogos tradicionais. A seguir, dois exemplos simples de jogo do *Dice Games Properly Explained* que ilustram claramente o sucesso da integração do acaso na jogabilidade.

Thunderstorm

Esse é um jogo de família popular na Alemanha, lá chamado Gewitter. Atinja o número alvo exigido, ou assista à tempestade se aproximar, até os relâmpagos finalmente surgirem. Um número qualquer de jogadores pode participar, melhor com 4-8. Você precisa de seis dados e um bloco de notas.

Objetivo. O objetivo do jogo é produzir pelo menos um 1 em cada vez para se tornar o último jogador no jogo.

Com jogar. Um jogador começa e, então, o jogo avança no sentido horário. O primeiro jogador lança seis dados. Mais tarde, os jogadores podem ter menos dados disponíveis, até mesmo um único dado.

- Se o seu lançamento contiver pelo menos um 1, isso é bom. Separe todos os 1s e passe os dados restantes para o próximo jogador. Se você obtiver apenas 1s, recolha todos os seis dados e passe-os para o próximo jogador.
- Se não tirar nenhum 1, você falha e passa os dados para o próximo jogador.

No decorrer do jogo, uma casa de seis linhas é projetada para cada jogador. Toda vez que você falhar, uma linha é adicionada à sua casa. Quando sua casa estiver completa e você falhar novamente, sua casa é atingida por um raio e você está fora do jogo.

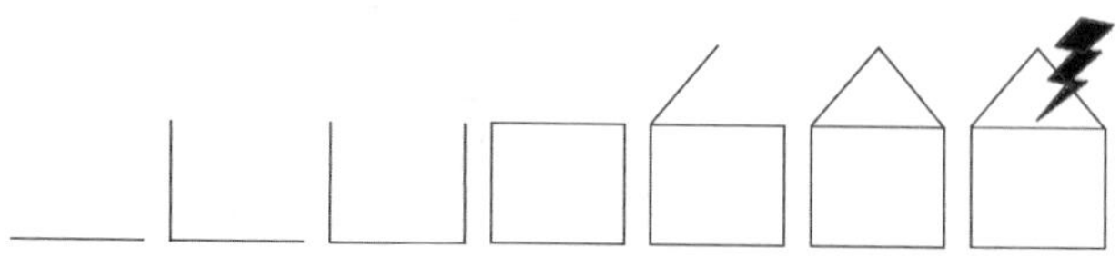

O jogo continua até que tenha apenas um jogador. Esse jogador é o ganhador. [6]

Thunderstorm, assim como o escadas e escorregadores, é um jogo de puro azar. O jogador não toma nenhuma decisão estratégica ou tática. Mas é um jogo envolvente, porque o design compõe escolhas e resultados significativos em muitos níveis. Há uma tradução maravilhosa de informação dos lançamentos de dados para o desenho da casa. Os diagramas dão um claro registro comparativo que mostra as posições relativas dos jogadores no jogo.

Embora o Thunderstorm seja um jogo de puro azar, o tipo de aleatoriedade que um jogador enfrenta muda a cada jogada. Se lançar seis dados, você tem uma jogada relativamente segura e é bem provável que tire um 1. Por outro lado, se receber apenas um dado do jogador anterior, suas chances de tirar um 1 são muito menores. Inicialmente, os jogadores têm jogadas relativamente seguras, jogando muitos dados de uma vez. Ocasionalmente, um jogador terá o azar de não tirar um 1, mas a probabilidade é maior que 50% de que ele vai obter um 1 nas cinco primeiras jogadas com quatro, cinco ou seis dados. Como os 1s aparecem e esses dados são tirados do grupo de lançamentos de dados, a tensão aumenta e acelera o jogo à medida que a sorte de tirar um 1 diminui. Um único dado pode ser passado por um bom tempo sem que ninguém tire um 1. Então, de repente alguém tira um 1, evita que uma linha seja desenhada na casa dele e o próximo jogador inicia o padrão novamente jogando os seis dados.

Como jogador, você tem um sentimento ambíguo em relação a essa progressão. É muito bom ver os outros jogadores jogando com apenas um dado, sem tirar 1s, e acrescentando uma linha a suas casas. Por outro lado, à medida que o dado aproxima você do círculo de jogadores, você adoraria que outro jogador tirasse um 1, pois isso significaria que o próximo jogador teria de jogar todos os seis dados, aumentando a probabilidade de você ter mais dados para rolar na sua vez. Essa estrutura formal de incerteza resulta em um jogo com um ritmo dramático cativante, que acontece em vários ciclos que se sobrepõem:

- Toda vez que um jogador lança os dados, estabelecendo um ritmo regular ao jogo.
- Além desse ritmo, a redução do número de dados de 6 para 1 e depois voltando novamente para seis define um ciclo que dura por muitos turnos e se repete várias vezes num único jogo.
- Cada jogador também estabelece uma progressão linear na construção da casa. Embora os elementos dessa construção ocorram na mesma sequência para todos os jogadores, isso acontece em um ritmo diferente para cada jogador.
- O quarto ciclo acontece perto do final, à medida que os jogadores começam a sair do jogo e o círculo fecha até que reste de pé apenas uma casa, a qual pertencerá ao vencedor.

O resultado geral é um jogo emocionante com um senso dramático de inevitabilidade — a destruição de todas as casas, exceto uma, torna-se uma temível certeza. O que impressiona em Thunderstorm (sem trocadilhos) é que toda essa complexidade surge de um simples jogo de pura sorte — e sem apostas. Thunderstorm é um exemplo de jogo que oferece aos jogadores um rico sistema baseado no acaso que gera interação surpreendentemente significativa.

Estudo de Caso 2: Pig

O jogo Pig difere do Thunderstorm ao oferecer uma escolha no contexto de um jogo de sorte ou azar. Como o Thunderstorm, o Pig demonstra como a interação lúdica significativa pode ser projetada em um sistema com um grande grau de incerteza. A descrição de *Dice Games Properly Explained* é a seguinte:

Pig

Esse é um divertido jogo familiar baseado em uma ideia muito simples. Na sua vez, você joga um dado quantas vezes quiser, adicionando a cada jogada o número que sair à sua soma total. Mas se obtiver um 1, você perde tudo... É permitido qualquer número de jogadores, e o jogo é melhor com 3-5 jogadores. Você precisa de um dado e uma folha para anotar a pontuação.

Objetivo. O objetivo do jogo é evitar tirar 1s e ser o primeiro jogador a atingir 100 pontos ou mais.

Como jogar. Um jogador começa e, então, o jogo avança no sentido horário. Na sua vez, lance o dado:

- Se obtiver um 1, você perde sua vez e não faz nenhum ponto.
- Se obtiver qualquer outro número, você receberá os pontos correspondentes.

Enquanto pontuar, você pode continuar lançando os dados. Anuncie os pontos que acumulou para que todos possam facilmente acompanhar sua vez. Você pode lançar os dados quantas vezes quiser. Sua vez termina de uma destas duas maneiras:

- Se você decidir terminar a sua rodada antes de tirar um 1, anote sua pontuação em uma folha. Esses pontos ficam seguros pelo resto do jogo.

Tabela 3

Número de jogadas	1	2	3	4	5	6	7	8	9	10	11
Probabilidade de sobrevivência	83%	69%	58%	48%	40%	33%	28%	23%	19%	16%	13%
Média total de pontos	4	8	12	16	20	24	28	32	36	40	44

- Se obtiver um 1, você perde a sua vez e os pontos que acumulou.

Registre todas as pontuações na folha e mantenha os totais acumulados de cada jogador. O primeiro jogador a atingir 100 pontos ou mais é o vencedor.[7]

A primeira coisa a notar sobre o Pig é como ele cria escolhas interessantes de jogo com base em uma estrutura muito simples. Um componente central do jogo — evitar tirar 1s — é, na verdade, o inverso das exigências formais do Thunderstorm, em que os jogadores tentam tirar 1s. No Pig, o jogador tem de equilibrar o desejo de continuar rolando os dados e acumular uma pontuação maior com o risco de tirar um 1, o que se torna cada vez mais provável toda vez que o jogador escolhe lançar os dados novamente.

Podemos analisar o jogo matematicamente. Do ponto de vista das probabilidades, um dos seis resultados básicos significa derrota para o jogador: obter um 1. Isso quer dizer que há um 5/6 ou 83,33% de chance de jogar com segurança toda vez que você lançar o dado — ou, inversamente, um 1/6 ou 16,66% de probabilidade de obter um 1. Mas, embora as chances sejam as mesmas para cada lançamento do dado considerado isoladamente, quanto mais você se decidir a jogar, maior a probabilidade de acabar obtendo um 1. Se você decidir de antemão que irá rolar o dado duas vezes, as chances de obter um 1 na sua vez é o resultado combinado da rolagem de dois dados. Em 36 possíveis rolagens de dois dados, existem 11 maneiras de você poder obter um 1 (1~1, 1~2, 1~3, 1~4, 1~5, 1~6, 2~1, 3~1, 4~1, 5~1, 6~1). Isso totaliza 11/36 ou 30,56% de probabilidade de obter um 1 em duas rolagens.

Toda vez que você jogar de novo, sua chance de tirar um 1 aumenta, e assim que tirar um 1, todos os pontos que você acumulou serão perdidos. O drama da decisão de jogar ou não jogar é que cada vez que jogar o dado, você aumenta suas chances de conseguir mais pontos, bem como de perdê-los. Mas como você tem controle sobre sua decisão de jogar mais de uma vez, você sabe o grau de *risco*. Na tabela acima, Knizia plota as chances de tirar um 1 com sucessivas jogadas. Ele também calcula a média de pontos que você provavelmente ganharia com um determinado número de jogadas, usando 4 como o número médio de pontos por jogadas (pois seus ganhos possíveis são 2, 3, 4, 5 ou 6). Veja a Tabela 3.

Knizia sugere que a melhor estratégia do Pig é parar de jogar quando você tiver 20 pontos ou mais. Mas ele também reconhece que um bom jogador também leva em conta o progresso dos outros jogadores. Há dois lados para a estratégia formal de jogar o Pig. Por um lado, há o aspecto de um único jogador jogar contra o acaso, tentando maximizar os pontos ganhos em cada turno. Mas o processo decisório a cada momento também ocorre dentro de um contexto mais amplo da pontuação dos outros jogadores. Em outras palavras, se você estiver em desvantagem, você pode querer pressionar sua sorte para alcançar os outros jogadores; mas, se falhar, terá de se arriscar ainda mais para recuperar o terreno. Se estiver na liderança, talvez você deva jogar de forma mais conservadora. Mas então poderia ficar mais fácil para os outros jogadores o alcançarem.

Pig tem um design de jogos elegante porque a simples escolha do jogador de rolar ou não os dados é uma decisão que fica entre muitos vetores convergentes do significado da jogabilidade. O resultado é um jogo surpreendentemente simples, estrategicamente profundo, e cada vez mais dramático. Pig é um ótimo exemplo de como o puro acaso pode ser aproveitado por escolhas simples e transformado em interação lúdica significativa. Você pode dizer que as decisões em seu jogo são tão significativas quanto a decisão de jogar no Pig?

Aspectos da incerteza

Sorte é de fato a última esperança que morre. É a aposta da última chance. É a aposta de todos os homens... Nesse sentido, é útil pensar nos jogos de azar não só como modelos da irrevogabilidade do destino, mas também como o destino fantasiado.

— ***Brian Sutton-Smith***, *The Ambiguity of Play*

Isso termina nossa breve investigação introdutória sobre as clássicas operações de probabilidade. Mas antes de deixarmos completamente esse assunto, gostaríamos de discutir alguns aspectos em que a probabilidade não funciona exatamente da maneira como achamos que ela deveria. Como a "sensação de aleatoriedade" que discutimos anteriormente, a operação real de probabilidade nem sempre condiz com a maneira como os jogadores a experimentam ou a interpretam. Para o design de interação lúdica significativa, é fundamental entender o ponto de vista do jogador. A seguir, algumas seções abordam os três contextos problemáticos da probabilidade: aleatoriedade em um computador, manipulação estratégica dos processos do acaso e as falácias mais comuns sobre a incerteza.

Aspecto 1: Aleatoriedade do computador

Se estiver desenhando jogos digitais, é importante ter uma noção de como os programas de computador geram números aleatórios. Os jogos digitais fazem amplo uso de algoritmos aleatórios, seja para determinar o jogador que inicia o jogo, gerar a textura do fundo de um nível do jogo ou randomizar o comportamento de um agente no jogo. Ironicamente, os computadores não podem produzir números aleatórios. Eles podem executar algoritmos que produzem resultados de aparência aleatória, mas não são capazes de produzir aleatoriedade pura. Por que isso acontece? John Casti oferece uma explicação:

Nos primórdios dos computadores, um dos métodos mais populares para gerar uma sequência de números aleatórios era empregar o seguinte esquema:

1. Escolha um número inicial entre 0 e 1.
2. Multiplique o número inicial por 4 (o que se costumava chamar de "esticar o número").
3. Subtraia 4 vezes o quadrado do número inicial a partir da quantidade obtida na etapa 2 (o que se costumava chamar de "dobrar" o intervalo de volta para ele mesmo a fim manter o resultado final no mesmo intervalo).

Dado um número inicial entre 0 e 1, podemos usar o procedimento — em geral, chamado de *regra logística* — para gerar uma sequência de números que, ao que tudo indica, é completamente aleatória. Por exemplo, em tal sequência, cada um dos dez dígitos de 0 a 9 aparece com igual frequência e a correlação estatística entre os grupos de dígitos é zero. Note, no entanto, que os membros dessa sequência são especificados de forma completamente determinista pelo número inicial. Assim, a sequência não é certamente aleatória no sentido comum de ser imprevisível, pois, como sabemos qual é o número inicial e a regra de cálculo de um elemento da sequência de seu antecessor, podemos prever com certeza qual será cada elemento na sequência.[8]

Embora Casti use um exemplo histórico, as formas de os programas de computador gerar números aleatórios hoje não são fundamentalmente diferentes. Os computadores nunca podem calcular números puramente aleatórios, porque os números que eles fornecem são sempre o resultado de algoritmos. Um programa de computador pode "lançar uma moeda" internamente para determinar se um personagem controlado por computador vai virar para a esquerda ou direita com igual probabilidade, mas o programa está iterando uma fórmula determinista que apenas parece superficialmente com o ato de virar uma moeda ao acaso. A geração de números aleatórios é um rico problema na ciência da computação. Não entraremos em detalhes sobre a geração de números aleatórios aqui, exceto para salientar que ela continua a ser um difícil dilema. Apesar disso, para a maioria dos propósitos de design de jogos, a aleatoriedade que os computadores podem gerar é suficientemente aleatória.

Normalmente, um entendimento profundo de como os computadores calculam números aleatórios não faz parte do que um designer de jogo precisa saber. Mas você *nunca* deve se esquecer de que as funções aleatórias não são infalíveis. Eric uma vez trabalhava em um protótipo de jogo sobre criaturas semelhantes a micróbios abundantes em um ambiente líquido (o jogo nunca foi publicado). Os micróbios cresceriam, nasceriam e morreriam, reunindo-se para procurar comida no ambiente. Embora exibissem um comportamento complexo, era mais ou menos clara a razão por que os micróbios faziam o que estavam fazendo. Mas um aspecto do jogo era surpreendente. Os micróbios sempre tendiam a buscar o canto superior esquerdo do ambiente 2D. Os primeiros designers pensaram que haviam tropeçado em um padrão de comportamento verdadeiramente emergente, mas não conseguiam, por mais que tentassem, descobrir o que estava causando isso. Será que isso tinha a ver com a maneira como o alimento se multiplicava? Ou com o jeito que um jogador manuseava o mouse? Ao mesmo tempo, o desvio inevitável e universal dos micróbios estava arruinando o jogo, tornando o comportamento geral muito previsível.

Por fim, descobriram que o comportamento emergente vinha de um erro em uma função de randomização. A cada etapa cronometrada, um micróbio se movia para uma das dezesseis direções. Embora eles pudessem sentir sua vizinhança imediata e se deslocar de acordo (na direção dos alimentos e longe do perigo), o programa sempre ponderava a decisão com uma entrada aleatória. O problema é, que por causa de um descuido de programação, o software começava a contagem no canto superior esquerdo, e depois contava esse canto de novo no final, dando ao dispositivo de escolha aleatória o dobro da probabilidade de escolher o canto superior esquerdo em relação a qualquer outra posição. Ainda que o grau de acaso adicional que esse erro acrescentou fosse muito pequeno, graças à complexidade do sistema, os efeitos emergentes eram muito fortes. Uma vez que o dispositivo de aleatoriedade foi corrigido, o desvio para o canto desapareceu. A lição? Mesmo se não for um programador de computador, entenda como a aleatoriedade funciona no programa do seu jogo.

Aspecto 2: Uso estratégico do acaso

O segundo exemplo da imprevisibilidade do acaso se dá quando o uso do acaso torna-se estratégico, quando os jogadores manipulam a própria incerteza durante um jogo. Será que os jogadores realmente levam a aleatoriedade ao pé da letra, ou será que transformam o acaso em estratégia? Em "Strategies in Counting Out", um ensaio em *The Study of Games,* o folclorista Kenneth Goldstein examina como crianças de quatro a catorze anos, no noroeste da Filadélfia, em 1967, secreta e habilmente manipulavam a operação do acaso. Seu estudo centra-se em operações de Counting Out, ou "eliminação", como "eenie-meenie-miney-moe" (tipo de parlenda como "uni, duni, tê") que as crianças usam para decidir quem desempenhará um papel em uma brincadeira de rua tradicional como Kick the Can (semelhante ao pega-pega ou o esconde-esconde).

Em geral, Counting Out não é considerado um jogo: É um procedimento que ajuda a determinar papéis em um futuro jogo. Mas em nossa definição, podemos considerá-lo como um jogo de azar simples. No Counting Out, um jogador nomeia a si mesmo o contador; o objetivo do jogo é evitar ser selecionado para desempenhar certo papel. O resultado quantificável requer que um jogador seja escolhido como o perdedor. A premissa é de que os procedimentos da brincadeira são padrões para eliminar/escolher um jogador aleatoriamente. De fato, essa é a maneira como as crianças do estudo descreveram a brincadeira para Goldstein quando ele as entrevistou. Mas a conclusão de seu ensaio é que, apesar do fato de as crianças terem descrito Counting Out como uma operação de puro acaso, elas usavam métodos complexos e estratégicos sutis para alcançar os resultados desejados.

A seguir, os seis métodos gerais de manipulação que Goldstein observou no uso. Muitas delas representam técnicas que exigiriam habilidades matemáticas sofisticadas para operar em um grupo com números de participantes variáveis.[9]

> *Repertório com rimas específicas.* Essa estratégia simples exige que o contador selecione uma rima de um comprimento específico para atingir o resultado desejado.
>
> *Extensão da rima.* As parlendas (*counting-out rhymes*) são modulares e podem ser estendidas, e se a rima estiver prestes a terminar em alguém que o contador não quer que seja selecionado, o contador pode espontaneamente acrescentar mais uma frase ou rima para alcançar um resultado diferente.
>
> *Pular contagens regulares.* O contador simplesmente pula a si mesmo ao passar pelo círculo, se ele estiver prestes a ser selecionado. Embora essa fosse a técnica mais popular empregada, ela também era a mais óbvia, e uma das mais desaprovadas.
>
> *Parar ou continuar.* Como a maioria das rimas não especifica se o jogador selecionado será o designado para determinado papel ou se o jogador selecionado será "contado fora" (isto é, eliminado), e como há

a segurança de não ser eliminado, o contador pode decidir o significado da seleção depois que o primeiro jogador tiver sido escolhido.

Mudar de posições. Essa estratégia de intenso uso da matemática implica que o contador mudará sutilmente para um novo local no círculo da brincadeira a fim de ser selecionado como o próximo jogador eliminado.

Imunidade da eliminação. Nessa flagrante estratégia de fuga, um jogador simplesmente se anuncia "imune" ou "livre" e se isenta de ser eliminado na rodada atual. Os grupos que aceitaram essa técnica adicionaram-lhe restrições, como ter apenas um jogador capaz de anunciar "imune" por jogada.

O paradoxo do Counting Out é que, embora os jogadores o descrevam como um jogo de azar, ele é um jogo com um rico componente estratégico, no qual os jogadores experientes podem alcançar os resultados que desejam. A finalidade desse exemplo, como acontece com a operação do acaso no software, é demonstrar que, às vezes, as diferenças entre a aleatoriedade e a não aleatoriedade são mais sutis do que parecem. Ao projetar um jogo, preste muita atenção nos procedimentos usados para determinar a aleatoriedade e certifique-se de que funcionam da maneira pretendida. Naturalmente, as questões mais importantes apontadas nesse exemplo são que, ao criar um jogo, esse jogo sempre será usado em um determinado contexto por determinados jogadores. Em nossos esquemas como ***Quebrando as regras*** e ***Jogos como interação social***, e em muitos dos capítulos dentro do esquema principal **CULTURA**, exploramos mais detalhadamente algumas das questões práticas e contextuais levantadas por esse exemplo complexo.

Aspecto 3: Falácias da probabilidade

Um terceiro exemplo relacionado a problemas de probabilidade não envolve programas de computador nem estratégia e acaso, mas a maneira como os jogadores conceitualizam e compreendem a aleatoriedade em si. Você pode ter criado um jogo que contenha tipos muito específicos de probabilidades, e pode até comunicá-los aos jogadores. Mas isso não significa que seus jogadores vão compreender exatamente a maneira como o acaso atua no seu jogo.

Raramente os jogadores terão a mesma compreensão das funções aleatórias do sistema de jogo que você cria. Os jogadores e o público tendem a sofrer de uma série de falácias e equívocos quando se trata de operações do acaso. A lista a seguir é uma amostra parafraseada da lista mais longa de falácias de Epstein em *The Theory of Gambling and Statistical Logic.*[10]

- *Supervalorizar uma possibilidade muito remota.* Jogadores costumam supervalorizar apostas de alto ganho, com poucas chances de vitória, em detrimento das apostas "seguras", com uma probabilidade maior de conseguir um ganho baixo.
- *Tendência a pensar em eventos sucessivos do acaso como eventos aditivos.* Por exemplo, a chance de tirar um 1 em um dado é 1/6 ou 16,67%. A chance de tirar um 1 com dois dados não é 2/6 ou 33,33%, como se poderia pensar à primeira vista. Como aprendemos com a teoria das probabilidades, as chances são de 11/36 ou 30,56%. Essa diferença poderia parecer pequena nesse exemplo, mas com sucessivas iterações, as diferenças entre a probabilidade real e a presumida pode ser bastante grande.
- *A Síndrome de Monte Carlo.* Isso se refere à tendência de pensar que, depois de uma série de fracassos, o sucesso é provável, e vice-versa. Em outras palavras, se a roda da roleta parar em um número preto, *não* é mais provável que o próximo número será vermelho.
- *Ênfase excessiva em bons resultados.* Dado um resultado negativo muito improvável e um resultado positivo muito improvável, as pessoas tendem a enfatizar o bom. Epstein usa o exemplo de ganhar na loteria e ser morto em um acidente de carro no ano que vem. Ambos os eventos têm a mesma chance de ocorrer (1 em cada 10.000), embora a maioria acredite que ganhar na loteria seja mais provável.
- *Ser atingido por um raio duas vezes.* Semelhante à falácia anterior, as pessoas tendem a acreditar que eventos negativos altamente improváveis não irão se repetir (como ser atingido duas vezes por um raio), mas que eventos positivos altamente improváveis acontecerão de novo (como ganhar o prêmio máximo em uma máquina caça-níqueis). Na verdade, a chance de ocorrer um evento aleatório não está relacionada com a frequência de ocorrências passadas.
- *Sorte.* Do ponto de vista puramente matemático, não existe algo como a sorte. As pessoas não têm sorte, os dados não

dão sorte, os amuletos não dão sorte, as datas de calendário não dão sorte. Mas a crença generalizada na sorte persiste, mesmo entre jogadores experientes.

Cada uma dessas falácias tem implicações importantes para o design de jogos. Por exemplo, pense na falácia do tiro no escuro. Se o jogo permite aos jogadores escolher entre uma possibilidade remota e uma mais segura, você deve esperar que a maioria optará pela remota e equilibrar o sistema formal de acordo. As falácias — da ênfase excessiva nos bons resultados e a crença de que não se pode ser atingido duas vezes por um relâmpago — podem ajudar a manter os jogadores otimistas em um jogo com um elemento de probabilidade grande. Mesmo que um jogador tenha tido muita má sorte, essas falácias mantêm viva a esperança de uma reviravolta.

A maior lição é que, quando você desenha um jogo com um elemento aleatório, é importante entender não apenas os mecanismos probabilísticos do acaso, mas também como os jogadores irão interpretar ou mal interpretar esses mecanismos. Os três "aspectos" da aleatoriedade destacam armadilhas comuns a serem evitadas no design de jogos. Por outro lado, qualquer uma dessas dificuldades na operação estritamente formal da aleatoriedade poderia ser usada de forma positiva, como ponto de partida para o design de um jogo:

- Pode ser verdade que um computador não pode gerar uma verdadeira aleatoriedade. Por que não fazer um jogo digital em que a operação de aleatoriedade está *intencionalmente* fora de equilíbrio? Talvez o que parece uma sequência de números gerados aleatoriamente seja, na verdade, um código secreto que precisa ser decifrado. Ou em certos lugares do mundo do jogo, o jogador pode mudar o funcionamento da aleatoriedade em seu favor.
- Pode ser verdade que operações de aleatoriedade tornem-se elementos estratégicos nas mãos dos jogadores competitivos. Você pode projetar um jogo no qual os jogadores podem construir ou modificar legalmente o componente "aleatório" de um jogo, como gastar dinheiro do jogo para afetar o resultado de uma rolagem de dado ou dar aos jogadores a possibilidade de preparar estrategicamente o baralho de cartas.
- Pode ser verdade que os jogadores sofrem de falácias de probabilidade. Desenhe um jogo em torno de uma delas. Crieum jogo em torno da sorte, em que os jogadores selecionam números de sorte e azar, jogando dados e tentando evitar o número de azar e escolhendo os de sorte.

Toda "regra" do design de jogos que você puder pensar pode ser quebrada; e como descobriremos em *Quebrando as regras*, as regras de design quebradas muitas vezes podem resultar em ideias de jogos inovadoras.

Acaso significativo

Mas [o acaso em um jogo] nunca é certo. Isso é o que torna o jogo interessante. Não existe só uma possibilidade de que, apesar das adversidades contra nós, o risco que corrermos será recompensado. Há também a possibilidade adicional de que, apesar da aparente confiança dos jogadores, essa mão, que parece ter valor marcadamente inexpressivo, possa ser, de fato, a melhor de todas. Meus dois reis poderiam ganhar o jogo para mim. É nisso que se baseia a maioria dos contos-do-vigário. Eles oferecem a oportunidade e recompensa pela sua representação dramática, bem como pela sua capacidade de jogar bem com o acaso — eles demandam o controle sobre você mesmo e também sobre o jogo.

— ***Bernard DeKoven,*** *The Well-Played Game*

Ao pensar em jogos como sistemas de incerteza, analisamos o micronível da operação de probabilidade, bem como o macronível da incerteza do jogo como um todo. Um aspecto importante que podemos aplicar a esses dois níveis é que o funcionamento puramente matemático da incerteza é insuficiente para entender a riqueza do acaso dentro dos mecanismos de um jogo.

Como DeKoven observa, é verdade que o jogador interage com o sistema de um jogo, correndo riscos, fazendo apostas e calculando as probabilidades. Ao mesmo tempo, esse sistema também está interagindo com o jogador, fazendo exigências, recompensando e punindo, e pedindo atos de fé. Ao pensar em jogos como sistemas formais, não podemos, no final das contas, divorciar o sistema formal de um jogo das maneiras como os jogadores manipulam e habitam o sistema. Isso se aplica tanto ao funcionamento da aleatoriedade como à emergência da complexidade. A incerteza está no olho de quem a vê, ou, talvez, na interação do jogador.

Leitura complementar

The Broken Dice and Other Mathematical Games of Chance, de Ivar Ekeland

Parte filosofia, parte matemática e parte folclore, *The Broken Dice* é um livro idiossincrático que explora questões filosóficas do acaso e destino por vários pontos de vista. Particularmente relevante é a análise de Ekeland da impossibilidade de gerar números aleatórios em um computador.

Recomendados:
Capítulo 1: Chance
Capítulo 2: Fate
Capítulo 5: Risk I

Dice Games Properly Explained, de Reiner Knizia

Esse livro do designer de jogos de tabuleiro Knizia traz descrições e análises de mais de uma centena de jogos de dados, dos quais alguns são designs originais do autor. Também contém um capítulo sobre a teoria da probabilidade aplicada aos dados — uma boa introdução não técnica ao assunto. Os jogos de dados variam de puramente aleatórios a intensamente estratégicos e são uma boa fonte para jogos de sala de aula.

Recomendado:
Capítulo 3: The Theory of Dice

The Jungles of Randomness: A Mathematical Safari, de Ivars Peterson

Ivars Peterson escreve livros sobre matemática e, nesse trabalho lúdico, ele aborda os dilemas espinhosos da aleatoriedade e probabilidade. Do começo ao fim, ele faz referências comuns a jogos; no capítulo recomendado, há uma análise espetacular do layout do tabuleiro de escadas e escorregadores.

Recomendado:
Capítulo 1: The Die is Cast

Notas

1. Richard Epstein, *The Theory of Gambling and Statistical Logic* (San Diego: Academic Press, 1995), p. 43.
2. Elliott Avedon and Brian Sutton-Smith, *The Study of Games* (Nova York: John Wiley & Sons, 1971), p. 383.
3. Reiner Knizia, *Dice Games Properly Explained* (Tadworth, Surrey: Right Way Books, 1992), p. 62.
4. Ibid. p. 63.
5. Roger Caillois, *Man, Play, and Games* (Londres: Thames and Hudson, 1962), p. 17.
6. Knizia, *Dice Games Properly Explained,* p. 26-27.
7. Ibid. p. 128-29.
8. John L. Casti, *Complexification: Explaining a Paradoxical World Through the Science of Surprise* (Nova York: HarperCollins, 1994), p. 93.
9. Kenneth Goldstein, "Strategies in Counting Out" In *The Study of Games, edited by Elliott Avedon and Brian Sutton-Smith* (Nova York: John Wiley & Sons, 1971), p. 172-177.
10. Epstein, *The Theory of Gambling and Statistical Logic,* p. 393-394.

Jogos como sistemas de incerteza

Resumo

- **A incerteza** é um componente-chave de todo jogo. Se um jogo for completamente predeterminado, as ações do jogador não terão um impacto sobre o resultado do jogo e a interação lúdica significativa será impossível.
- Há dois níveis nos quais a incerteza opera em um jogo. No micronível estão as verdadeiras operações do acaso que ocorrem em momentos isolados no sistema de um jogo. No macronível estão questões maiores da incerteza, que se relacionam com o resultado final do jogo.
- A relação entre uma decisão de jogo e um resultado do jogo pode ter três graus de incerteza. Um resultado **certo** é completamente predeterminado. Um **risco** é um resultado com uma probabilidade conhecida de acontecer. Um resultado **incerto** é completamente desconhecido pelo jogador. É raro encontrar um jogo de pura certeza, risco ou incerteza. A maioria dos jogos combina algum grau de risco e incerteza.
- É possível que um jogo transmita uma **"sensação de aleatoriedade"**, mesmo que não tenha nenhum mecanismo aleatório real no sistema de jogo. Essa impressão pode ser resultado de complexidades estratégicas ou sociais que não podem ser previstas.
- Um jogo que gera pouca sensação de aleatoriedade pode se tornar muito seco ou competitivo. Um jogo que gera muita sensação de aleatoriedade pode tornar-se excessivamente caótico, deixando os jogadores com a sensação de impotência. Não existe uma fórmula mágica para a quantidade de aleatoriedade que um jogo deve apresentar. Em todos os casos, a chave é criar interação lúdica significativa que tira proveito excepcional da estrutura do jogo.
- Ao projetar um jogo com elementos do acaso, é de importância vital compreender a matemática básica da **probabilidade** e como isso afetará o sistema que você está criando.
- Mesmo os jogos de puro azar podem proporcionar interação lúdica significativa contanto que os jogadores tenham oportunidades significativas de atuar dentro do sistema de jogo.
- Há muitas maneiras surpreendentes de a operação de incerteza poder emergir no sistema de um jogo:
  - Como os programas de computador não podem gerar uma verdadeira aleatoriedade, os designers de jogos devem ser céticos sobre os algoritmos de geração de números aleatórios em um jogo.
  - Ocasionalmente, os jogadores podem pegar um componente aleatório de um jogo e transformá-lo em uma atividade estratégica.
  - Existem muitas falácias comumente sustentadas sobre o acaso.

10 11 12 13 14
25 26 27 28 29
40 41 42 43 44
55 56 57 58 59
70 71 72 73 74

JOGOS COMO SISTEMAS DE TEORIA DA INFORMAÇÃO

16

teoria da informação
informação
incerteza
ruído
redundância
liberdade

Biólogos bem como filósofos têm sugerido que o universo, e as formas de vida que ele contém, baseiam-se no acaso e não no acidente. Em outras palavras, as forças do acaso e antiacaso coexistem em uma relação de complementaridade. O elemento aleatório é chamado entropia, o agente do caos, que tende a misturar os não misturados, para destruir o significado. O elemento não aleatório é a informação, que explora a incerteza inerente ao princípio da entropia para gerar novas estruturas, e informar o mundo de novas maneiras.

— ***Jeremy Campbell**, Grammatical Man*

Introdução a "informações"

Muitos dos termos e conceitos abordados neste livro são um desafio à discussão, não apenas porque representam ideias complexas, mas também porque são usados em muitos contextos diferentes de muitas maneiras diferentes. O termo "informações" é particularmente polêmico de ser definido precisamente. Vivemos na era da informação. Recebemos informações de segurança nas bolsas dos assentos do avião. Nós nos graduamos em ciência da informação. Lemos informações estatísticas sobre esporte e condições meteorológicas no jornal. Enviamos e recebemos informações através de linhas telefônicas e cabos da internet. Sofremos com o excesso de informações.

Embora não seja nosso objetivo chegar a uma definição final para o termo "informações", nos próximos dois esquemas olhamos de perto duas maneiras diferentes de entender a informação, no que ela se relaciona formalmente com jogos. ***Jogos como sistemas da teoria da informação*** é o primeiro de dois esquemas sobre "informações". Nele, estabelecemos os jogos dentro do contexto da teoria da informação, um primo próximo da teoria dos sistemas.

A teoria da informação estuda a circulação de informações em um sistema — no nosso caso, os sistemas de jogo. Como as informações fluem dentro de um jogo? Como as escolhas tornam-se significativas pela entrada e saída de informações? Como a redundância e a incerteza afetam a interação lúdica significativa do ponto de vista formal? Quais são as qualidades de um jogo como um sistema de comunicação? Cada uma dessas questões levanta ainda mais perguntas sobre a natureza da informação nos jogos, perguntas que iremos explorar ao longo desse esquema e do próximo.

Teoria da informação

O campo da teoria da informação surgiu após a Segunda Guerra Mundial de modo tangencial com o emergente setor de telecomunicações. Originalmente concebida como o estudo da transmissão de sinais, a teoria da informação é um conjunto interdisciplinar de conceitos e metodologias que atravessa a matemática, a física e a engenharia. Desde sua formalização no texto clássico de 1949 de Claude Shannon e Warren Weaver, *A Teoria Matemática da Comunicação*, a teoria da informação tem se desenvolvido para além das suas origens em eletrônica e criptografia para encontrar aplicações nas ciências humanas e sociais, bem como em algumas vertentes da teoria crítica contemporânea.[1]

A teoria da informação estuda quantitativamente o fluxo de informações: como emissores enviam informações e como receptores as recebem. Isso está intimamente ligado à teoria dos sistemas no sentido de que a teoria da informação estuda os mecanismos pelos quais os sistemas funcionam — como, por exemplo, as partes de um sistema que se comunicam entre si. Os sistemas de jogo quase sempre envolvem a comunicação entre jogadores e a interação entre elementos do sistema; a teoria da informação pode ser uma valiosa forma de entender esses processos.

Antes de prosseguir, é crucial entender o que significa, na teoria da informação, a palavra "informações". A teoria da informação não usa a palavra da mesma maneira que é empregada em uma conversa casual. Quando você diz, por exemplo, que precisa de mais "informações" sobre um carro antes de comprá-lo, você quer dizer *conhecimento*. Você precisa de mais dados sobre o carro para poder saber mais sobre ele. De certa forma, isso é o oposto de como a palavra é usada na teoria da informação. Considere a descrição de Warren Weaver para a maneira pela qual a teoria da informação entende "informações":

> A palavra *informação*, nessa teoria, é usada em sentido especial que não deve ser confundido com seu uso comum. Em particular, o termo *informação* não deve ser confundido com significado. Na verdade, duas mensagens, uma das quais é carregada de significado, e a outra é totalmente sem sentido, podem ser equivalentes, do ponto de vista que aqui apresentamos, no que diz respeito à informação.[2]

Diferentemente de um entendimento baseado no conhecimento da palavra, na teoria da informação, "informações" está divorciada do significado. Mas o que isso quer dizer exatamente? Vejamos outra descrição de "informações" que vem do teórico da comunicação Stephen W. Littlejohn:

> A informação é a medida da incerteza em uma situação. Quando uma situação é completamente previ-

> sível, nenhuma informação está presente (...). Como utilizado pelo teórico da informação, o conceito de informação não se refere a uma mensagem, fatos ou significado. É um conceito ligado apenas à quantificação de estímulos ou sinais em uma situação.[3]

Segundo Littlejohn, "informações" é uma forma de entender o conteúdo matemático de um sinal: a "quantificação de estímulos ou sinais". Com a sua fundação no pensamento formal, quantitativo, deve estar claro que a teoria da informação tem uma afinidade maior com as regras do que com o jogo, a interação ou a cultura. A teoria da informação procede de duas premissas importantes, ambas evidentes nas citações de Weaver e Littlejohn:

> *O significado é irrelevante para a informação.* Informação não tem nada a ver com o conteúdo ou significado de uma mensagem. Como afirma Weaver, duas sequências de letras — uma das quais tem sentido coerente e outra, não — poderiam conter a mesma quantidade de informações.
>
> *A informação mede a incerteza.* Além disso (e esse é um ponto difícil de entender), na teoria da informação, a informação não mede a quantidade de "coisas" em uma mensagem. Ela não mede o conhecimento contido em uma mensagem — mas a incerteza. Como Littlejohn observa: "Quando uma situação é completamente previsível, nenhuma informação está presente".

O primeiro ponto, o *significado é irrelevante à informação,* é o mais fácil dos dois de assimilar. A teoria da informação diz respeito à transmissão de sinais — é um modo formal de examinar a estrutura matemática de um sinal, em vez de uma forma semiótica de examinar o seu conteúdo. Lembra-se do exemplo de trocar os naipes em um baralho de cartas em ***Definindo regras***? Contanto que a estrutura matemática das cartas permanecesse a mesma, poderíamos alterar o conteúdo dos naipes e ainda jogar um jogo de cartas com o baralho. A teoria da informação examina os sinais de comunicação de forma semelhante, destacando a estrutura formal ao ignorar o seu conteúdo. Como a teoria da informação estuda os dados matemáticos e não o significado, ela pode ser aplicada a qualquer forma de comunicação: "letras ou palavras escritas, notas musicais, ou palavras faladas, ou a música sinfônica, ou imagens".[4] Na teoria da informação, o formato dos dados é irrelevante à análise.

E quanto ao segundo ponto: *a informação mede a incerteza?* Esse conceito é mais sutil de entender. De acordo com a teoria da informação, a informação é uma medida de como você pode estar certo sobre a natureza de um sinal. Um sinal totalmente previsível tem uma quantidade de muito pequena de informação, ao passo que um sinal que pudesse conter qualquer coisa teria alto conteúdo informativo. O que significa dizer que as partes de um sinal são previsíveis ou imprevisíveis? Considere as mensagens telegráficas. Durante anos, as pessoas enviaram mensagens telegráficas deixando de lado palavras não essenciais, tais como "um" e "o". Essas palavras tinham um elevado grau de certeza e, portanto, transmitiam muito pouca informação ao receptor. De modo semelhante, as letras previsíveis também não eram usadas, como na frase: "Smnte infrmções essnciais ao entendimnto devm ser trnsmtdas".[5]

Como um experimento mental, imagine um estranho chamado J.L. Se você estiver tentando adivinhar se J.L. tomou ou não café da manhã hoje, há duas respostas possíveis à pergunta: "sim" ou "não". Você teria um grau de certeza razoável quanto ao que J.L. poderia responder, pois existem apenas duas possíveis unidades de informação para escolher — e isso significa que a quantidade de informação contida na resposta seria baixa. Se estiver tentando adivinhar a cor favorita de J.L., você ainda tem de adivinhar apenas uma única palavra, mas há mais possibilidades e, portanto, há mais incerteza na sua suposição. A quantidade de informação na resposta seria maior, porque você selecionaria a cor favorita de J.L. de um conjunto maior de respostas possíveis. Se tentasse adivinhar a palavra favorita de J.L., dentre todas as palavras no idioma inglês, a quantidade de informação contida na resposta seria ainda maior, porque há muita incerteza sobre qual poderia ser a palavra. Nas palavras de Weaver, a informação "não diz respeito tanto ao que você diz, mas ao que *poderia* dizer".[6]

Se você fosse dar um palpite correto sobre o café da manhã, a cor favorita ou a palavra preferida de J.L., pense na quantidade de incerteza que é reduzida com uma resposta certa. Caso você adivinhasse se J.L. tomou ou não café da manhã, você não estaria reduzindo muito a incerteza, porque, para começar, haveria muito pouca incerteza. Mas se adivinhasse a palavra favorita de J.L., a incerteza seria significativamente reduzida. Neste exemplo, o sinal que decifra a palavra favorita de J.L. contém mais informações, porque também reduz o mais alto grau de incerteza.

Por outro lado, se você já sabe tudo sobre J.L., inclusive sua palavra favorita, sua cor favorita, e se ele tomou ou não café da manhã hoje, então, uma resposta à pergunta realmente não conteria absolutamente nenhuma informação. A resposta já está determinada antes de a tentativa de adivinhação ser feita e, portanto, a hipótese não é realmente uma hipótese. O grau de incerteza sobre a verdade não diminuiria como resultado de uma resposta certa ou errada.

Isso é precisamente o que Weaver quer dizer quando afirma que "a informação é uma medida de liberdade de escolha de alguém ao selecionar uma mensagem".[7] Nenhuma liberdade de adivinhar (por que já sabermos a resposta) significa nenhuma informação: a incerteza não diminuiu. Com uma simples resposta sim ou não, há um pouco mais de liberdade no que pode ser enviado como uma mensagem, mas não muito. Quando nos voltamos para a escolha de uma cor favorita, ou de uma palavra favorita, a liberdade do que poderia ser oferecido como uma resposta aumenta e, consequentemente, aumenta a quantidade de informações na mensagem.

Como o conceito de "informações" da teoria da informação se relaciona com jogos? Pense nisto: a informação é uma medida de liberdade na tomada de decisões. Os jogos são contextos que oferecem aos jogadores a capacidade de tomar decisões significativas. De certo modo, as informações em um sistema de comunicação são semelhantes ao espaço de possibilidades em um jogo. O emissor de uma mensagem rica em informações escolhe entre muitas opções potencialmente significativas. O jogador em um jogo com um grande espaço de possibilidade seleciona uma ação, dentre muitas possíveis opções significativas também.

Probabilidade e adivinhação

Outra importante ligação entre jogos e teoria da informação é que a informação é uma medida de incerteza. Sabemos que a interação lúdica significativa em jogos requer certo grau de incerteza no macronível. Se o resultado de um jogo já é conhecido, na realidade, não existe absolutamente nenhum jogo. Se um jogador tentar ganhar um simples jogo ao supor corretamente que uma moeda está do lado da cara ou da coroa, há duas possíveis mensagens que a moeda pode gerar (*cara* e *coroa*). Mas se ambos os jogadores souberem que a moeda tem duas caras, a quantidade de incerteza cai para zero. De repente, não há jogo a ser disputado, assim como não há informações a serem geradas pela moeda. Aprendemos isso com o exemplo de J.L.: se você já sabe qual é cor favorita dele, sua resposta não contém nenhuma informação.

Também podemos fazer uma conexão com o micronível de incerteza. Incerteza, informação e probabilidade, todas compartilham um conjunto de relações formais. Pense em uma rolagem de dados como um sinal da teoria da informação. Se apenas um dado é lançado, há menos informação (e incerteza do resultado) do que se dois dados forem lançados, quando o conjunto de resultados possíveis é maior. Duas rolagens de dados — mais possibilidades e maior incerteza — equivalem a mais informações. Como os jogos de adivinhação contam com a incerteza, eles são bons estudos de caso da teoria da informação.

Considere um jogo como Mastermind (chamado Senha, no Brasil). A cada turno, um jogador tenta adivinhar a resposta certa. Recebendo *feedback* codificado na forma de pinos pretos e brancos, o adversário responde o quanto a hipótese feita pelo jogador estava certa ou errada. O objetivo do jogo é chegar à resposta certa dentro de um número limitado de turnos. Entendido como um sistema da teoria da informação, Mastermind é uma estrutura maravilhosa que coloca a informação em cena. Com cada palpite, o adivinhador limita as possíveis respostas (diminuindo a incerteza), definindo um palpite único em meio a uma gama de todas as possíveis suposições. Restringindo o grau de incerteza, o adivinhador navega no espaço de todas as respostas possíveis, esperando chegar à resposta correta antes que seja tarde demais. Como a resposta permanece fixa, contanto que o jogador tentando adivinhar não cometa nenhum erro lógico, cada hipótese é progressivamente mais certa. Imagine, por um momento, uma variação do Mastermind, em que o oponente do adivinhador reorganiza os pinos de solução a cada vez. Nesse jogo, uma hipótese não vitoriosa não reduziria a quantidade de incerteza, porque o sistema seria atualizado a cada turno. Como um jogador que aposta na roleta em um único número repetidamente, a quantidade de incertezas permaneceria fixa e não seria reduzida pelas suposições sucessivas.

É possível até pensar em informação cultural em termos da teoria da informação. Considere o clássico jogo de adivinhação 20Q (Twenty Questions), que Bertalanffly usa como exemplo na *General Systems Theory*.[8] Nesse jogo simples, um jogador tem uma parte das informações, a resposta, e o outro jogador tenta adivinhar essas informações. A cada turno o adivinhador pode perguntar sim ou não, e o objetivo é chegar à resposta certa em 20 questões."É um vegetal? " *"Não".* "É um animal?" *"Sim".* "É um mamífero?" *"Sim".* "É um roedor?" *"Não".* Tal como acontece com o Mastermind, a resposta permanece fixa à medida que o adivinhador procura reduzir as possibilidades por meio de consultas mais inteligentes. Nesse caso, porém, a resposta não reside em um sistema matemático abstrato, mas, em vez disso, é um objeto que existe no mundo, na língua, na cultura compartilhada pelos dois jogadores. É surpreendente que o vasto reino das possíveis soluções possa ser reduzido tão rápida e eficientemente por uma série de hipóteses no estilo sim/não — em geral, menos de vinte!

Se o significado é irrelevante para o conceito de "informações" da teoria da informação, como é possível usar a teoria da informação para examinar um jogo como o 20Q, um jogo que se baseia na cultura para seu conteúdo? Como a informação é uma quantidade formal abstrata, ela pode ser aplicada a qualquer forma de comunicação. No caso do jogo 20Q, não são as relações linguísticas, históricas ou culturais que interessam à teoria da informação, apenas as matemáticas. Se realmente quiséssemos reduzir o jogo à sua essência formal, poderíamos traçar as inter-relações matemáticas entre as vinte possíveis perguntas e todas as possíveis respostas positivas ou negativas, usando uma linguagem sem sentido, em vez da língua falada. Embora isso esvaziasse o conteúdo cultural do jogo, a estrutura informacional permaneceria a mesma. A beleza do 20Q é que tal redução ocorre em algum nível à medida que o jogo é jogado. O jogo suspende a linguagem formal em uma rede de conexões informativas. Cada hipótese é um gesto dedutivo que restringe o foco da busca do jogador até a incerteza da cultura converter-se em uma única resposta coerente, que, enfim, marca o fim do jogo.

Ruído no canal

Até esse ponto, discutimos a própria informação como um conceito. Mas como os sinais de informação são enviados e recebidos? Como a informação vai de um contexto para o outro? Um dos conceitos mais duradouros da teoria da informação é o modelo de transmissão de sinais desenvolvido por Warren Weaver e Claude Shannon. A transmissão de sinais examina o caminho de um sinal à medida que ele se afasta de sua origem e chega ao seu destino.

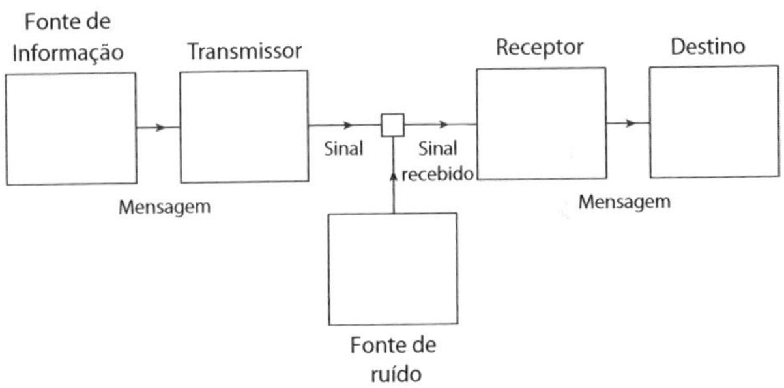

Cada elemento do modelo representa uma fase diferente do processo pelo qual um sinal é transmitido e recebido. Por exemplo, se um sinal é uma palavra falada, a origem é a mente do falante, que ativa as cordas vocais, um sinal que é transmitido em ondas pelo ar, recebido pelos ouvidos do ouvinte e interpretado na mente. Se examinarmos a circunstância de um motorista em relação a um semáforo, o sinal é um sinal visual. O sistema de temporização do semáforo é a origem, que ativa uma lâmpada, um sinal que entra pelos olhos do motorista para ser interpretado em sua mente.

Como os sistemas de teoria da informação, os jogos estão repletos de casos de transmissão e recepção de sinais. Jogadores se comunicam uns com os outros por meio da fala, palavras escritas e gestos. Eles também se comunicam com o sistema do jogo em si. Durante um turno no jogo Monopoly (Monopólio/Banco Imobiliário), os jogadores lançam os dados e recebem o sinal visual dos pontos pretos nos cubos, interpretando-o como um valor numérico. Os sinais se manifestam como a fala entre os jogadores, como o texto escrito nas cartas e até mesmo como a informação visual: os jogadores examinam o tabuleiro para ver suas posições em relação a propriedades, casas, hotéis e entre si.

Mas a transmissão do sinal dificilmente é limpa e pura. Aquele elemento no modelo de Shannon e Weaver ainda não mencionado, o *ruído*, aborda esse importante aspecto da comunicação. Ruído é uma interferência no sinal que entra em um canal de transmissão. Ao afetar o processo de transmissão, o ruído afeta a quantidade de informação em uma mensagem.

> Como o ruído afeta as informações? A informação é, devemos constantemente nos lembrar, uma medida de liberdade de escolha de alguém ao selecionar uma mensagem. Quanto maior essa liberdade de escolha e, portanto, quanto mais informações, maior será a incerteza de que a mensagem realmente selecionada seja uma mensagem em particular. Assim, quanto maior liberdade de escolha, maior a incerteza, mais informações caminharão paralelamente. Se ruído for introduzido, então a mensagem recebida conterá certas distorções, certos erros, certos materiais estranhos, que certamente levariam alguém a dizer que a mensagem recebida apresenta, por causa dos efeitos do ruído, uma incerteza maior.[9]

Ruído, como afirma Weaver, aumenta a quantidade de informação e incerteza em uma mensagem. No exemplo de um sinal sonoro, o vento forte ou o tráfego barulhento podem interferir na transmissão da mensagem do emissor ao receptor pela introdução do ruído sonoro. Com o exemplo do motorista e do sinal de trânsito, o ruído pode assumir a forma da escuridão, nevoeiro ou sujeira no para-brisa do carro do motorista. Em todos esses exemplos, o ruído aumenta a incerteza do sinal e, portanto, a quantidade de informação que ele contém.

Também podemos entender o fenômeno do ruído de outra maneira. O ruído está diretamente relacionado com a quantidade de liberdade que o emissor tem na escolha de um sinal. A teoria da informação, como disciplina da engenharia, geralmente se ocupava do envio e recebimento de mensagens com a maior clareza possível. O ruído no canal era algo a ser minimizado, para que as pessoas pudessem ter conversas telefônicas claras e ver televisão livres de estática e chuviscos.

Mas, se os jogos são formulados como um sistema de informação, o ruído não é necessariamente um elemento negativo. Às vezes jogos inteiros são baseados na ideia de colocar o ruído em um canal de comunicação. Considere a brincadeira popular do "telefone sem fio", em que as pessoas murmuram uma mensagem em uma grande roda. A ideia da brincadeira e prazer dos participantes vem do ruído no sistema. A mensagem original recebe o ruído que passa de pessoa para pessoa, transformando um pouco a mensagem à medida que passa por cada pessoa. Quando a mensagem chega à última pessoa, o ruído transformou a identidade do sinal original. Na maioria dos casos, o sinal que emerge da longa cadeia de sussurros sofre uma transformação radical — e essa é exatamente a diversão do jogo.

De modo semelhante, o jogo Charadas baseia-se na transmissão de sinais de uma forma para outra. No início do jogo, os jogadores escrevem títulos de livros, filmes e programas de televisão e os colocam em um chapéu. Então, um jogador pega o sinal escrito e o transforma em um conjunto de gestos improvisados, tentando transmitir as informações para os companheiros, reduzindo, ao mesmo tempo, a incerteza da resposta pelo silencioso encorajamento e desencorajamento enquanto os companheiros tentam adivinhar. Por fim, o título é transformado da palavra escrita em gesto e, então, novamente em linguagem falada, quando o sinal passa por toda a roda.

No telefone sem fio, o prazer surge da adição de ruído. No Charadas, os jogadores lutam contra o ruído inerente à estrutura do jogo, enquanto tentam superar as barreiras de comunicação e completam o circuito de transmissão. Os gestos de pantomima do Charadas introduzem ruído no sistema pela sua inerente ambiguidade. Os palpites muitos opostos e contraditórios também contribuem com o ruído. Às vezes, a equipe adivinhadora interpreta errado uma pista e se desvia, introduzindo ainda mais ruído. Com todas as oportunidades para o ruído, é um milagre que os sinais sejam transmitidos! Mas é essa luta contra o ruído e incerteza que torna o Charadas divertido de jogar. O instante em que surge a resposta certa — o sinal proveniente do circuito completo, o ruído e a incerteza finalmente se sobrepõem — é um momento de profunda satisfação do jogo.

O fenômeno do ruído como componente desejável em um sistema de jogo é uma função da atitude lúdica,

o estado de espírito que os jogadores assumem para entrar no círculo mágico e jogar, a atitude compartilhada que aceita, paradoxalmente, os meios "ineficientes" para atingir os objetivos de um jogo. O fato de os jogadores do Charadas desfrutarem da dificuldade de comunicação indireta, em vez de apenas falarem a resposta certa em voz alta e pouparem-se do trabalho de adivinhação, é um grande exemplo de como a atitude lúdica se manifesta na experiência de jogo.

Redundância no sistema

Considerando que o ruído afeta negativamente o êxito na transmissão de um sinal, a teoria da informação também identifica o seu oposto, o contrapeso do ruído conhecido como *redundância*. A redundância refere-se ao fato de que, em sistemas de informações, a mensagem pode ser transmitida com sucesso, mesmo que uma parte do sinal seja perdida, pois os padrões de informações redundantes compensam as "lacunas" nos dados do sinal.

Na maioria dos sistemas de comunicação, como a língua falada, muito mais informação é transmitida em um único enunciado do que é minimamente necessária para transmitir o sinal. Como observa Weaver, "a redundância do inglês é de cerca de 50%, de modo que cerca da metade das letras ou palavras que escolhemos escrever ou falar está sob nosso livre arbítrio, e cerca de metade (embora normalmente não estejamos conscientes disso) é realmente controlada pela estrutura estatística da língua".[10]

Se alguém gritar: "SAIA DAQUI ___!" e você não conseguir ouvir a palavra final, provavelmente será capaz de inferir o "AGORA" ausente e ir embora. A frase poderia perder ainda mais palavras e ainda transmitir o sinal pretendido. Esse tipo de redundância existe em muitos níveis da linguagem: é também o caso das letras. Por exemplo, você a nda p de ler es a fr se m smo falt ndo algu as l tras.

Ruído e redundância, juntos, contribuem para a capacidade de um sistema de transmitir sinais. No caso dos jogos, a redundância é tão importante quanto o conceito de ruído. Em um sistema repleto de elementos informativos modulares, interligados, a redundância se torna importante, porque um sistema com uma grande quantidade de redundância é mais flexível do que um sistema com menos. Palavras cruzadas, por exemplo, tiram proveito da redundância. Em vez de adivinhação de uma única resposta no estilo do 20Q, em um jogo de palavras cruzadas há muitas pistas, cada uma com sua própria resposta. Mas as respostas se sobrepõem umas às outras, e não há redundância no sistema que possa "preencher as lacunas" e compensar uma pista que seja muito difícil de decifrar. O nome de uma obscura capital é muito mais fácil descobrir quando as respostas anteriores já determinaram algumas das letras. Na *Teoria matemática da comunicação,* Warren Weaver traça explicitamente a conexão entre palavras cruzadas e redundância:

> É interessante notar que uma língua deve ter pelo menos 50% de liberdade real (ou entropia negativa) na escolha das letras para permitir a criação de palavras cruzadas satisfatórias. Se houver total liberdade,

> então toda sequência de letras é um jogo de palavras cruzadas. Se tivesse apenas 20% de liberdade, então seria impossível construir palavras cruzadas em tal complexidade e número que pudesse tornar o jogo popular.[11]

Por 50% de redundância, Weaver quer dizer que metade das letras em uma palavra ou frase pode ser removida sem a perda da compreensão. Isso ocorre porque nem toda combinação de letra aparece em inglês. Não há palavras, por exemplo, em que o "G" segue o "T." Por outro lado, letras como "H", "R" e "E" muito comumente seguem "T". Quando começamos a escrever uma palavra com a letra "T", já eliminamos muitas letras possíveis que podem segui-la — cerca de 50% delas, de acordo com Weaver.

Como afirma Weaver, se uma língua tivesse 100% de livre escolha, então todas as combinações possíveis de letras seriam um jogo de palavras cruzadas. Se esse fosse o caso, as palavras cruzadas seriam muito mais fáceis e menos satisfatórias: quando descobrimos uma pista e todas as letras de uma palavra, poderíamos ganhar pouco ou nenhum benefício de todas as outras palavras em branco que cruzam essa palavra. Por outro lado, Warren salienta que, se a redundância em inglês fosse baixa demais, simplesmente não haveria flexibilidade suficiente para elaborar palavras cruzadas de forma adequada. Poderíamos provavelmente construir algum tipo de palavras cruzadas com 100% ou 10% de redundância, mas elas simplesmente não seriam as palavras cruzadas que conhecemos. As palavras cruzadas contêm um delicado equilíbrio que as mantém flexível o suficiente para permitir inúmeras combinações, mas ainda rígidas o bastante para que uma pista respondida corretamente leve a outras e mais outras, até que todas as palavras sejam resolvidas.

Ato de equilíbrio

Informação, sinais, ruído, redundância: as relações entre jogos e a teoria da informação oferecem maneiras sutis mas poderosas de refletir sobre o design. O processamento de sinal eficaz requer equilíbrio entre ruído e redundância. Requer ajustar um sistema de comunicação para que haja incerteza o bastante para garantir uma quantidade suficiente de passagem de informações pelo canal, mas não informações demais de modo que o sinal se perca no vasto oceano de incertezas. Esse é o equilíbrio encontrado nas grades informacionais interligadas das palavras cruzadas.

Estudos de teoria da informação estão intimamente ligados à teoria dos sistemas; e não deve ser nenhuma surpresa que as nossas observações nesse esquema tenham alguma semelhança com os ***Jogos como sistemas emergentes***. Um sistema emergente e complexo só pode existir em algum lugar entre a rigidez dos sistemas periódicos fixos e a hiperflexibilidade de sistemas caóticos. Se um jogo for muito estruturado, ele torna-se excessivamente determinado: não há incerteza suficiente ou liberdade para os jogadores. Se um jogo for pouco estruturado, ele torna-se excessivamente caótico: há incerteza demais, liberdade demais e nenhum senso de como as decisões do jogador devem proceder de um momento para o outro.

Tudo isso nos leva de volta à interação lúdica significativa. É importante que Weaver associe incerteza e informação ao que ele chama de "liberdade", a capacidade de uma pessoa de fazer escolhas em um sistema. Em um sistema muito rígido, um jogador não tem liberdade suficiente: há escolhas, mas não em número suficiente, e não há incerteza suficiente no sistema para sempre deixar o jogador em dúvida quanto ao resultado. Em contrapartida, em um sistema em que reina o caos, não pode haver relação significativa entre ação e resultado. O resultado do sistema é perpetuamente incerto, e nada que o jogador faz irá afetá-lo. Em ambos os casos, a interação lúdica significativa é impossível.

A interação lúdica significativa requer que os jogadores escolham ações em uma gama rica o suficiente para suportar um amplo espaço de possibilidades, mas limitada o suficiente para estruturar adequadamente as suas decisões. Encontrar o ponto perfeito entre muita e pouca liberdade, desenhando restrições que ofereçam desafio suficiente (mas não muito) para os jogadores, é um problema fundamental no design de jogos. A teoria da informação é uma maneira útil para dar sentido a esses eternos dilemas do design.

Leitura complementar

Grammatical Man, de Jeremy Campbell *(ver página 72 deste volume)*

Recomendados:
Parte Um: Establishing the Theory of Information
Parte Dois: Nature as an Information Process

The Mathematical Theory of Communication, de Claude E. Shannon e Warren Weaver

Este é o texto fundamental da teoria da informação. Embora grande parte da contribuição de Shannon seja altamente matemática, a introdução de Warren ao livro detalha os princípios fundamentais do campo em linguagem não técnica.

Recomendado:
Some Recent Contributions to the Mathematical Theory of Communication

Theories of Human Communication, de Stephen W. Littlejohn

O volume de Littlejohn é um livro-texto de estudos da comunicação, e, como tal, oferece muitas informações, mas um pouco superficiais. Dito isso, sua explicação da teoria dos sistemas básicos, da teoria da informação e da cibernética fornece as mais claras articulações que já vimos desses complexos campos.

Recomendado:
Capítulo 3: System Theory

Notas

1. Stephen W. Littlejohn, *Theories of Human Communication,* 3rd Edition (Belmont, CA: Wadsworth Publishing Company, 1989), p. 45.
2. Claude E. Shannon and Warren Weaver, *Mathematical Theory of Communication* (Champaign: University of Illinois Press, 1963), p. 8-9.
3. Littlejohn, *Theories of Human Communication,* p. 46.
4. <www.lucent.com/minds/infotheory/>.
5. Weaver and Shannon, *Mathematical Theory of Communication*, p. 25.
6. Ibid. p. 8-9.
7. Ibid. p. 8-9.
8. Ludwig von Bertalanffy, *General Systems Theory Foundations* (Nova York: George Braziller, 1968), p. 42.
9. Shannon and Weaver, *Mathematical Theory of Communication*, p. 19.
10. Ibid. p. 13.
11. Ibid. p. 14.

Jogos como sistemas de teoria da informação

Resumo

- **Teoria da informação** é uma forma estrutural, matemática, de olhar os sinais que não considera o conhecimento do conteúdo ou significado de uma mensagem.
- Na teoria da informação, a **informação mede a incerteza**. A informação é uma medida de todas as possíveis mensagens que um ato de comunicação pode conter. A resposta a uma pergunta sim/não contém menos informação (e menos incerteza) do que uma resposta a uma pergunta sobre uma cor favorita, porque há menos possíveis respostas à pergunta sim/não.
- A teoria da informação estuda a transmissão do sinal de uma fonte para um destino. Parte desse processo é o **ruído**, em que a distorção entra no sinal a partir de uma fonte externa. O ruído aumenta a incerteza e, portanto, a quantidade de informação em uma mensagem.
- Embora o ruído na engenharia de transmissão de sinal seja, em geral, indesejável, nos jogos, o ruído pode ser um elemento de design produtivo. De acordo com a atitude lúdica, os jogadores buscam atividades ineficientes em um jogo. Assim, o ruído, que torna a comunicação mais difícil e incerta, possibilita jogos como o Charadas, em que a dificuldade de comunicação é a premissa do jogo.
- A **redundância** em um sistema atua para equilibrar o ruído, garantindo que nem todo componente de uma mensagem seja necessário. O idioma inglês como forma de comunicação contém cerca de 50% de redundância.
- Em um sistema de comunicações da teoria da informação, quanto maior a liberdade de escolha, maior a incerteza e mais informações. O conceito de escolha, nesse sentido, se relaciona diretamente com o espaço das possibilidades e a interação lúdica significativa. Como um sistema complexo, o design de jogos deve encontrar um equilíbrio entre muita e pouca incerteza, flexibilidade e informações.

5
1
2
20
1
2
1
2

JOGOS COMO SISTEMAS DE INFORMAÇÃO

informações perfeitas
informações imperfeitas
economia da informação
informações objetivas
informações percebidas

17

Todos os jogos de cartas dependem do fato de uma carta ter dois lados, um dos quais ***revela*** *a sua identidade (ás de espadas, rainha de copas etc.), enquanto o outro a* ***esconde****, sendo indistinguível do verso de qualquer outra carta no baralho (...).*

Esse elemento de segredo coloca as cartas na categoria de "jogos de informações imperfeitas", em contraposição com os jogos de tabuleiro, como o xadrez, em que cada jogador sempre sabe exatamente quais são os recursos do seu oponente (...).

Isso sugere que os jogos de cartas dizem respeito a "informações" e sua aquisição.

— ***David Parlett****, The Oxford Dictionary of Card Games*

Apresentando um tipo diferente de informação

Nosso segundo esquema de "informações", ***Jogos como sistemas de informação***, fundamenta-se na ligação entre jogos e informações iniciada no capítulo anterior. Mas dentro desse esquema mudamos para um entendimento muito diferente de "informações". Essa mudança deve ser relativamente fácil, porque estamos nos distanciando de conceitos nada intuitivos da teoria da informação e nos direcionando para um entendimento muito mais baseado no senso comum da informação.

Em vez de pensar em "informações" como medida de incerteza, agora fazemos exatamente o contrário. "Informações", para efeitos desse esquema, significa *conhecimento,* o conteúdo informacional ou os dados de um jogo. Dentro da teoria da informação clássica, os jogos são sistemas de processamento de sinais, equilíbrio de ruído e redundância. Mas, nesse esquema, consideramos os jogos como sistemas interativos que colocam conhecimento ou informação em ação. Dependendo do jogo, a informação pode ser randomizada, adquirida, transformada, escondida, reorganizada, lembrada ou esquecida.

Na citação que abre este capítulo, David Parlett descreve as cartas de baralho como objetos destinados a esconder e revelar informações. Anteriormente, em ***Definindo regras***, destacamos que ainda poderíamos jogar pôquer, mesmo se mudássemos o "conteúdo" do sistema, renomeando os naipes. O pôquer também apareceu em nosso esquema de emergência, no qual a atividade de blefar surgia durante o jogo, embora não fosse especificada nas regras. Se quiséssemos, também poderíamos ter enquadrado o pôquer como um sistema de incerteza, talvez plotando o percentual de aleatoriedade sendo distribuída para uma mão em particular. Mas considerando-se o pôquer dentro de ***Jogos como sistemas de informação***, podemos pegar uma sugestão do historiador de jogos David Parlett e explorar as informações como uma mercadoria a ser escondida ou compartilhada. Como os jogadores ocultam informações em suas cartas? Como as informações são ocultadas, reveladas, disfarçadas e deduzidas?

Embora o pôquer seja baseado na manipulação de informações, podemos considerar qualquer jogo de forma semelhante. Como sistema de informações, o xadrez é uma matriz de dados distribuídos no tabuleiro, visível a ambos os jogadores. O sistema de informações conhecido como escadas e escorregadores é construído com base no fluxo contínuo de dados decorrentes de sucessivas jogadas de dados, e a forma como essas informações são registradas e transformadas em movimento do jogador no tabuleiro. Um jogo de aventura de plataforma, como o Jak & Daxter, agencia informações de muitas maneiras complexas, desde partes ocultas do mundo que são reveladas à medida que o jogador as desbloqueia, até poderes e habilidades especiais que são desconhecidos pelo jogador quando o jogo começa.

Informações perfeitas e imperfeitas

> *Esses jogos têm* ***informações perfeitas****: cada jogador, ao decidir seu movimento, deve ter informações completas sobre a posição atual do tabuleiro (eu incluo em qualidades de "posição" que podem ser fisicamente indetectáveis, como se um jogador pudesse ou não rocar), ou de modo equivalente, sobre a posição original do tabuleiro e todos os movimentos feitos até o momento. Exemplos de jogos de informações perfeitas incluiriam o xadrez e o gamão; jogos como Stratego, Kriegspiel ou o recente Stealth Chess não são jogos de informações perfeitas.*
>
> — ***J. Mark Thompson,*** *"Defining the Abstract"*

Parlett descreve os jogos de cartas como jogos de "informações imperfeitas", devido ao fato de que a natureza bilateral das cartas permite que elas ocultem seu valor informacional. Na citação acima, o matemático e aficionado por jogo J. Mark Thompson[1] aponta o tipo de sistema oposto: jogos de "informações perfeitas". Informações perfeitas e imperfeitas referem-se à relação que um jogador tem com a informação contida no sistema formal do jogo.

Informações perfeitas estão presentes em um jogo quando todos os jogadores conhecem completamente todos os elementos do jogo a todo o momento. Thompson inclui o xadrez e o gamão nessa categoria. Em jogos de *informações imperfeitas,* algumas das informações podem estar ocultas dos jogadores durante o jogo. Thompson menciona o Stratego, um jogo em que o valor de cada peça no tabuleiro é mantido oculto de cada adversário do jogador, como um jogo de informações imperfeitas. Os jogos de cartas também são bons exemplos de jogos de informações imperfeitas. Embora seja possível projetar um jogo de cartas em que todas sejam visíveis por todo o jogo, quase todos os jogos de cartas apresentam, de alguma maneira, informações imperfeitas.

Jogos de informações perfeitas e imperfeitas podem, ambos, oferecer uma interação lúdica significativa, mas o fazem de diferentes maneiras. Jogos de informações perfeitas tendem a ser jogos competitivos mais analíticos, em que os jogadores são colocados diretamente uns contra os outros, os movimentos e estratégias de cada jogador disponíveis para o outro ver. Jogos de informações imperfeitas agregam um elemento de mistério e incerteza a um jogo. As informações imperfeitas convidam a trapaças, artimanhas e farsas, e podem ser usadas como um elemento de design em jogos concebidos para inspirar desconfiança entre jogadores.

Embora a informação imperfeita possa aumentar a sensação de incerteza em um jogo, a real aleatoriedade não está intrinsecamente ligada a nenhuma informação perfeita ou imperfeita. Um jogo pode ter mecanismos de aleatoriedade como parte do jogo e ainda dispor de informações perfeitas ou imperfeitas. Como Thompson indica, tanto o xadrez como o gamão são jogos de informações perfeitas, apesar de o gamão fazer uso de jogadas de dados a cada turno. Um jogo de informações imperfeitas como o Stratego não usa nenhum tipo de mecanismo de probabilidade, ao passo que o pôquer usa, na forma de um baralho.

A aleatoriedade não está relacionada com nossas definições de informações perfeitas e imperfeitas. Mas se um jogo tem ou não um elemento aleatório, isso afeta o tipo de informação que existe em um jogo. Em *The Interactive Book*, a designer e pesquisadora Celia Pearce apresenta uma tipologia diferente para entender as maneiras como os jogos manifestam informações. Ela propõe quatro cenários:

- *Informações conhecidas por todos os jogadores.* No xadrez, isso consistiria nas regras do jogo, layout do tabuleiro e parâmetros para mover as peças.
- *Informações conhecidas apenas por um jogador.* No Gin, essas seriam as cartas na mão.
- *Informações conhecidas somente pelo jogo.* No Gin, essas seriam as cartas não usadas do baralho. No Space Invaders, seriam o caminho e a frequência das naves espaciais alienígenas.
- *Informações geradas aleatoriamente.* No gamão, essas seriam a rolagem dos dados.[2]

As categorias de Pearce oferecem outra maneira de descrever o componente informacional do jogo. Ela diferencia entre dois tipos de informações ocultas, um em que cada jogador dispõe de informações privadas, e outro no qual o próprio sistema de jogo oculta informações de todos os jogadores. Como ela ilustra com seu exemplo do jogo Gin, qualquer jogo de cartas com um baralho e mãos secretas de cada jogador tem dois tipos de informações ocultas. Pearce também designa informações geradas aleatoriamente dentro de sua própria categoria informacional.

Uma divergência que temos com a tipologia de Pearce diz respeito à inclusão das regras de um jogo no seu modelo informacional. Pearce afirma que as regras do xadrez devem ser consideradas informações conhecidas por todos os jogadores. Embora esse seja, sem dúvida, o caso, não achamos que incluir as regras como parte das informações perfeitas de um jogo seja particularmente útil, pois, em todos os jogos, algumas ou todas as regras do jogo são conhecidas por todos os jogadores. Pode haver relações estratégicas ocultas em um jogo que são gradualmente descobertas (como os pontos fortes e fracos de combinações de unidades particulares), mas essas não são regras. As regras são as bases formais de um jogo que permitem aos jogadores manipular informações. Em geral, as regras não constituem as informações que são manipuladas durante o jogo.

Há também outros aspectos ligeiramente ambíguos de seu modelo. Por exemplo, embora um baralho de cartas no Gin possa conter informações "conhecidas somente pelo jogo", seria possível imaginar um baralho de cartas que fosse embaralhado a cada turno, funcionando exatamente da mesma maneira como uma rolagem de dados aleatória — "as informações geradas aleatoriamente" de Pearce. Talvez a diferença sutil entre esses dois tipos de informação seja o fato de a composição exata do resto do baralho ser ou não totalmente conhecida por todos os jogadores. Se for conhecido, então o baralho funcionaria como uma rolagem de dados aleatória, em que a precisa probabilidade de tirar um determinado número (ou jogar uma carta específica) fosse conhecida por todos os jogadores. Por outro lado, quando os jogadores jogam cartas no Gin, o baralho virado para baixo contém informações que só são conhecidas pelo jogo.

Apesar de nossa crítica ao modelo de Pearce, as quatro categorias propostas são de fato muito úteis. Por exemplo, as informações nem sempre são públicas ou privadas, e muitas vezes transitam entre categorias. À medida que um baralho de cartas viradas para baixo é exposto aos jogadores, há uma transição de informações que eram antes privadas para informações que agora são públicas e compartilhadas. Da mesma forma, no jogo batalha naval, ambos os jogadores tentam descobrir informações ocultas, mas conhecidas pelo adversário. À medida que o batalha naval avança, as posições dos navios dos jogadores aos poucos se tornam públicas.

Informações encantadas

Quer você prefira um modelo de informações perfeitas e imperfeitas ou as quatro categorias de Pearce, é importante considerar as maneiras como os jogos manipulam informações para gerar interação lúdica significativa. Considere o jogo Enchanted Forest, um jogo de tabuleiro infantil que usa informações de várias maneiras. O jogo é assim resumido:

> No Enchanted Forest, os jogadores buscam uma série de tesouros que estão escondidos no tabuleiro. Quando um jogo começa, uma série de objetos árvores é distribuída e colocada em locais estabelecidos no tabuleiro. No fundo de cada árvore há uma imagem de um dos tesouros do jogo. Também há um baralho de cartas, cada carta contendo a imagem de um dos tesouros. No início do jogo, as cartas são embaralhadas e a carta do topo é virada. Esse é o tesouro que todos os jogadores buscam inicialmente.
>
> Ao jogarem dois dados e moverem-se em uma rede de caminhos, os jogadores manobram suas peças para árvores específicas. Quando um jogador para em uma árvore, ele pode olhar secretamente o tesouro debaixo da árvore. Se um jogador achar que sabe a localização do tesouro retratado na carta virada, ele pode, nos turnos seguintes, viajar para o castelo em uma extremidade do tabuleiro e pegar a árvore em que acha que o tesouro retratado está escondido. Se estiver certo, ele mostra a árvore para os outros jogadores, coloca-a de volta na mesa, guarda a carta, e vira uma nova carta, que passa a ser o próximo tesouro que todos os jogadores devem buscar. Se não estiver certo, ele coloca a árvore de volta sem revelá-la aos outros jogadores e move sua peça para a aldeia, que está na outra extremidade do tabuleiro, distante do castelo. O primeiro jogador a pegar três cartas e chegar ao castelo ganha.
>
> Outras regras especiais no jogo permitem que um jogador leve outro jogador de volta para a aldeia ao cair na casa em que está a peça do adversário. Se tirar um ***double*** (isto é, o mesmo valor nos dois dados), um jogador pode realizar, opcionalmente, uma ação especial em vez de avançar. As ações especiais incluem embaralhar as cartas e tirar uma nova carta, olhar debaixo de qualquer árvore e dirigir-se diretamente para o castelo.

O Enchanted Forest manipula informações sobre o jogo em uma variedade de maneiras. Vamos usar as quatro categorias de Pearce para analisar o uso das informações no jogo. O Enchanted Forest contém todos os quatro tipos de informações:

- ***Informações conhecidas por todos os jogadores***. Há muitos elementos do Enchanted Forest não ocultos dos jogadores. Por exemplo, as redes de caminhos nos tabuleiros, os locais das peças dos jogadores, as cartas que cada jogador pegou e o tesouro que os jogadores buscam atualmente representam as informações conhecidas por todos.
- ***Informações conhecidas apenas por um jogador***. O único tipo de informação que é conhecido apenas por um jogador são os locais dos tesouros que os jogadores descobrem secretamente ao se moverem pela floresta. Na maioria dos jogos que fazem uso de informações privadas, tais informações são mantidas em uma mão de cartas ou em uma de coleção oculta de componentes do jogo. Mas, no Enchanted Forest, as informações secretas são algo que cada jogador mantém na memória, aumentando o desafio de usá-las.
- ***Informações conhecidas somente pelo jogo***. Inicialmente, os locais dos tesouros debaixo de cada árvore são mantidos ocultos de todos os jogadores. Mas, à medida que o jogo avança, as informações ocultas sobre a localização dos tesouros mudam sutilmente dessa categoria para as outras. À medida que se

Enchanted Forest

move pelo tabuleiro, cada jogador começa a ter uma imagem maior das informações ocultas debaixo das árvores. Às vezes, quando um jogador adivinha a localização de um tesouro, tal informação torna-se temporariamente pública.

- ***Informações geradas aleatoriamente***. O Enchanted Forest cria informações aleatórias por meio da rolagem de dois dados. Os jogadores utilizam cada dado separadamente ao decidir para onde ir, de tal modo que, por exemplo, tirar um 4 e um 5 pode ser utilizado para andar apenas uma casa (andando cinco casas para uma direção e, então, voltando quatro). Essas regras flexíveis de movimentar oferecem aos jogadores muitas possibilidades para navegar na rede de caminhos no tabuleiro do jogo. Ir para determinado espaço pode permitir a um jogador olhar debaixo de uma árvore, entrar no castelo ou levar outro jogador de volta para a aldeia. Obter *doubles* também permite ações especiais. Mesmo as informações brutas, geradas aleatoriamente da rolagem de dados, são usadas de diversas formas no jogo.

À medida que o jogo Enchanted Forest avança, os jogadores aos poucos descobrem as informações ocultas debaixo das árvores, permitindo que eles criem seu próprio sistema de informação e as estratégias que o acompanham. Como você vai navegar pelo tabuleiro? Você quer procurar árvores que nenhum outro jogador olhou, a fim de ter uma vantagem informacional? Ou talvez você queira proteger outros jogadores e ter certeza de que ninguém mais tem uma vantagem sobre você. Talvez você deva apenas olhar as árvores perto do castelo, para se mover para lá mais rapidamente se um tesouro que você viu revelar-se em uma carta.

Se cada jogador tivesse permissão para anotar e guardar os dados que coletasse, então uma acumulação gradual de informações ocultas do jogo seria inevitável. Mas como os jogadores armazenam todas essas informações na memória, é fácil esquecer onde exatamente está um tesouro, mesmo depois de tê-lo visto. O fato de os jogadores precisarem memorizar o local do tesouro debaixo de cada árvore os obriga a se concentrarem no jogo, fazendo com que cada palpite no castelo seja um pouco arriscado. Além disso, como o uso estratégico da informação domina o jogo, há muitas maneiras de adquirir informações, além de olhar debaixo das árvores. Se outro jogador acabou de olhar debaixo de uma árvore e agora vai para o castelo, é porque ele acabou de ver o tesouro que está na atual carta virada para cima? Se você estiver mais perto do castelo, você pode vencê-lo lá e fazer um palpite fundamentado no comportamento dele? Ou se tudo for um blefe para fazê-lo perder tempo com uma falsa hipótese e mandá-lo de volta para a aldeia?

O mesmo tipo de dilema o confronta quando você obtém *doubles* e pode tomar uma ação especial em vez de avançar. Se outro jogador estiver prestes a chegar ao castelo e fizer um palpite, você pode embaralhar as cartas e tirar uma nova carta. Mas isso só poderia revelar uma carta que o jogador já conhece. Se você acha que sabe em que árvore está o tesouro, você pode se teleportar para perto do castelo. Ou talvez você só queira ignorar o movimento do outro jogador em direção ao castelo e usar seus *doubles* para olhar debaixo de uma árvore do outro lado da floresta.

A cada turno, os jogadores do Enchanted Forest devem tomar decisões difíceis sobre quais medidas tomar. Esse é um bom sinal de que há interação lúdica significativa. Cada escolha que um jogador faz no Enchanted Forest está ligada ao fluxo de informações, uma vez que conhecimento direto e palpites fundamentados são equilibrados com a navegação estratégica, desafiando a memorização e palpites arriscados.

Economia da informação

Outro componente informacional do Enchanted Forest é o baralho de cartas que é revelado no decorrer do jogo. Como jogadores sabem que cada carta do baralho corresponde a um dos tesouros, a previsibilidade sobre a identidade da próxima carta a ser revelada muda conforme o jogo avança. No início, há uma pequena chance de que uma carta especial possa ser revelada. Mas, perto do final do jogo, quando há apenas duas ou três cartas no baralho, existe muito menos incerteza sobre os possíveis resultados. Isso significa que usar uma ação especial para embaralhar as informações no baralho, como uma forma de fazer uma carta particular aparecer, é uma estratégia mais eficaz no final do jogo.

Esse fenômeno estratégico ocorre porque a informação contida em cada carta não existe isolada de outras. Em vez disso, as informações fazem parte de um sistema maior: uma *economia da informação* que concede a cada carta seu relativo valor. O significado em um jogo, ou em qualquer sistema, nesse sentido, emerge da identidade relacional. Para usar um exemplo não relacionado com jogo, o significado da palavra "bird" depende da frase maior e do contexto performativo do uso. Sua relação com outras palavras e significados irá determinar se o "pássaro" faz referência a uma ave, ao músico de jazz Charlie Parker, a um dedo meio grosseiramente virado para cima, ou a uma gíria para "mulher".

Em um jogo, o mesmo se aplica: o valor das informações conhecidas por um jogador ganha significado dentro do sistema maior do jogo. Além disso, a natureza sistêmica da informação em um jogo e a maneira como isso ajuda a gerar interação lúdica significativa têm dois aspectos: a real composição das estruturas informacionais em um sistema, e a apreensão dessas informações pelos jogadores. As estruturas informacionais de um jogo são chamadas de *informações objetivas*, e o entendimento dessas estruturas pelo jogador chama-se de *informações percebidas*. A interação desses dois aspectos das informações de um jogo determina a maneira como a informação opera no sistema de um jogo.

Em um jogo de vazas (*trick-taking game*) como o Euchre, por exemplo, se todos os trunfos já tiverem sido usados durante uma rodada, a informação, antes privada mas agora pública sobre o local dos trunfos torna-se extremamente importante para a tomada de decisões no jogo. O fato de qualquer dada carta poder ser um trunfo ou não trunfo é uma função da *informação objetiva* do jogo. Mas o fato sistêmico de que os trunfos foram todos jogados só faz sentido por causa da capacidade do jogador de transformar as informações objetivas em *informações percebidas* e tomar decisões de modo correspondente. Bons jogadores do Euchre trapaceiam não só as cartas de trunfos, mas toda carta que for jogada no jogo. Essas informações determinam o valor potencial das cartas que você tiver em mãos, bem como as cartas que acha que os outros jogadores irão jogar em seguida, informando diretamente seu processo de tomada de decisão. O Euchre contém um sistema bem tecido de informações, em que a interação lúdica significativa emerge do valor elegantemente arquitetado do baralho, bem como de inconstantes certezas, especulações e ignorância dos jogadores sobre as cartas a serem jogadas.

O jogo Scrabble (Palavras Cruzadas no Brasil) também contém estruturas informacionais objetivas que são gradualmente reveladas aos jogadores como informações percebidas no decorrer do jogo. Por exemplo, o conhecimento sobre a relação entre as letras na combinação geral faz parte de como você joga o jogo. Se precisar desesperadamente escolher uma pedra com a letra Z para formar uma palavra de 7 letras e ganhar um grande bônus, você precisa decidir entre jogar uma única letra, fazer uma pequena pontuação nesse turno e manter esse Z ou, então, abandonar completamente a estratégia da palavra grande. Seu julgamento envolverá não só a probabilidade de tirar um Z (dependendo da economia informacional objetiva do conjunto de letras), mas também as informações percebidas: o fato de você saber ou não se o único Z já foi jogado no tabuleiro. O fato de que as proporções de letras são impressas no tabuleiro do jogo de Scrabble, ao lado da grade em que as letras são colocadas, indica a maneira como a estrutura do sistema informacional do jogo é fundamental para jogá-lo.

Ao criar informações no seu jogo, seu valor para os jogadores surge tanto do seu status objetivo como do status percebido: sua posição estrutural dentro de uma economia informacional maior e o conhecimento do jogador sobre essa economia. Modelar esses aspectos do design do seu jogo é um componente-chave na criação de interação lúdica significativa.

Ocultando e revelando sistemas

Concluímos nossa discussão sobre jogos como sistemas de informação examinando alguns exemplos de jogos digitais que integram com sucesso informações no design geral do jogo. Esses jogos tiram proveito da capacidade dos jogos digitais para manipular informações de modo complexo a fim de gerar interação lúdica significativa:

- ***A névoa da guerra***. Um maravilhoso método pelo qual os jogos digitais manipulam a informação é o recurso "névoa da guerra" dos jogos de estratégia em tempo real, como o Starcraft. Embora um nível de jogo de estratégia em tempo real possa ocorrer em um grande mapa do terreno, o jogo apenas revela informações sobre o mapa perto de unidades próprias de um jogador. Inicialmente, você só conhece sua própria área local do campo de jogo. Enviar exploradores e espiões para conhecerem melhor o terreno e a localização dos inimigos torna-se uma parte importante do jogo. A descoberta estratégica de informações ocultas adiciona suspense e tensão à experiência de jogo.
- ***Locais secretos e movimentos ocultos***. Muitos jogos digitais possuem locais e recursos que são ocultos dos jogadores no início do jogo e lentamente revelados no decorrer da partida. No Super Mario 64, o jogador não só ganha aos poucos moedas suficientes para desbloquear novos mundos do jogo, como também alguns desses mundos contêm itens que dão a Mario novos poderes e habilidades. Embora qualquer jogo baseado em níveis possa ser considerado um sistema de informações reveladas aos jogadores no decorrer de um jogo, o Super Mario 64 integra magistralmente a descoberta dessas informações na geografia do espaço do jogo geral. Essa abordagem cria um ritmo de descoberta que mantém os jogadores envolvidos por todo o jogo.
- ***Economias de itens***. Muitos jogos digitais apresentam complexas economias de itens. No LEGO Drome Racing Challenge, um jogo online de vários jogadores em que eles personalizam seus carros comprando peças, o jogo limita a capacidade de um jogador de adquirir peças de automóveis com base em sua classe de licença: à medida que um jogador progride, ele ganha a habilidade de comprar peças cada vez mais poderosas. Mas o jogo não limita o acesso a informações em todas as partes: os jogadores podem "navegar" pelas peças mais potentes, mas não adquiri-las. Embora essa seja a estratégia de design oposta que o Super Mario 64 tem, ela funciona bem no contexto desse design em particular. Ao conceder acesso a todo o conjunto de informações sobre os componentes do jogo, essa estrutura oferece aos jogadores uma melhor compreensão do valor relativo dos itens disponíveis para compra, permitindo, ao mesmo tempo, tomar decisões significativas sobre o que comprar. Em vez de comprar um item acessível no momento, um jogador pode escolher "economizar" para obter um item mais caro que só pode ser comprado depois que ele tiver avançado para outra classe de licença.
- ***Regras como informações***. A natureza automatizada de sistemas de jogo, combinada com a habilidade desses sistemas de manipular informações, constitui uma poderosa ferramenta de design: a capacidade de revelar não só informações estáticas, como também de comportamentos e relacionamentos dinâmicos. No jogo FLUID, o jogador tem pouca informação no início da experiência do jogo. A interação consiste em cutucar, bater e estimular uma tela sensível ao toque, interagindo com os elementos do jogo. Cada elemento do jogo faz parte de um ecossistema em

miniatura; à medida que o jogador joga com FLUID, a interação e observação revelam os princípios subjacentes ao sistema. Nesse caso, as informações ocultas gradualmente reveladas pelo jogo são as regras da própria simulação. Parte da interação do FLUID é a descoberta das regras do jogo como informação.

Muitos jogos digitais contam com vastos conjuntos de recompensas de informação para interação do jogador. Enormes mundos a explorar, economias complexas de itens e movimentos de luta ocultos são as "coisas" com as quais os designers de jogos digitais preenchem seus sistemas. Um desafio para os designers de jogos digitais é não confiar tanto no conteúdo oculto a fim de gerar interesse do jogador. Fazer uso dos sistemas de informação dentro de seus jogos requer que a informação seja significativa através da interação do jogador. Se houver informações demais, ou se as informações não forem perceptíveis nem integradas, o design falha em respaldar a interação lúdica significativa. Em contrapartida, os jogos não digitais em geral consistem em sistemas mais limitados, reproduzíveis: informações imperfeitas podem ser um componente central do pôquer, mas você não vai descobrir uma carta antes oculta no baralho após 30 horas de jogo.

Drome Challenge Racing

O tipo de sistema de informação que você projeta, portanto, depende do tipo de jogo que você deseja criar. Um sistema de jogo simples que os jogadores conhecem completamente desde o início do jogo pode criar a interação obsessiva do Tetris e as oportunidades para a maestria do Go. Por outro lado, um jogo com uma grande quantidade de informações — revelando estrategicamente a complexidade informacional, premiando o progresso através de novos níveis, poderes ou segmentos narrativos — pode permitir que os jogadores venham a conhecer lentamente o jogo sem se sentirem sobrecarregados. Seu desafio como designer de jogos é identificar o tipo de experiência que deseja criar e desenhar um sistema que encontre o equilíbrio da interação informacional significativa.

Notas

1. <http://www.flash.net/~markthom/html/game_thoughts.html>.
2. Celia Pearce, *The Interactive Book* (Nova York: Macmillan Technical Publishing,1997), p. 422-423.

Jogos como sistemas de informação

Resumo

- Nesse esquema, o conceito de **informação** se refere ao conhecimento ou conteúdo que é manipulado, adquirido, oculto e revelado durante o jogo.
- Em um jogo de **informações perfeitas**, como o xadrez ou gamão, os jogadores compartilham publicamente todo o conhecimento no jogo. Em um jogo de **informações imperfeitas** tais como o pôquer ou jogos de memória, algumas informações são escondidas de alguns ou todos os jogadores.
- Jogos de informações perfeitas tendem a ser analiticamente competitivos, enquanto jogos de informações imperfeitas tendem a ter mais incerteza e a inspirar desconfiança entre os jogadores.
- Celia Pearce identifica quatro tipos de informação em um jogo: informações conhecidas por todos os jogadores, informações conhecidas apenas por um jogador, informações conhecidas apenas pelo jogo e informações geradas aleatoriamente.
- As informações em um sistema não têm um valor intrínseco, mas, em vez disso, ganham seu valor de suas relações com outras unidades de informação na **economia da informação** do sistema.
- As informações podem contribuir para uma interação lúdica significativa de duas maneiras: as **informações objetivas**, a estrutura informacional interna do sistema de jogo; e as **informações percebidas**, as informações que um jogador observa e adquire pela interação.
- Os jogos digitais são particularmente hábeis em manipular conjuntos complexos de informação. Como são mais automatizados do que os jogos não digitais, os jogos digitais podem tornar a descoberta das regras ocultas do jogo e os próprios mecanismos parte da experiência do jogo.

JOGOS COMO SISTEMAS CIBERNÉTICOS

18

Sim City 3000 | Maxis | | Wipeout XL | Sony

ciclo de *feedback* cibernético

***feedback* positivo**

***feedback* negativo**

ajuste de dificuldade dinâmico

A cibernética impõe consistência. Ela permite a mudança, mas a mudança deve ser sistemática e seguir as regras.

— ***Jeremy Campbell**, Grammatical Man*

Introduzindo sistemas cibernéticos

Ciberespaço. *Ciberpunk. Um manifesto ciborgue.* O termo *cibernética* foi apropriado pela ficção científica e tecnocultura para significar qualquer coisa associada à tecnologia dos computadores. O campo da cibernética, na verdade, precede o advento dos computadores digitais. O matemático Norbert Weiner cunhou o termo "cibernética" em seu livro *Cibernética* (*Cybernetics or Control and Communication in the Animal and the Machine*), de 1948. A palavra é derivada da palavra grega (*kubernétikós*) relativa a *piloto* ou *navegador* e, convenientemente, a cibernética estuda a regulação e o controle dos sistemas.

A cibernética surgiu da teoria de sistemas e teoria da informação e, como esses campos, estuda uma ampla gama de assuntos, desde os sistemas mecânicos e elétricos até os sistemas sociais e biológicos. Ao examinar os princípios básicos da cibernética, estamos tocando em um campo cheio de grandes debates e uma rica história, um campo que muito influenciou as ideias contemporâneas sobre a tecnologia computadorizada e a sociedade.

Este capítulo pode oferecer apenas uma breve introdução à cibernética, concentrando-se nas maneiras como sistemas dinâmicos mudam com o tempo e nas estruturas formais que permitem que essas mudanças ocorram. Quais são as estruturas de regras que monitoram a mudança dentro do sistema de um jogo? Como é que um sistema de jogo se adapta a mudanças ao longo do tempo? O que constitui *feedback* dentro de um jogo? Como os ciclos de *feedback* positivo e negativo são usados no design de interação lúdica significativa? Dentro desse esquema de ***Jogos como sistemas cibernéticos***, trazemos a cibernética para analisar essas importantes questões do design de jogos.

Elementos de um sistema cibernético

A cibernética lida com as maneiras como um sistema avalia seu efeito e faz os ajustes necessários. O dispositivo cibernético mais simples consiste em um sensor, um comparador e um ativador. O sensor fornece feedback ao comparador, o qual determina se a máquina está se desviando de sua norma estabelecida. O comparador fornece então orientação para o ativador, o qual produz uma saída que afeta o meio ambiente de alguma maneira. Esse processo fundamental de ajuste de feedback de saída é a base da cibernética.

— ***Stephen Littlejohn***, *Theories of Human Communication*

Como o teórico da comunicação Stephen Littlejohn deixa claro, a cibernética estuda determinados tipos de sistemas. A concepção de cibernética de um sistema é baseada na interação de entradas e saídas com o mecanismo interno de um sistema. As entradas são como o sistema monitora o ambiente — elas permitem que o ambiente influencie o sistema. As saídas são as maneiras como o sistema entra em ação — elas são como o sistema influencia o meio ambiente. Através da troca entre o ambiente e o sistema, o sistema muda com o decorrer do tempo.

Um sistema cibernético contém três elementos: um *sensor*, um *comparador* e um *ativador*. O sensor detecta algo sobre o ambiente ou o estado interno de um sistema. O comparador decide se uma mudança no sistema precisa ou não ser feita como resultado da leitura do sensor e o ativador ativa essa mudança. Juntos, esses três elementos regulam o modo como um sistema opera e muda ao longo do tempo.

Um exemplo comum de sistema cibernético é um termostato. Imagine um dia quente de verão e um quarto com ar-condicionado que está ligado a um termostato. O termostato contém o *sensor* do sistema, um termômetro. O termostato também contém um *comparador* que ele pode usar para comparar a temperatura do quarto com a temperatura definida pelo usuário. Se o termostato medir a temperatura do ar acima do valor definido, ele acionará o ar-condicionado, o *ativador* do sistema, que resfria o ambiente.

À medida que o ar começa a esfriar, o sistema continua a monitorar a temperatura ambiente. Quando o quarto estiver suficientemente frio para que o sensor do termostato não registre a temperatura como estando acima do limite estabelecido, o termostato não enviará mais um sinal para ativar o ar-condicionado, e assim desligará o ar frio. Mas o sol quente do verão começará novamente a aquecer a sala. Quando a temperatura subir acima do limite do termostato, o ar-condicionado será novamente ativado. Esse comportamento cíclico do

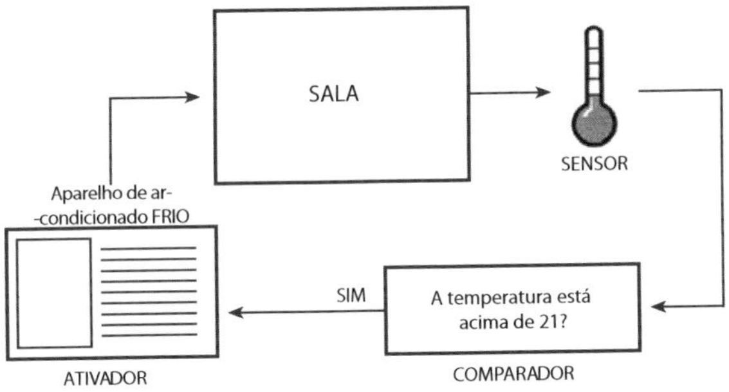

Sistema de ar-condicionado de feedback negativo

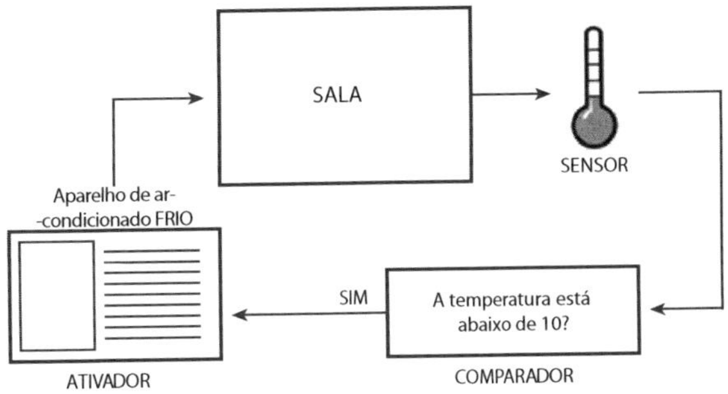

Sistema de ar-condicionado de feedback positivo

sistema é o "processo de ajuste de *feedback* de saída" que Littlejohn descreve. O fato de o sistema cibernético ser executado como um circuito, constantemente se monitorando para ver se as condições foram ou não atendidas, é a razão pela qual os sistemas cibernéticos são chamados de *sistemas de feedback* ou *ciclos de feedback*.

Em cada ciclo de *feedback*, informações sobre o resultado de uma transformação ou ação são reenviadas para a entrada do sistema na forma de dados de entrada. Com o termostato, os dados de entrada são as informações sobre a temperatura do ar. Se esses dados fazem com que o sistema continue se movendo na mesma direção (a temperatura continua a subir), então eles apresentam um *feedback* positivo. Isso significa que o efeito é *cumulativo*. Se, por outro lado, os novos dados produzirem um resultado em oposição ao resultado anterior (a temperatura está subindo, agora será diminuída), o *feedback* será *negativo*. Os efeitos de *feedback* negativo *estabilizam* o sistema.

Os ciclos de *feedback* positivo criam um crescimento ou declínio exponencial; os ciclos de *feedback* negativo mantêm um equilíbrio. Como o ciberneticista J. de Rosnay explica:

> O *feedback* positivo leva a um comportamento divergente: expansão ou explosão por tempo indeterminado (uma fuga ao infinito) ou bloqueio total das atividades (uma fuga para o zero). Cada adição envolve outra adição: há um efeito bola de neve. Os exemplos são numerosos: a reação em cadeia, a explosão populacional, a expansão industrial, o capital investido a juros compostos, a inflação, a proliferação de células cancerígenas. Entretanto, quando o negativo leva a outro negativo, os eventos chegam a um impasse. Exemplos típicos são a falência e a depressão econômica.
>
> O *feedback* negativo leva a um comportamento adaptativo ou de busca de metas: manter o mesmo nível, temperatura, concentração, velocidade, direção. Em um ciclo negativo, toda variação na direção do mais desencadeia uma correção para o menos, e vice-versa. Existe um controle rígido; o sistema oscila em torno de um equilíbrio ideal que ele nunca alcança. Um termostato ou tanque de água equipado com uma boia são exemplos simples de regulação por *feedback* negativo.[1]

O exemplo do termostato representa um sistema de *feedback* negativo. O sistema é negativo pois visa manter a mesma temperatura. Em vez de deixar o quarto ficar cada vez mais quente com o sol, o sistema funciona para retornar o quarto ao seu estado normativo.

Um sistema de *feedback* positivo funciona de maneira oposta. Em vez de colocar o sistema em um estado contínuo, um circuito cibernético positivo encoraja o sistema a apresentar um comportamento cada vez mais extremo. Por exemplo, se o termostato fosse revertido para que só ativasse o ar-condicionado quando o quarto estivesse *abaixo* de certa temperatura, teríamos um sistema de *feedback* positivo. Se a temperatura ambiente nunca ficasse abaixo do limiar do comparador, ela continuaria a funcionar, tornando o ambiente cada vez mais frio, e a temperatura iria ficar cada vez mais baixa. Brrr!

Poderíamos também criar ciclos de *feedback* positivo e negativo com um aquecedor. Em um ciclo de *feedback* negativo, o aquecedor ligaria quando a temperatura estivesse *abaixo* de certo nível, elevando-a até chegar a seu estado original, altura em que o aquecedor se desligaria. Em um ciclo de *feedback* positivo, o aquecedor se

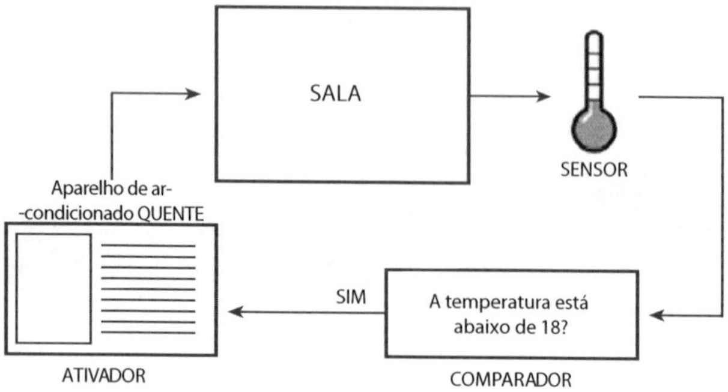

Sistema de aquecimento de feedback negativo

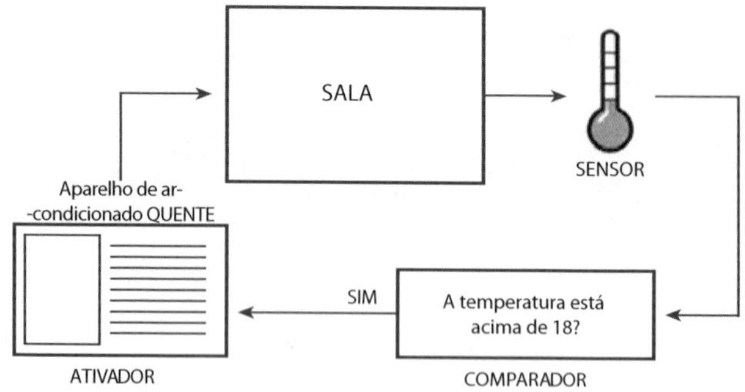

Sistema de aquecimento de feedback positivo

liga quando a temperatura subiu *acima* de certo nível, continuando a aquecer a sala por tempo indeterminado. Quente, muito quente!

Agora imagine o que aconteceria se combinássemos dois sistemas cibernéticos simples usando um ar-condicionado e um aquecedor. Esse sistema dual teria um sensor para detectar a temperatura, um duplo comparador para comparar duas vezes a temperatura ambiente com uma configuração pré-estabelecida e ativadores de aquecimento e refrigeração. Usar um sistema dual permite controlar a temperatura da sala de maneiras mais sutis. Se ambos os subsistemas fossem sistemas de *feedback* negativo, a temperatura ambiente seria muito estável, já que ambas tentariam manter uma temperatura média. O refrigerador ou aquecedor ligaria quando a sala ficasse quente ou fria demais e a temperatura seria sempre retornada a sua posição normativa. O sistema nunca deixaria a temperatura variar muito. Esse é, de fato, como o aquecimento e refrigeração funcionam em muitos lares.

Como alternativa, os circuitos de aquecimento e refrigeração poderiam ser transformados em subsistemas de *feedback* positivo. Sempre que a temperatura ficasse quente ou fria demais, um dos ativadores ligaria e continuaria empurrando a temperatura nessa direção. Se o ajuste de temperatura para o aquecedor estivesse acima da configuração de temperatura para o ar-condicionado, uma vez que a temperatura do ambiente desviasse do intervalo médio, ela nunca chegaria ao centro novamente. Imagine que a temperatura de ativação do aquecedor fosse, por outro lado, abaixo da temperatura de ativação do ar-condicionado. Se o ambiente iniciasse em uma

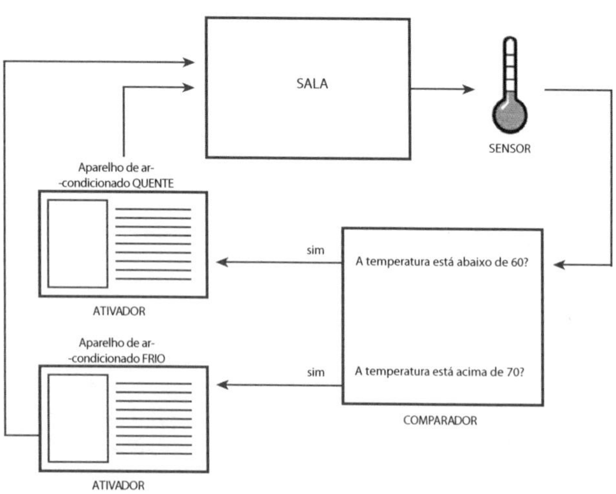

Sistema de feedback negativo quente e frio

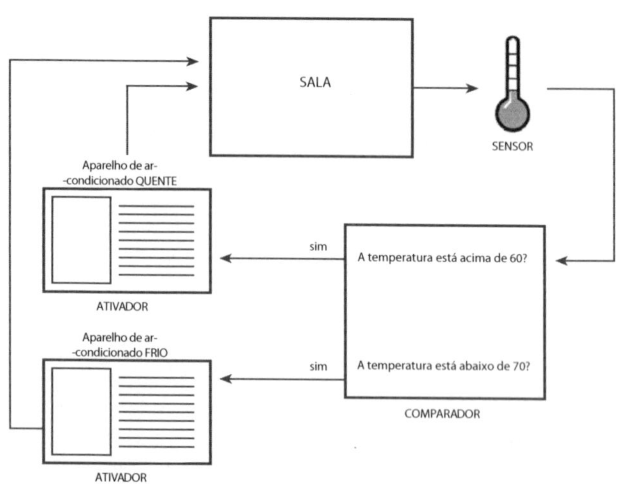

Sistema de feedback positivo quente e frio

variação de temperatura média em algum ponto entre as duas temperaturas de ativação, quando os dois sistemas fossem ativados, ambos os ativadores começariam a disputar entre si em um luta decisiva para aumentar ou diminuir a temperatura.

O importante a notar em todos os exemplos de aquecimento e refrigeração é que os sistemas cibernéticos afetam fenômenos como temperatura de modo muito específico. Quando mais de um sistema cibernético estiver operando em conjunto, as coisas ficam rapidamente complexas.

Sistemas de feedback em jogos

Como os sistemas de *feedback* funcionam em jogos? As regras de um jogo, como um sistema cibernético, definem os sensores, os comparadores e os ativadores de ciclos de *feedback* do jogo. Dentro de um jogo, há vários subsistemas que regulam o fluxo da interação, mudando e transformando dinamicamente os elementos do jogo. Você quer que o seu jogo se encaminhe para um estado equilibrado e estável? Ou quer que ele gire descontroladamente para um extremo ou outro? Criar ciclos de *feedback* dentro do jogo pode ajudá-lo a dar forma a essas tendências. Pode ser complicado entender os ciclos de *feedback*, mas eles oferecem uma maneira fundamental de compreender como os sistemas de jogo formais funcionam.

O designer de jogos Marc LeBlanc fez uma excelente reflexão sobre a relação entre design de jogos e sistemas de *feedback*, e esse esquema está em dívida com o importante trabalho de LeBlanc sobre o assunto. Em 1999, LeBlanc fez uma apresentação na Developer's Conference, intitulada[2] "Feedback Systems and the Dramatic Structure of Competition". Nessa palestra, LeBlanc propôs um modo de pensar nos jogos como sistemas de *feedback*, resumido no diagrama a seguir.

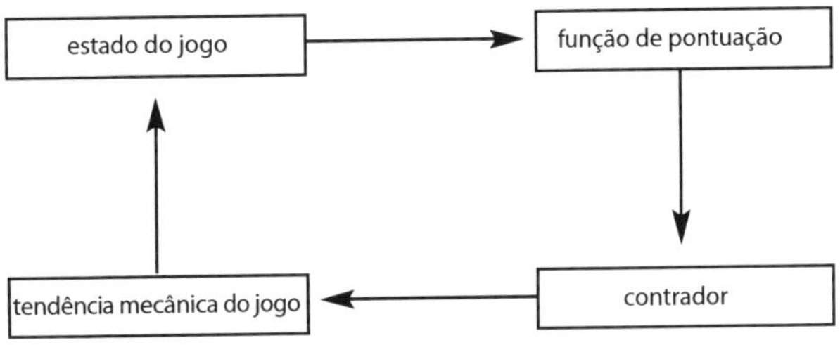

Nesse modelo, o *estado do jogo* representa a condição atual do jogo em um dado momento. Em um jogo de xadrez, por exemplo, o estado do jogo é representado pela disposição das peças no tabuleiro, peças capturadas e pelo jogador que está prestes a fazer a próxima jogada. Em um videogame de luta como o Virtua Fighter 4, o estado do jogo inclui os dois combatentes que foram escolhidos, a saúde e outras estatísticas fixas e variáveis dos dois lutadores, sua posição espacial relativa, e a arena em que irão lutar. O estado do jogo é uma maneira *formal* de se compreender o estado atual do jogo, e não leva em conta as habilidades, emoções e experiência dos jogadores. Naturalmente, esses fatores baseados nos jogadores irão sem dúvida afetar o estado do jogo. Se você for um exímio jogador do Virtua Fighter 4 e o seu adversário não, isso ficará evidente na interação do jogo. Mas o estado do jogo em si refere-se apenas à condição formal interno da jogo.

Os outros elementos do modelo de LeBlanc correspondem diretamente aos componentes de um sistema cibernético como já discutimos. A *função da pontuação* é o *sensor* do sistema que mede algum aspecto do estado do jogo. O *controlador* é o elemento *comparador*, que examina a leitura do sensor e toma a decisão se deve ou não agir. O *desvio mecânico do jogo* é o *ativador*, um evento de jogo ou conjunto de eventos que podem ser ativados ou desativados, dependendo da decisão do comparador.

Ao examinar os jogos como sistemas cibernéticos, é importante notar que não estamos necessariamente considerando o jogo inteiro como um sistema de *feedback* único. Em vez disso, nossa ênfase recai nas formas como os sistemas cibernéticos são incorporados nos jogos. Sistemas cibernéticos incorporados afetam um único aspecto de um jogo mais amplo, como determinar o jogador que inicia o jogo na próxima rodada ou a velocidade relativa dos jogadores em uma corrida. Aprendemos com o nosso estudo de sistemas que todas as peças de um jogo estão inter-relacionadas de alguma maneira. Um sistema cibernético dentro de um jogo que afeta diretamente apenas um componente de um jogo afeta, indiretamente, o jogo como um todo.

Basquete positivo e negativo

Para aproximarmos essa discussão abstrata do design de jogos, vejamos os diversos exemplos de jogos. Em sua palestra "Feedback Systems and the Dramatic Structure of Competition" (Sistemas de *feedback* e a estrutura dramática da competição), LeBlanc inventou duas variações sobre a estrutura formal do basquete: basquete de *feedback* positivo e basquete de *feedback* negativo. Cada variação adiciona apenas uma única regra ao topo da estrutura formal do jogo existente:

> ***Basquete de feedback negativo***. Para cada *n* pontos de diferença na pontuação de duas equipes, a equipe perdedora pode ter um jogador a mais em jogo.
>
> ***Basquete de feedback positivo***. Para cada *n* pontos de diferença na pontuação de duas equipes, a equipe vencedora pode ter um jogador a mais em jogo.

Como a inclusão dessas regras muda o jogo? Digamos, por exemplo, que *n* seja 5. Em um jogo de basquete de *feedback* negativo, quando a equipe A estivesse perdendo por 5 pontos, ela ganharia um jogador na quadra e começaria a jogar com uma equipe de 6. Assim que o time A ganhasse pontos que a deixassem perdendo por menos de 5, ela deixaria seu jogador extra. Por outro lado, se uma equipe continuasse a ter um mau desempenho, quando a sua pontuação ficasse 10 pontos atrás do outro time, ela ganharia um segundo jogador extra. Por que esse é um exemplo de *feedback* negativo? Porque os ajustes no sistema (jogadores ganhando e perdendo) estimulam o sistema a se direcionar para um estado estável e constante. A equipe perdedora obtém jogadores extras, o que ajuda a alcançar a equipe vencedora; quando ela avança 5 pontos, os dois times empatam. O estado constante desse sistema não é que o total de pontos tenda para zero, mas que a *diferença* entre a pontuação das duas equipes fique perto de zero. O resultado final é que os jogos de basquete de *feedback* negativo tendem a ser jogos muito próximos.

O basquete de *feedback* positivo cria uma situação oposta. Assim que uma equipe aumentasse sua liderança, ela ganharia mais jogadores. Esses novos jogadores ajudariam a equipe a ter um desempenho ainda melhor contra a equipe adversária, o que aumentaria ainda mais a diferença da equipe vencedora, resultando em ainda mais jogadores para essa equipe. Por fim, a quadra ficaria absurdamente repleta de membros de uma equipe, o que sobrecarregaria e derrotaria a equipe com apenas cinco jogadores. O basquete de *feedback* positivo promove uma grande diferença entre a pontuação das duas equipes, para que haja uma vitória devastadora em vez de um jogo equilibrado.

Como nos exemplos do aquecimento e refrigeração, há muitas maneiras de transformar o sistema do jogo. Poderíamos, por exemplo, mudar as regras para remover jogadores em vez de adicioná-los. Nesse caso, no basquete de *feedback* negativo, quando uma equipe leva vantagem por *n* pontos, ela perderia um jogador, tornando ainda mais fácil para a outra equipe alcançá-la. No basquete de *feedback* positivo, a equipe que estava atrás por *n* pontos perderia um jogador, incentivando-a a ficar ainda mais em desvantagem, o que resultaria na perda de ainda mais jogadores. Finalmente, uma equipe ficaria com tanta desvantagem que não sobraria nenhum dos seus jogadores na quadra. Em ambos os jogos, mesmo que os jogadores fossem eliminados em vez de acrescentados, os resultados finais permaneceriam os mesmos: O basquete de *feedback* negativo tende a partidas estáveis e compatíveis e o basquete de feedback positivo tende a partidas instáveis, desequilibradas. Cada variação no jogo de basquete resultaria em experiências pelo jogador e pelo espectador totalmente diferentes. Mas tudo que fizemos foi adicionar uma regra que influenciasse o comportamento do sistema. Os sistemas de *feedback* oferecem aos designers de jogos uma ferramenta poderosa para influenciar a estrutura formal de um jogo e a maneira que se manifesta na estrutura do jogo.

Ciclos de corrida

O basquete de *feedback* positivo e o basquete de *feedback* negativo foram variações do basquete. Mas muitos jogos já existentes usam sistemas de *feedback* em seu design. Aqui, examinamos a utilização de sistemas cibernéticos em dois jogos de corrida digital.

O Wipeout é um videogame de corridas de ficção científica lançado originalmente para o Playstation, no qual o jogador pilota um veículo de alta velocidade em uma pista, tentando superar os carros controlados pelo computador e chegar em primeiro lugar. É comum que

Wipeout

em jogos de corrida como o Wipeout o programa empregue mecanismos de *feedback*. Obviamente, um programa de computador pode dirigir um carro tão mal ou tão bem de acordo com o que o designer de jogos define. Seria simples programar os carros controlados por computador para que dirigissem de forma matematicamente ideal e sempre superassem o jogador. Mas isso simplesmente não seria divertido. Em vez disso, em jogos de corrida, os veículos controlados por computador são programados para dirigir de forma menos "perfeita", às vezes não pilotando ou acelerando de forma eficiente para proporcionar um desafio que possa ser superado por um jogador humano.

Uma maneira de criar um desafio gradual para o jogador seria programar níveis diferentes de habilidade para os veículos controlados por computador. Alguns veículos seriam fáceis para um novato superar, enquanto outros só poderiam ser superados por jogadores experientes. Mas programar um nível de habilidade estática para cada veículo adversário ainda não chega a ser um ciclo de *feedback* cibernético. Por que queremos adicionar um sistema de *feedback* a um jogo de corrida? Para manter o fluxo de jogo emocionante, é claro. Parte da diversão de um jogo de corrida, como o Wipeout, é disputa por posição entre um denso aglomerado de carros, lutando pelo primeiro lugar com outro piloto que está logo atrás ou logo à frente.

Sem um ciclo de *feedback*, esses momentos são improváveis. E se um jogador bater no início de uma corrida — ele alcançará os carros controlados pelo computador? Ou se a habilidade de um jogador superar em muito a dos oponentes pré-programados? Depois de ganhar uma vantagem no início da corrida, ele também poderia correr sozinho, porque os adversários controlados pelo computador nunca iriam alcançá-lo.

É precisamente por isso que o Wipeout (e muitos outros jogos de corrida digital) faz uso de sistemas de *feedback* cibernético para controlar a velocidade dos adversários controlados pelo computador. Há duas regras gerais que podemos abstrair do comportamento dos carros controlados por computador no jogo. Embora essas regras não sejam os únicos fatores que determinam sua velocidade, elas têm um impacto claro sobre a experiência do jogo:

- Se o jogador humano estiver em primeiro lugar, o carro em segundo lugar vai acelerar e alcançar o carro do jogador humano.
- Se o jogador humano estiver em último lugar, os últimos carros vão desacelerar para deixar o jogador alcançá-los.

O resultado dessas duas regras é um sistema de *feedback* negativo. Como o basquete de *feedback* negativo, juntas, essas duas regras funcionam para reduzir a distância entre os carros no jogo, eliminando os "extremos" do jogador que está muito na frente ou muito atrás dos adversários controlados pelo computador.

Nesse sistema, há três estados que o comparador tem de monitorar: quando o jogador estiver em primeiro lugar, quando estiver em último lugar ou quando ele não estiver nem em primeiro nem em último. Se o jogador estiver em algum lugar no meio do pelotão, então nenhum evento ativador especial entra em cena. Mas se o jogador estiver em primeiro lugar ou em último, o comportamento do carro se ajusta pelo mesmo critério. O resultado desse sistema de *feedback* é que as corridas no Wipeout tendem a oferecer uma interação emocionante e gratificante. Significativamente, o Wipeout influencia apenas os veículos oponentes controlados pelo computador, não o *hovercraft* que o jogador está dirigindo. Em essência, o programa ajusta cuidadosamente o cenário competitivo, em vez de aumentar ou lesar o jogador diretamente. Mas há jogos que aplicam um sistema de *feedback* negativo mais diretamente às habilidades de um jogador.

Powerstone

Super Monkey Ball

Um exemplo de um jogo desses é o Super Monkey Ball para o Nintendo GameCube. O Super Monkey Ball contém vários modos de jogo diferentes; um deles é um jogo em que até quatro jogadores simultaneamente incorporam personagens macacos que correm por uma série de pistas. Quando os jogadores passam por cima de um objeto energizante na pista, eles ganham um poder especial que pode ser usado uma única vez. Esses poderes variam de ataques de disparos frontais (atirar bomba em outro jogador que está na sua frente), ataques na parte de trás (jogar uma casca de banana, esperando que um jogador atrás de você vai passar por cima dela e escorregar) até poderes não relacionados com ataque (uma aceleração que temporariamente aumenta a velocidade de um jogador).

Considerando que muitos jogos de corrida usam essa convenção de energização (incluindo o Wipeout), o Super Monkey Ball usa um sistema de *feedback* para determinar os poderes que um jogador vai receber, dependendo da posição em que o jogador está, na frente ou atrás de outros jogadores. Se um jogador estiver em último lugar, é muito mais provável que ele receba um aumento de velocidade, que o ajudará a alcançar os outros concorrentes. Por outro lado, um jogador que está em primeiro lugar muito provavelmente receberá o poder de empreender ataques frontais ou traseiros. O jogador líder recebe, portanto, o tipo menos útil de poder: um jogador em primeiro lugar não pode usar um ataque frontal para melhorar sua posição, porque ninguém está à sua frente. Essas regras resultam em um sistema de *feedback* negativo. Tal como acontece com o Wipeout, os ciclos de *feedback* do Super Monkey Ball incentivam uma disputa acirrada, na qual nenhum jogador está muito na frente ou muito atrás de outro.

No Super Monkey Ball e Wipeout, os ciclos de *feedback* negativo são usados para gerar interação lúdica significativa. Como aprendemos com *Jogos como sistemas de incerteza,* o resultado de um jogo precisa ser incerto para que ocorra uma interação lúdica significativa. Se, como jogador, você ficar muito atrás ou muito na frente dos outros jogadores e isso resultar em uma conclusão predeterminada, a interação lúdica significativa é reduzida, porque as decisões que você tomar não terão um impacto no resultado do jogo. Isso não significa que os sistemas de *feedback* garantam uma disputa acirrada o tempo todo: a habilidade desempenha um papel importante em jogos de corrida, e é possível que um jogador do Super Monkey Ball fique em desvantagem tão grande que haja muito pouca chance de vitória. Não existe uma estratégia universal para criar interação lúdica significativa. Mas, no Wipeout e Super Monkey Ball, os sistemas de *feedback* suportam a interação lúdica significativa, tornando o jogo responsivo ao estado atual do jogo.

Feedback positivo em um jogo

Nem todos os jogos usam sistemas de *feedback* negativo. Alguns fazem bom uso de sistemas de *feedback* positivo. O Powerstone é um jogo de luta para console de até quatro jogadores que destaca ação rápida e luta baseada em desenhos cartunescos. No Powerstone, quando um jogador é atingido por um poderoso ataque, o alvo do ataque fica atônito por um curto período de tempo, durante o qual o jogador alvo não poderá mover seu personagem, e o atacante poderá continuar a atacar o personagem que foi golpeado. Um personagem golpeado não pode sair do caminho, nem defender-se nem contra-atacar, e é muito mais fácil atingi-lo. Esse é, de fato, um sistema de *feedback* positivo: como um jogador lança com êxito um poderoso ataque, ele tem mais chance de continuar atacando, uma vez que o alvo permanece atordoado e é um alvo mais fácil. Os novos ataques continuam a atordoá-lo, aumentando a capacidade do atacante de causar mais dano. O *feedback* positivo gera resultados dramáticos, em que um jogador pode ser devastado por uma série de ataques feitos rapidamente. Esse tipo de ação baseada em pancadaria faz sentido em um jogo alegre e bem-humorado como o Powerstone.

Mas se o sistema de *feedback* positivo fosse deixado se reproduzindo até ao final de um jogo, então o jogo como um todo não funcionaria. Uma vez que o seu personagem foi atingido pela primeira vez, você ficaria atordoado, enquanto o adversário continuaria a atacá-lo. Na verdade, o primeiro golpe lançado determinaria o seu destino e o jogo perderia o conflito de ambos os lados, que é um ingrediente importante dos jogos de luta. O Powerstone sai dessa armadilha de *feedback* adicionando um comportamento diferente ao sistema de jogo. Depois de receber certo número de ataques, um personagem atordoado será lançado longe no campo de jogo, impossibilitando que o atacante continue indefinidamente com golpes rápidos. O atacante pode perseguir o personagem arremessado, mas este, em geral, não estará mais atordoado no momento em que o atacante chegar lá.

Como os sistemas de *feedback* positivo são intrinsecamente instáveis e empurram o sistema de jogo para um inevitável desfecho, eles costumam ser atenuados por outros fatores do jogo que limitam a aceleração do ciclo de *feedback*. Em jogos estratégicos multijogador em tempo real, como o Warcraft II, os jogadores ganham recursos que permitem construir mais unidades para poderem captar ainda mais recursos, aumentando a velocidade da coleta de recursos. Desse modo, todos os jogadores criam seus próprios ciclos de *feedback* positivo, se unem em uma corrida armamentista para ver quem vai obter recursos suficientes e ser o primeiro a enfrentar um exército capaz de vencer o jogo.

No Warcraft II, os ciclos de *feedback* positivo potencialmente instáveis são equilibrados pelo fato de que cada jogador cria um ciclo de *feedback* próprio paralelamente. Além disso, esses ciclos de *feedback* ajudam a levar o jogo a uma conclusão. Por causa de sua complexidade, os jogos de estratégia multijogador em tempo real podem, às vezes, se arrastar interminavelmente, com jogadores empatados em recursos e incapazes de obter uma vantagem. Por causa da maneira como os sistemas de *feedback* positivo podem se descontrolar rapidamente, um jogador que pode ganhar uma ligeira vantagem (como capturar uma mina de ouro rica em recursos de outro jogador) pode usar tal vantagem para dominar o adversário. Obviamente, há muitos outros fatores estratégicos além dos ciclos de *feedback* de recursos que determinam o resultado do Warcraft II. (Por exemplo, as habilidosas táticas de batalha podem ajudar a derrotar um oponente mais forte em recursos.) Mas os sistemas de *feedback* positivo são claramente um elemento-chave do design de jogos e contribuem para a interação bem-sucedida do jogo.

Ajuste de dificuldade dinâmico

Cada vez mais designers de jogos digitais incorporam técnicas de *feedback* mais sofisticadas em seus designs. A desenvolvedora de jogos Naughty Dog Entertainment é conhecida na indústria de jogos pelo que ela chama de "Dynamic Difficulty Adjustment" (ajuste de dificuldade dinâmico), uma técnica que ela usou na série de jogos Crash Bandicoot, assim como no mais recente Jak & Daxter.

O ajuste de dificuldade dinâmico, ou DDA (Dynamic Difficulty Adjustment), usa ciclos de *feedback* para ajustar a dificuldade do jogo. Por exemplo, no jogo Crash Bandicoot original, em geral, o jogador está manobrando o personagem Crash por uma série de obstáculos, pulando e se esquivando, tentando superar os riscos nocivos e alcançar os objetivos para terminar o nível. Quando um jogador morre, o jogo recomeça no início do nível ou no mais recente "save point" ("ponto de salvamento") alcançado no nível.

O perigo de desenhar esse tipo de jogo é que os jogadores possuem níveis muito variados de habilidade. Um jogador experiente pode facilmente passar um nível, enquanto um novato pode ficar frustrado depois de morrer várias vezes sem fazer nenhum progresso.

As operações de DDA no Crash Bandicoot avaliam o número de vezes que um jogador morre em determinado local em um nível e, consequentemente, tornam o jogo mais fácil. Um jogador com problemas pode, de repente, descobrir que há mais objetos úteis nas proximidades, ou menos inimigos a evitar. Esse tipo de atenção ao equilíbrio da experiência do jogador é evidente na interação de jogos Crash Bandicoot, e isso ajuda a explicar o fato de uma vasta audiência, tanto de jogadores experientes como dos menos experientes, apreciá-los.

Usar o DDA e outros mecanismos de *feedback* em jogos levanta algumas questões fascinantes de design de jogos. Se considerarmos a milenar tradição dos jogos anterior aos computadores, os jogos são, tradicionalmente, sobre um jogador ou jogadores que competem dentro de um sistema formal que não se ajusta automaticamente ao desempenho do jogador. À medida que você joga um jogo como beisebol ou Otelo, sua fluência com o sistema e sua capacidade de manipulá-lo evoluem. O jogo em si e os outros jogadores fornecem o desafio para você. Ao se aprofundar no jogo, você encontrará novas formas de jogar, novas maneiras de se expressar dentro do sistema do jogo.

O DDA aponta para um tipo diferente de jogo, um jogo que constantemente antecipa as habilidades do jogador, lê o comportamento do jogador e faz os ajustes necessários. Disputar um jogo torna-se menos aprender uma linguagem expressiva e mais ser o único membro da audiência para uma atuação participativa, de improviso, em que os atores ajustam suas ações de acordo com a forma que se interage com eles. Então você está jogando o jogo, ou ele está jogando você? Ele está "trapaceando" se constantemente ajusta suas próprias regras? Poderia tal sistema ser concebido em uma experiência multijogador e ainda parecer "justo" para todos os envolvidos? Essas perguntas não têm respostas definitivas, pois sempre há muitas soluções para um dado problema de design de jogos. O DDA poderia ser considerado uma ferramenta de design opressiva que elimina a ação do jogador, ou poderia ser considerado uma maneira elegante de modelar, invisivelmente, a interação do jogo para que cada jogador tenha uma experiência ótima. Independentemente da sua opinião sobre o assunto, o DDA é uma ferramenta importante, e, como os jogos digitais contam cada vez mais com tal ferramenta para automatizar processos complexos, esse tipo de estratégia de design se tornará mais comum.

Uma simples rolagem de dado

Como a maioria dos exemplos usados até o momento vem de jogos digitais complexos, quisemos concluir examinando um sistema de *feedback* cibernético dentro de um contexto de jogo mais mínimo. Às vezes, nos jogos, não existe Inteligência Artificial ou árbitro para perceber e ativar as mudanças no estado do jogo. Entretanto, ainda podem surgir sistemas de *feedback* elegantes diretamente das regras do jogo.

Vejamos um dos nossos exemplos favoritos, o escadas e escorregadores. O escadas e escorregadores é um jogo extremamente simples de pura sorte. Mas você consegue identificar o sistema de *feedback* nele? Não seriam as próprias escadas e escorregadores. Sim, elas parecem regular a posição dos jogadores, mas não atuam de forma cibernética. Elas simplesmente mudam ao acaso a posição dos jogadores no tabuleiro. As escadas e escorregadores não constituem um ciclo de *feedback* dinâmico.

O ciclo de feedback em escadas e escorregadores ocorre no final do jogo, quando os jogadores devem chegar exatamente ao quadrado final para poderem ganhar (em vez de conseguirem ultrapassar o espaço final e aterrissar lá de qualquer maneira). Essa regra cria uma espécie de sistema de *feedback* negativo. A regra de cair exatamente em uma casa serve como *feedback* negativo sobre a distância entre jogadores. Em uma partida de escadas e escorregadores, o jogador que estiver muito à frente, por fim, estará a seis espaços da casa final e, geralmente, acabará passando mais alguns turnos tentando fazer a rolagem de dados exata, ou talvez avance aos poucos tirando números pequenos no dado. Durante esse tempo, normalmente os outros jogadores se recuperam e alcançam o jogador que está à frente. O efeito geral é nivelar o campo de jogo, reduzindo a diferença entre a posição dos jogadores. O resultado de estender o jogo dessa maneira é um final mais dramático.

Pense no jogo sem essa regra. Se os jogadores podem ultrapassar o espaço final e ainda ganhar, imagine que você está jogando contra alguém que está a apenas três casas da última. Mesmo que o jogador tenha muito azar (tirando o número 1 três vezes consecutivas), esse jogador não está a mais de três turnos de vencer o jogo. Se você estiver a mais de 18 casas de distância (o total de tirar o número 6 três vezes consecutivas), não existe nenhuma maneira de você conseguir ganhar. Por outro lado, se o seu adversário tiver de fazer uma jogada exata, então ele tem uma chance de 50% de não acertar e permanecer no mesmo lugar, enquanto você continua a se aproximar. O jogo é prolongado, o resultado permanece incerto e, em geral, é mais gratificante de jogar. Essas últimas jogadas tornam-se eventos intensos, dramáticos.

Deve-se ressaltar que esse não é um verdadeiro exemplo de sistema de *feedback* cibernético. Um teórico ortodoxo de sistemas afirma que não há nenhum sensor, comparador e ativador na operação real. Como exemplo contrário, se houvesse uma regra exigindo que o jogador em primeiro lugar subtraísse 1 da sua jogada, teríamos um verdadeiro *feedback*, em que uma mudança processual seria decretada quando certas condições fossem satisfeitas. Aqui o jogador é o sensor, a própria regra o comparador e o ativador é a ação de subtrair 1 da rolagem de dados.

Voltando à nossa regra de cair na casa exata, se estabelecêssemos a regra da seguinte forma, poderíamos considerar que ele tem um *feedback*: "Se um jogador estiver a menos de seis casas da casa final, então rolar o dado e obter um número maior que *N*, onde *N* é o número de casas entre o jogador e a casa final, não terá nenhum efeito".

A regra agora parece mais um ciclo de *feedback*, em que o jogador sente a proximidade do final e a regra atua para limitar a eficácia da rolagem de dados. Em última análise, não importa realmente se o ortodoxo teórico de sistemas aprovaria ou não esse exemplo. Como designers, o valor de um esquema é sua capacidade de resolver problemas de design. A regra que exige que os jogadores caiam na casa final pela contagem exata cria uma interação mais significativa. Entender a regra como um ciclo de *feedback* cibernético, ou até mesmo um ciclo de *feedback* pseudocibernético pode, simplesmente melhorar o nosso apreço pelo design do jogo.

Colocando o *feedback* em uso

Como um esquema de design de jogos, ***Jogos como sistemas cibernéticos*** é uma das estruturas mais aplicáveis apresentadas neste livro. Os sistemas de *feedback* cibernéticos podem ser maravilhosos para equilibrar o jogo a fim de chegar a um resultado específico. O que está errado com seu jogo: ele termina muito rápido? Demora muito para terminar? É incerto demais? Não é incerto o suficiente? É fácil ou difícil demais para os jogadores ganharem uma vantagem? Você pode resolver todas essas questões fundamentais procurando por ciclos de *feedback* existentes na estrutura formal do design do seu jogo, ou adicionando você mesmo mais ciclos.

Em sua palestra, Marc LeBlanc resumia a relação entre design de jogos e sistemas de *feedback* a um conjunto de "regras" de design. Essas regras oferecem um conjunto útil de orientações para integrar sistemas de *feedback* ao seu design. Eis várias "regras" de LeBlanc e alguns dos nossos comentários sobre cada uma delas:

- **O *feedback* negativo estabiliza o jogo.**
- **O *feedback* positivo desestabiliza o jogo.**

Essas duas observações talvez sejam o *insight* da cibernética mais fundamental para o design de jogos. Como designer, você deve estar ciente das maneiras como o seu jogo cria estabilidades e instabilidades. Se o seu jogo de cartas para dois jogadores permite que o jogador mais forte tome as cartas do jogador mais fraco, então você criou um sistema de *feedback* positivo, em que o jogador mais forte domina mais rapidamente o jogo. O jogo é instável e ficará logo desequilibrado. Talvez a solução seja adicionar mais jogadores ao jogo e permitir que a equipe se associe para alcançar o jogador que está à frente. Isso adicionaria um sistema de *feedback* negativo para reequilibrar o jogo e tornar menos provável que um jogador que tem uma pequena vantagem acabe ganhando.

Embora nossos exemplos tenham enfatizado o *feedback* negativo como uma ferramenta útil do projeto do jogo, muito *feedback* negativo pode tornar um jogo estável demais. Imagine uma variação no escadas e escorregadores em que, sempre que um jogador estiver à frente de outro, todos os jogadores voltam para o começo. Embora essa regra certamente adicione *feedback* negativo ao jogo, garantindo que nenhum jogador fique na frente dos outros, ela estabiliza o jogo ao ponto de estagnação, fazendo com que o jogo nunca avance. Encontrar um equilíbrio de fatores positivos e negativos para o jogo é fundamental no design de interação lúdica significativa.

- **O *feedback* negativo pode prolongar o jogo.**
- **O *feedback* positivo pode acabar com ele.**

As duas próximas "regras" de LeBlanc devem seguir intuitivamente os nossos muitos exemplos de sistemas de *feedback*. O *feedback* positivo pode apressar o fim de um jogo, premiando um jogador que já está à frente, como no Warcraft II. O *feedback* negativo, como a regra de escadas e escorregadores de cair exatamente em determinada casa, torna mais fácil para um jogador que está perdendo recuperar o tempo perdido e alcançar os outros jogadores em vantagem e prolongando assim o jogo.

- **O *feedback* positivo potencializa os primeiros sucessos.**
- **O *feedback* negativo potencializa os retardatários.**

Essas duas "regras" são um corolário do último par de regras. No Warcraft II, uma vantagem inicial ao estabelecer ciclos de recursos de *feedback* positivo pode colocar um jogador muito à frente dos outros jogadores. Em escadas e escorregadores, por outro lado, o *feedback* negativo no final pode permitir que um jogador que ficou atrás por todo o jogo se recupere.

Como você pode aplicar essas ideias ao seu próprio design de jogo? Depende do tipo de experiência de jogo que pretende criar. Não há diretrizes universais para a duração adequada de um jogo. Apreciadores de jogos de guerra poderiam disputar um jogo por semanas, enquanto para jogadores menos exímios uma hora seria muito tempo para uma única partida. De modo semelhante, não há regras fixas que determinem que os movimentos de abertura ou encerramento sejam os mais importantes no jogo.

Seu guia para tomar esses tipos de decisão devem ser os princípios fundamentais da interação lúdica significativa. Independentemente da duração do seu jogo particular, você deve se esforçar para criar interação lúdica significativa em *todos* os momentos, nos quais o resultado do jogo seja incerto até ao fim e em que cada ação tomada por um jogador possa ajudar a determinar esse o resultado de maneira integrada. Em geral, os jogadores que jogam bem devem ser recompensados com a vitória. Mas talvez exista sempre uma chance para uma dramática virada de eventos no final, em que o primeiro se torna o último e o último, o primeiro.

- **Os sistemas de *feedback* podem *emergir* de seus sistemas de jogo "por acidente". Certifique-se de identificá-los.**
- **Os sistemas de *feedback* podem tirar o controle dos jogadores.**

As poucas "regras" finais de LeBlanc são cruciais. Os sistemas de jogo são complexos e imprevisíveis, e você nunca pode ter certeza de que os sistemas de *feedback* podem ficar escondidos em um espaço de possibilidades que você está construindo. Os sistemas de *feedback* podem ser ótimas maneiras de modelar a experiência do jogador, mas, como adverte LeBlanc, quando você incorpora sistemas no jogo que ativamente remodelam a experiência, você corre o risco de tirar a função do jogador, deixando os jogadores se sentirem impotentes. Alguns sistemas de *feedback*, como a regra de cair na última casa exata de escadas e escorregadores, são relativamente inócuos. Mas muitos jogadores se sentirão "enganados" se puderem detectar um jogo se adaptar à interação deles. Se aquele carro em segundo lugar estiver *sempre* no seu encalço, faz realmente alguma diferença se você tem uma boa performance? Talvez devesse haver limites para a velocidade do carro em segundo lugar, para que um jogador realmente bom possa ter a satisfação de dirigir muito à frente do resto dos outros.

Como esse último exemplo demonstra claramente, a coisa mais importante sobre os jogadores e controle não é o real controle deles em um jogo, mas a *sensação* de controle na experiência de jogo. Exploramos esse fenômeno no esquema ***Incerteza***, e ele é igualmente válido aqui. A interação lúdica significativa é, acima de tudo, medida pelo que o jogador experimenta, não pelas regras subjacentes de um jogo.

Epílogo: não se esqueça do participante

Antes de sairmos da discussão sobre sistemas cibernéticos, gostaríamos de tecer alguns comentários críticos sobre o campo. A cibernética é claramente uma maneira formal de entender sistemas, razão pela qual o esquema ***Jogos como sistemas cibernéticos*** pertence ao nosso esquema principal **REGRAS**. Entretanto, como com todos os esquemas formais, há muitas coisas que a cibernética não consegue resolver.

Como campo, a cibernética a princípio considerava um sistema uma entidade totalmente independente. A cibernética tinha a clássica ideia científica de que o observador de um sistema não tinha nenhum efeito sobre o funcionamento do sistema. Esse modelo inicial de um sistema cibernético foi abalado pela introdução da cibernética de segunda ordem no campo. A cibernética de segunda ordem levou em conta o observador como parte do próprio sistema, minando a posição de "objetividade" da cibernética clássica. Para a cibernética de segunda ordem, observar um sistema em operação é fazer parte desse sistema. Embora muitos pensadores — como Katherine Hayles em seu livro *How We Became Post-Human* — tenham criticado a cibernética de segunda ordem por cair em muitas das armadilhas objetivistas de sua antecessora, a cibernética de segunda ordem foi mais longe na tentativa de entender os sistemas dentro um contexto maior.

O que tudo isso significa para o design de jogos? Para efeitos do presente esquema, fizemos uso da cibernética de primeira ordem mais "clássica". Examinamos os jogos como sistemas autocontidos, inteiramente ocultos dentro do círculo mágico demarcado pelas regras. Ocasionalmente, demos uma rápida olhada na maneira como as mudanças formais se materializam na experiência de um jogo, mas em geral mantivemos os mecanismos formais dos sistemas de jogo. Essa ênfase formal, naturalmente, é tudo de que trata os esquemas **REGRAS**. A ideia de examinar os jogos como sistemas formais é deixar de lado todos os fatores emocionais, psicológicos, sociais, culturais e contextuais que influenciam a experiência que os jogadores têm com o jogo. Nas seções **INTERAÇÃO** e **CULTURA** deste livro, na verdade, examinamos os jogos muito mais como sistemas autocontidos. Por enquanto, porém, continuamos nossas investigações com base em regras. Mesmo considerados como estruturas puramente formais, ainda há nos jogos muitas camadas de fenômenos complexos para desvendarmos.

Leitura complementar

How We Become Post-Human, de Katherine Hayles

O livro de Hayles é menos uma explicação da teoria cibernética e mais uma crítica ideológica do campo. Mas sua pesquisa detalhada sobre o desenvolvimento e evolução da cibernética e cibernética de segunda ordem fornece uma visão excelente de como esses movimentos se cruzam com as crenças culturais sobre a tecnologia. Neste livro complexo, Hayles também relaciona esses temas com a teoria literária e ideias contemporâneas sobre informática, virtualidade e identidade.

Recomendados:

Capítulo 3: The Macy Conferences on Cybernetics – Liberal Subjectivity Imperiled

Capítulo 4: Norbert Wiener and Cybernetic Anxiety – The Second Wave of Cybernetics

Capítulo 6: From Reflexivity to Self-Organization – The Macy Conferences on Cybernetics

Theories of Human Communication de Stephen W. Littlejohn ***(ver página 103 deste volume)***

Recomendado:

Capítulo 3: System Theory

Notas

1. <pespmc1.vub.ac.be>.
2. Marc LeBlanc, apresentação em Game Developer's Conference, 1999.

Jogos como sistemas cibernéticos
Resumo

- A cibernética estuda o comportamento dos sistemas autorreguladores. Um sistema cibernético consiste em três elementos:
  - Um **sensor** que mede um aspecto do sistema ou no seu ambiente
  - Um **comparador** que compara a medida a um valor definido e decide se deve ou não agir
  - Um **ativador** que cria uma mudança no estado do sistema

  Por exemplo, em um ar-condicionado, o sensor e o comparador estão no termostato, que aciona o ativador do aparelho para refrigerar um ambiente quando a temperatura ficar alta demais.

- **Sistemas de *feedback* cibernéticos** podem ser positivos ou negativos:

  Um sistema de *feedback* **negativo** é o **estabilizador** e coloca um sistema em estado constante, fixo. O exemplo do ar-condicionado, que impede que um ambiente fique muito quente, mas desliga quando ele esfria, é um sistema de *feedback* negativo. A temperatura permanece dentro de uma faixa estreita.

  Um sistema de *feedback* positivo é **cumulativo** e torna o sistema instável. Se o ar-condicionado ativasse quando a temperatura estivesse **abaixo** de certo número, então o ambiente se tornaria mais frio, distanciando-se de um estado estável.

- Um jogo pode conter muitos sistemas de *feedback* que interagem entre si dentro do sistema maior do jogo.
- Muitos sistemas de *feedback* de jogos são negativos, reduzindo a vantagem ou desvantagem de um jogador ou equipe. Esse fenômeno é comum em jogos de corrida digital.
- Os jogos também fazem uso de sistemas de *feedback* positivo para obter efeito dramático ou levar um jogo à conclusão. Frequentemente, um sistema de *feedback* positivo é contrabalançado

por um sistema de *feedback* negativo em um jogo. Os recursos de arremessar e atordoar do Powerstone demonstram sistemas de *feedback* positivo e negativo trabalhando juntos.

- **O ajuste de dificuldade dinâmico (Dynamic Difficulty Adjustment, DDA)** é a modificação do desafio de um jogo, de acordo com o desempenho do jogador. É mais usado em complexos jogos digitais de um único jogador.
- O designer de jogos Marc LeBlanc destaca uma série de "regras" de design que aplicam a cibernética ao design de jogos. Essas "regras" são as seguintes:
    - O *feedback* negativo estabiliza o jogo.
    - O *feedback* positivo desestabiliza o jogo.
    - O *feedback* negativo pode prolongar o jogo.
    - O *feedback* positivo pode acabar com ele.
    - O *feedback* positivo potencializa os primeiros sucessos.
    - O *feedback* negativo potencializa os retardatários.
    - **Os sistemas de *feedback* podem *emergir* de seus sistemas de jogo "por acidente".** Certifique-se de identificá-los.
    - Os sistemas de *feedback* podem tirar o controle dos jogadores.
- No campo da cibernética, a **cibernética de primeira ordem** mais clássica, que considera um sistema uma entidade autocontida, foi contestada pela **cibernética de segunda ordem**, que inclui o observador de um sistema como um elemento do sistema. Dentro desse esquema formal, não usamos o pensamento cibernético de segunda ordem.

JOGOS COMO SISTEMAS DA TEORIA DOS JOGOS

19

árvore de decisão

estratégias

utilidade

matriz de ganhos

soma zero

ponto de sela

estratégia degenerada

estratégia mista

Estes são os principais problemas: como cada jogador planeja seu curso — ou seja, como se formula o conceito exato de uma estratégia? Quais são as informações disponíveis para cada jogador em cada fase do jogo? Qual é o papel de um jogador que está sendo informado sobre a estratégia do outro jogador? Sobre toda a teoria do jogo?

— ***Oscar Morganstern e John Von Neumann***, *Theory of Games and Economic Behavior*

Divisão do bolo | | Quebra-cabeça deslizante de números

Introduzindo a teoria dos jogos?

Talvez você tenha pensado que este livro inteiro seja sobre teoria dos jogos. Se fosse esse o caso, o que significa "Jogos como sistemas da teoria dos jogos"? Na verdade, a teoria dos jogos não é o que pode parecer. Não é um termo geral que significa abordagens teóricas para jogos. Teoria dos jogos significa algo muito específico: é um ramo da economia que remonta ao trabalho de dois matemáticos, Oscar Morganstern e John Von Neumann. O texto clássico na área é *Theory of Games and Economic Behavior*, publicado em 1942.

A teoria dos jogos é o estudo matemático da tomada de decisão. Estuda como as pessoas se comportam em determinadas circunstâncias que se assemelham a tipos muito simples de jogos. Os fundadores da teoria dos jogos pretendiam criar um novo tipo de abordagem matemática ao estudo da economia. Morganstern e Von Neumann escreveram em uma época em que o marxismo estava muito em voga no campo da economia, e a *Theory of Games and Economic Behavior* foi, em muitos aspectos, uma tentativa de substituir a abordagem ideológica do marxismo por um conjunto mais racional e científico de técnicas. Ainda que a teoria dos jogos tenha causado uma grande sensação quando foi introduzida, suas promessas nunca foram completamente cumpridas, e ela caiu amplamente em desuso como uma metodologia dentro da economia. Mas a teoria dos jogos ainda pode ser bastante útil para designers de jogos.

> A teoria dos jogos é uma teoria sobre tomada de decisão. Trata de como se devem tomar decisões e, em menor medida, como tomá-las. Tomamos uma série de decisões diariamente. Algumas envolvem reflexão profunda, enquanto outras são quase automáticas. Suas decisões estão ligadas a seus objetivos — se você souber as consequências de cada uma das suas opções, a solução é fácil. Decida onde quer estar e escolha o caminho que o levará até lá. Ao entrar em um elevador com um andar em mente (seu objetivo), você pressiona o botão (uma de suas escolhas) que leva ao andar desejado.[1]

Como um esquema de design de jogo formal, o esquema *Jogos como sistema da teoria dos jogos* estuda os jogos como sistemas de escolhas racionais. Ele é potencialmente útil para designers de jogos por dois motivos principais.

Em primeiro lugar, analisa situações que se assemelham a jogos simples de uma forma muito detalhada. Ainda mais importante, como o teórico de jogos Morton D. Davis destaca na citação anterior, a teoria dos jogos se concentra especificamente nas relações entre decisões e resultados. Com base em nossa discussão anterior sobre interatividade, vimos que as ações e os resultados são blocos de construção de interação lúdica significativa. Dentro desse esquema, exploraremos as questões de como os jogadores planejam seu curso de ação dentro de um jogo e como formular estratégias e tomar decisões. Com base em árvores de decisão para estratégias de degeneração, examinaremos atentamente a aplicação dos conceitos de teoria dos jogos ao design de interação lúdica significativa.

Árvores de decisão

Como abordagem formal para entender jogos, a teoria dos jogos estuda os jogos como uma série de decisões estratégicas tomadas pelos participantes de um jogo. O que significa reduzir um jogo a suas decisões estratégicas? Um método comum de teoria dos jogos é criar uma *árvore de decisão* para um jogo. Uma árvore de decisão é um diagrama de ramificação no estilo árvore que descreve todos os lances possíveis que um jogador pode fazer em um jogo. As árvores de decisão são uma forma comum de criar fluxogramas de experiências interativas. Por exemplo, se estiver programando uma história interativa que tem uma estrutura de hipertexto, você poderia desenhar um diagrama que mostra todas as ligações entre as diferentes partes da sua história. Esse tipo de diagrama seria uma árvore de decisão.

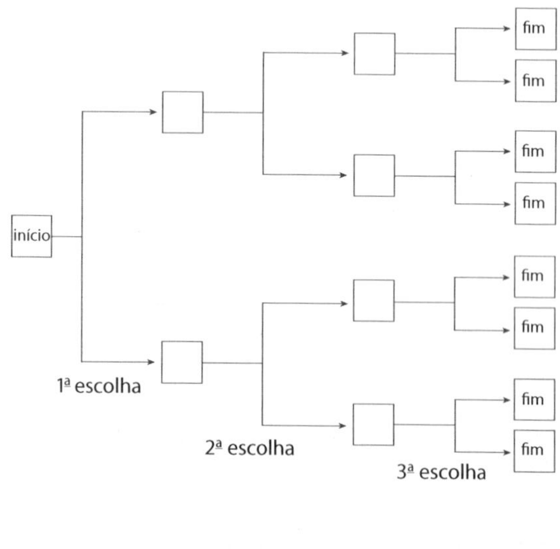

Criar uma árvore de decisão para um jogo é mais complicado do que criar uma árvore de decisão de uma estrutura do hipertexto. A diferença é que, em um típico hipertexto, os links e as ações que um jogador pode realizar em qualquer local na estrutura maior não mudam à medida que o participante passa pela estrutura. A primeira escolha de um leitor em uma estrutura de hipertexto não muda a maneira como os links de hipertexto funcionam. A única coisa que muda é o local em que o leitor é posicionado na estrutura.

Um jogo é mais complexo. Em um jogo, o que você pode fazer em um dado momento depende do que já aconteceu no jogo. No início de um jogo de xadrez, por exemplo, não é possível mover nenhuma das torres porque ambas são bloqueadas pelos peões. Mais tarde no jogo, você pode mover suas torres se seus peões tiverem sido colocados fora do caminho. A complexidade dos jogos leva a um sistema de muitas ações possíveis. As ações que podem acontecer em um dado momento dependem do estado atual do jogo.

Como o xadrez é um jogo complicado de diagramar como árvore de decisão, vamos começar com um exemplo mais simples: o jogo da velha. Em *Prisoner's Dilemma*, um livro sobre a teoria dos jogos e seu contexto histórico, o escritor William Poundstone nos conduz pelo processo de criar uma árvore de decisão do jogo da velha.

> O jogo da velha começa com o primeiro jogador ("X") colocando uma marca em qualquer uma das nove células. Há, por conseguinte, os primeiros nove possíveis movimentos. As nove opções à disposição do jogador X no primeiro lance podem ser diagramadas como nove linhas que se irradiam de um ponto. O ponto representa o movimento (lance ou jogada), o momento da decisão, e as linhas representam as possíveis escolhas.
>
> Em seguida é a vez do jogador O. Ainda há oito casas em branco as quais dependem de onde o X está. Então desenhe oito ramos secundários no topo de cada um dos nove ramos primários. Isso deixa sete casas disponíveis para o X em seu segundo movimento. À medida que o diagrama de possíveis jogadas continua subindo, ele se ramifica como uma árvore muito densa.
>
> Durante esse processo, você acabará diagramando movimentos que colocarão três marcas em uma linha. Isso é uma vitória para o jogador que fez a marca. É também o término de determinado ramo do diagrama, pois o jogo acaba quando alguém coloca três em uma linha. Marque esse ponto (denomine-o de "folha" do diagrama) como uma vitória para X ou O.
>
> Outros ramos do diagrama terminarão em um empate. Marque-os como empates. Obviamente, o jogo da velha não pode durar para sempre. Nove lances é o máximo. Então, por fim, você terá um diagrama *completo* do jogo da velha. Cada possível jogo da velha — todo jogo que já foi ou será jogado — deve aparecer no diagrama como um ramo que parte da "raiz" (primeiro movimento de X) e continua até a uma "folha" marcada como uma vitória para X, uma vitória para O ou um empate. Os ramos/jogos completos mais longos têm nove movimentos. Os menores têm cinco movimentos (esse é o mínimo para uma vitória do primeiro jogador).[2]

Criar uma árvore de decisão pode ser uma maneira poderosa de entender a estrutura formal de um jogo. É, essencialmente, uma maneira de mapear o espaço formal de possibilidades de um jogo. Para um jogo simples como o jogo da velha, o espaço completo de possibilidades pode de fato ser diagramado. Mas nem todos os jogos podem ser mapeados dessa maneira.

Saber fazer uma árvore de decisão de um jogo ou outra estrutura interativa implica que as decisões que os participantes tomam são decisões discretas que levam a resultados reconhecíveis. Por exemplo, um jogo que envolve habilidade física, como o futebol americano, não tem momentos autocontidos de tomada de decisão que podem ser diagramados como a alternância de vez de jogar no jogo da velha. Em vez disso, o jogo existe como um fluxo contínuo de ação. Quando a bola é levantada, um zagueiro não toma uma ação individual discreta. Em vez disso, o jogo flui para frente em uma complexa teia de atividades. Percepção, movimento e nível de detalhe do mundo real criam um espaço de jogo não discreto.

Embora a interação de cada momento de futebol seja contínua, o jogo pode ser dividido em um sistema de jogadas separadas. Isso significa que é possível criar uma árvore de decisão do futebol, ampliando o esquema de análise, de modo que cada ponto de decisão no gráfico represente a escolha de uma jogada pelo treinador de um time? A resposta é não. O problema com essa proposta é que, para criar uma árvore de decisão, o resultado de uma decisão precisa ser reconhecível ou conjunto de resultados reconhecíveis. Pense em um jogo da velha. Quando um jogador toma uma decisão de colocar um X ou O em uma casa especial, não há dúvida de que ele terminará a ação e fará a marca. Por outro lado, só porque um time de futebol escolhe certa jogada não significa que será capaz de completá-la com sucesso, ou concluí-la de forma que possa ser prevista com precisão. O resultado da escolha de um lance particular em um jogo de futebol pode resultar em uma perda ou ganho de terreno, um pênalti, uma falta, uma mudança na sorte, ou um *touchdown*, tornando impossível diagramar resultados da mesma forma como poderíamos no jogo da velha. (Note também que os diagramas de jogadas de "X e O" que mostram onde os jogadores farão certas jogadas podem ser usados para esquematizar o jogo de futebol. Mas esses diagramas de jogo não se qualificam como árvores de decisão.)

Que tipos de jogos podemos transformar em árvores de decisão? As árvores de decisão funcionam para todo jogo que tenha as seguintes qualidades:

- O tempo no jogo acontece em turnos ou outras unidades distintas.
- Os jogadores tomam um número finito de decisões claras que têm resultados reconhecíveis.
- O jogo é finito (ele não pode continuar para sempre).

Embora isso desqualifique muitos jogos (incluindo futebol), inclui uma grande variedade de jogos, como jogos de estratégia baseados em turnos, entre eles o jogo da velha, que claramente cumpre os três critérios acima. E o xadrez? O xadrez acontece em turnos e as decisões têm resultados claros, mas é finito? O xadrez pode parecer um jogo infinito (imagine uma final com dois reis indo e vindo entre as mesmas casas sempre), mas na verdade há regras que convertem o jogo em um empate depois de certo número de lances sem uma captura. E o que dizer de um jogo como o escadas e escorregadores? Ele parece cumprir os três critérios, mas tem uma jogada de dados aleatória. Será que poderíamos mapeá-lo com uma árvore de decisão? Surpreendentemente, sim, poderíamos. O primeiro ponto ou "raiz" da árvore de decisão teria seis ramos, dependendo do que o primeiro jogador tirasse ao jogar o dado. Cada um desses seis ramos teria mais seis ramos, dependendo do número que o próximo jogador tirasse. E assim por diante... É claro que teria de ser uma árvore diferente para um jogo de dois jogadores, de três jogadores e um jogo de quatro jogadores.

Embora a árvore de decisão para jogos tão simples como o jogo da velha possa parecer grande, uma árvore de decisão para um jogo como o xadrez ou escadas e escorregadores seria extraordinariamente grande e complexa. Lembre-se de que a árvore de decisão contém todos os possíveis jogos que já foram ou serão jogados. A árvore de decisão de escadas e escorregadores teria de conter cada possível jogada de dado a cada momento possível no jogo com todos os possíveis arranjos dos jogadores no tabuleiro, em cada sequência possível que pudesse ocorrer logicamente. A árvore de decisão do xadrez teria de incluir todos os movimentos (lances) possíveis e cada resposta possível a cada movimento possível. As árvores de decisão desses jogos seriam imensas. De acordo com Poundstone, se uma árvore de decisão para o xadrez fosse graficamente representada em papel em tamanho legível, o esquema teria a extensão do sistema solar.

Se árvores de decisão para jogos são tão difíceis na realidade, como poderiam ser úteis para os designers de jogos? As árvores de decisão são construções mais teóricas do que ferramentas de engenharia. Ao mesmo tempo, a capacidade de entender o que é uma árvore de decisão e como ela funciona é essencial para o design de jogos. Por quê? *Porque uma árvore de decisão também é um diagrama do espaço formal de possibilidades de um jogo.* Ser capaz de conceituar o espaço de possibilidades que você cria é uma habilidade importante do design de jogos.

Embora as verdadeiras árvores de decisão sejam normalmente impossíveis de criar, em geral, você pode criar árvores de decisão muito úteis para seções ou aspectos de um jogo. Por exemplo, digamos que você esteja desenhando um jogo de estratégia baseado em missão que contenha muitas "missões" de níveis que o jogador tem de concluir. Um jogador pode ser bem-sucedido ou falhar em uma missão, e a missão seguinte dependerá do resultado da missão mais recente. Embora possa ser impossível desenhar uma árvore de decisão da batalha que acontece dentro de uma determinada missão, seria muito útil representar graficamente as relações entre as missões.

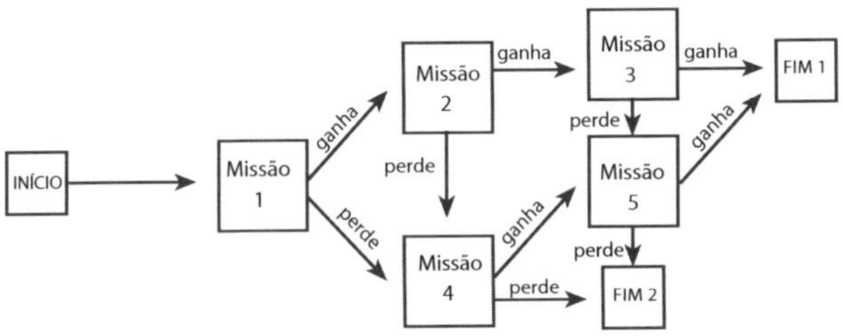

Criar uma árvore de decisão das missões do jogo informará, por exemplo, quantas missões um único jogador vai jogar em um jogo médio. Ou vai ajudá-lo a eliminar designs de jogos que não evoluem. Quando você puder usá-las, as árvores de decisão são uma forma simples e útil de entender a estrutura de um jogo. Mas talvez mais importante seja o fato de as árvores de decisão serem uma parte crucial para entender a teoria dos jogos.

Estratégias em teoria dos jogos

As árvores de decisão nos ajudam a entender como os jogadores se movem pelo espaço de possibilidades de um jogo. Para ver como isso funciona, lembre-se da árvore de decisão do jogo da velha. A árvore contém todos os movimentos possíveis, em toda iteração possível do jogo. Essas informações são realmente mais do que precisamos. A maioria dos jogadores não escolhe ao acaso suas próximas casas, mas tenta marcar ativamente três em linha, impedindo o adversário de fazer o mesmo. Com isso em mente, podemos começar a cortar todos os ramos de "movimentos estúpidos" da nossa árvore. Poundstone descreve como seria esse processo de "corte":

> Percorra o diagrama voltando cuidadosamente a partir de cada folha. Cada folha é a última jogada de alguém, um movimento que cria uma vitória ou um empate. Por exemplo, no ponto A, é movimento do X, e há apenas uma casa vazia. O X não tem escolha, exceto preencher a casa e criar um empate.
>
> Agora examine o ponto B, um movimento no início do jogo. É a vez do O, e o jogador tem duas escolhas. Colocar um O em uma das duas casas em branco conduz ao referido ponto A e a um empate certo. Colocar um O em outra casa, no entanto, leva a uma vitória do X. Um jogador O racional prefere um empate a uma vitória de X. Por conseguinte, o ramo à direita que sobe para o ponto B não pode ocorrer nunca em jogo racional. Corte esse ramo do diagrama. Assim que o jogo chega ao ponto B, um empate é uma conclusão precipitada.
>
> Mas veja: X poderia ter vencido antes, no ponto C. Um X racional teria escolhido uma vitória imediata no ponto C. Então, na verdade, podemos cortar todo o ramo esquerdo do diagrama.
>
> Continue podando a árvore até a raiz, e descobrirá que os empates são os únicos resultados possíveis do jogo racional. (Mas há mais de uma forma racional de jogar.) O segundo jogador pode e vetará toda tentativa de uma vitória do X, e vice-versa.[3]

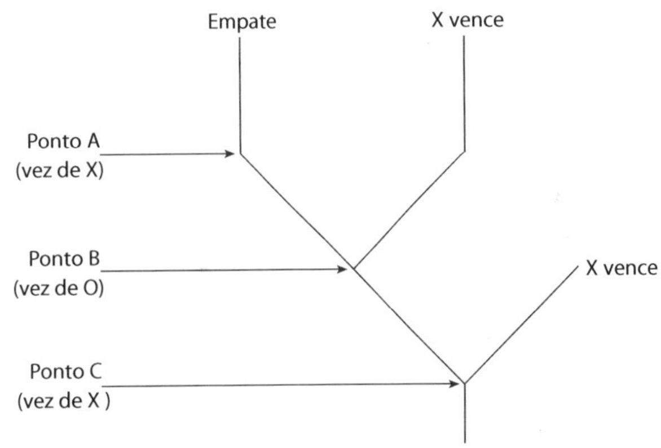

A partir dessa versão podada do jogo da velha é possível criar o que a teoria dos jogos chama de *estratégia*. A estratégia no jargão da teoria dos jogos oferece um significado mais preciso do que se entende comumente por "estratégia". Um entendimento comum de uma estratégia no Starcraft pode ser: "Se você estiver jogando com o Zergs, crie um monte de Zerglings no início do jogo e corra para as estruturas centrais do seu oponente antes que ele tenha tempo de obter poder". Uma estratégia nesse sentido casual é um conjunto de heurísticas gerais ou regras de ouro que irão orientá-lo no jogo. Entretanto, uma estratégia na teoria dos jogos significa uma descrição *completa* de como você deveria atuar em cada momento do jogo. Depois de selecionar uma estratégia no sentido da palavra na teoria dos jogos, você não faz nenhuma outra escolha, porque a estratégia já determina como se deve agir no resto do jogo, independentemente do que o outro jogador faça. Isso pode tornar as estratégias da teoria dos jogos bem complexas.

Poundstone lista uma estratégia de exemplo para o jogo da velha para o primeiro jogador do X.

> Coloque o X na casa central. O pode responder de duas maneiras:
>
> 1. Se O escolher uma casa que não fica no canto, coloque X em uma casa de canto adjacente ao O. Isso resulta numa linha de dois Xs. Se O não conseguir bloquear o próximo passo, faça uma linha com três para uma *vitória*. Se O bloquear, coloque X na casa de canto vazia que não esteja ao lado do primeiro O (que não é de canto). Isso oferece duas maneiras de fazer uma linha com dois Xs. Não importa o que O faça no próximo movimento, você poderá fazer uma linha com três Xs depois disso e *ganhar*.
> 2. Se, em vez disso, o primeiro passo do O for uma casa de canto, coloque X em uma das casas adjacentes que não sejam de canto. Isso dá a você uma linha com dois Xs. Se O não conseguir bloquear o próximo passo, faça uma linha de três e *ganhe*. Se O bloquear, coloque X na casa de canto que esteja adjacente ao segundo O e no mesmo lado da grade que o primeiro O. Isso dá uma linha com dois Xs. Se O não conseguir bloquear o próximo passo, faça uma linha com três para uma *vitória*. Se O bloquear, coloque X na casa ao lado do terceiro O. Isso lhe dá uma linha de dois Xs. Se O não conseguir bloquear o próximo passo, faça uma linha com três para uma *vitória*. Se O bloquear, preencha a casa restante para *empatar*.[4]

Como você pode ver, a estratégia mesmo para um simples jogo como o jogo da velha é relativamente complexa. Uma estratégia completa é, em última instância, uma metodologia para navegar pelos ramos de uma árvore de decisão. Uma estratégia proíbe ações exatas do jogador que está utilizando a estratégia, mas também tem de levar em conta todos os ramos possíveis que um adversário poderia selecionar. No exemplo de Poundstone, a estratégia determina a maneira como o primeiro jogador avançaria da raiz da árvore para o primeiro dos nove pontos possíveis. De lá, o jogador adversário pode passar para qualquer um dos outros oito pontos, um movimento que a estratégia tem de levar em conta.

Uma estratégia completa de um jogo como o xadrez seria muito desgastante. Mas a teoria dos jogos não estuda os jogos tão estrategicamente complicados como o xadrez. Na verdade, os jogos que a teoria dos jogos estuda são muito simples. Mas, como já sabemos, mesmo os jogos mais simples podem se revelar de modos bem complexos.

Jogos da teoria dos jogos

> *A teoria dos jogos demanda uma obediência sagrado às regras de comportamento que talvez não seja observada na realidade. O mundo real, com todas as suas pressões emocionais, éticas e sociais, é um novelo muito mais confuso do que o universo hobbesiano do teórico de jogos.*
>
> — ***Richard Epstein***, *The Theory of Gambling and Statistical Logic*

Agora que temos uma visão geral das árvores de decisão e estratégias, vamos dar uma olhada no que a teoria dos jogos chama de jogo. Como o matemático Richard Epstein assinala, os jogos da teoria dos jogos não são sobre situações reais ou sobre todos os tipos de jogos. Os teóricos do jogo estudam os tipos de situações muito particulares de modo bem restrito. Que tipo de situações? Podemos resumir um jogo da teoria dos jogos da seguinte forma: um jogo para a teoria dos jogos é composto por *jogadores racionais* que, *simultaneamente*, revelam uma *estratégia* para se chegar a um *resultado* que pode ser definido em uma medida rigorosa de *utilidade*. Geralmente, a teoria dos jogos se limita aos jogos com apenas *dois jogadores*.

Interação racional, simultaneidade, estratégia, resultado, utilidade e dois jogadores. Vejamos cada um desses elementos separadamente. Primeiro, a teoria do jogo foca sua atenção nos *jogadores racionais*. Os jogadores racionais são jogadores perfeitamente lógicos que sabem tudo que há para saber em uma situação de jogo. Além disso, os jogadores racionais jogam para ganhar. Nas palavras de Poundstone, "Jogadores perfeitamente racionais nunca perderiam um salto em damas nem cairiam em uma armadilha no xadrez. *Todas as* sequências de movimentos válidos estão implícitas nas regras desses jogos, e um jogador perfeitamente lógico dá a devida atenção a *todas* as possibilidades".[5] Como vimos com a nossa investigação detalhada do jogo da velha, se dois jogadores racionais jogarem o jogo, o resultado sempre terminará em empate, pois ambos os jogadores devem selecionar estratégias que levam ao impasse de outro jogador. Jogadores racionais são uma ficção, é claro, como Epstein deixa claro. Os jogadores do mundo real não são como os jogadores da teoria dos jogos, tão racionais como o Sr. Spock, completamente imunes às obrigações "emocionais, éticas e sociais". Mas os jogadores racionais ainda são uma construção teórica útil, pois permitem olhar para os jogos de uma forma muito isolada e controlada.

O fato de que jogadores racionais seguem uma *estratégia* também é um aspecto importante de um jogo da teoria dos jogos. Como mencionamos anteriormente, uma estratégia *abrangente*. É um plano completo para jogar um jogo inteiro, do início ao fim. A estratégia tem instruções explícitas para jogar contra qualquer outra estratégia que um adversário escolhe. Em um jogo da teoria dos jogos, ambos os jogadores racionais escolhem *simultaneamente* e revelam suas estratégias para o outro. Em outras palavras, em vez do padrão "eu tenho a minha vez, você tem a sua" de muitos jogos, em um jogo da teoria dos jogos, os jogadores só tomam uma decisão, ao mesmo tempo, sem saber o que o outro vai fazer. No processo de decisão simultânea, um jogador tem de levar em conta não apenas o estado atual do jogo, mas também o que o adversário está pensando naquele exato momento. Um clássico exemplo de jogo de decisão simultânea é o pedra-papel-tesoura, em que ambos os jogadores têm de decidir o que vão fazer com base na ação antecipada do outro jogador.

Assim, embora a teoria dos jogos não estude diretamente psicologia, existe um elemento psicológico em jogos da teoria dos jogos, no sentido de que os jogadores podem considerar usar o "blefe" ou outras estratégias indiretas uns contra os outros. Embora possam tomar esse tipo de ação, os jogadores racionais ainda são psicologicamente previsíveis. Jogadores em um cenário de teoria dos jogos nunca serão vingativos, esquecidos, autodestrutivos ou preguiçosos, pois isso mudaria seu status como jogadores racionais. Em jogos da teoria dos jogos sempre se pode presumir que os dois jogadores racionais estão agindo em seu próprio interesse e desenvolvendo estratégias segundo esse interesse.

Por que a teoria dos jogos escolheria a tomada de decisão cega, simultânea, como o processo de jogo que ela estuda? Lembre-se de que a teoria dos jogos não é uma forma de design de jogos: é uma escola da teoria econômica. Dentro de uma situação econômica, as decisões têm de ser tomadas sem o conhecimento de como os outros "jogadores" vão agir. Você deve vender suas ações da Disney ou comprar mais ações? Você deve comprar dois litros de leite nesta semana, ou comprar apenas um e esperar para ver se o preço cai? Uma nação deve aumentar ou diminuir as taxas de importação? Todos esses cenários micro e macroeconômicos envolvem tomar decisões. Mas o resultado da decisão é baseado em fatores fora do controle direto daquele que toma a decisão. Decisões simultâneas, cegas, oferecem uma maneira de simular esse contexto de tomada de decisão, um contexto que se situa no cruzamento entre a matemática e a psicologia. Como Morganstern e Von Neumann explicam,

> É possível descrever e discutir ações humanas matematicamente, nas quais a ênfase principal recai sobre o lado psicológico. Nesse caso, o elemento psicológico foi trazido pela necessidade de analisar decisões, as informações sobre a base de que são tomadas e as inter-relações dos conjuntos de informações (nos vários movimentos) entre si.[6]

Outro componente importante de um jogo da teoria dos jogos é a *utilidade*, que é uma medida matemática de satisfação do jogador. Para criar uma teoria formal da tomada de decisão, foi necessário que Von Neumann e Morganstern quantificassem numericamente o desejo de um jogador atingir determinado resultado. Em um jogo da teoria dos jogos, para cada tipo de resultado que uma decisão poderia ter, uma utilidade é atribuída a essa decisão.

> A função de utilidade é uma mera "quantificação" das preferências de uma pessoa em relação a determinados objetos. Suponha que eu estivesse interessado em três frutas: uma laranja, uma maçã e uma pera. A função de utilidade associa primeiro cada pedaço de fruta com um número que reflete a sua atratividade. Se a pera fosse a fruta mais desejada e a maçã menos, a utilidade da pera seria maior e a da maçã, menor.[7]

A utilidade pode tornar-se mais complexa quando vários fatores entram em cena. Por exemplo, se estiver construindo uma casa para você mesmo em um terreno à beira-mar, pensando em termos da teoria dos jogos, você poderia medir diferentes locais de sua casa em termos de utilidade. Você poderia conseguir o mais alto grau de utilidade, digamos +10, se construísse bem em frente à praia. Poderia ser um grau de utilidade menor, como +5 ou +2, se você a construísse a algumas dezenas de metros de distância da praia.

Por outro lado, se você tivesse de construir a casa tão longe da praia que já perdesse o mar de vista, sua utilidade poderia ficar entre números negativos, indicando um resultado desagradável para você. Obviamente, você poderia não ter dinheiro para financiar a situação com o mais alto grau de utilidade. Por exemplo, talvez você precisasse de uma casa de determinado tamanho e, se ela fosse na praia, não poderia ter um porão e precisaria ser menor. Ou o custo da casa poderia ser maior na praia por causa da complexidade arquitetônica extra necessária para a construção na areia. Seriam atribuídos valores diferentes ao custo, tamanho e localização. Ao tomar sua decisão, você deveria tentar maximizar a utilidade total, dadas suas opções disponíveis.

Esses exemplos mencionam maneiras como a teoria dos jogos emprega o conceito de utilidade. Pode parecer bobagem transformar algo como a satisfação humana em um valor numérico, considerando as inúmeras complexidades que envolvem nossos sentimentos de prazer, mas Morganstern e Von Neumann consideraram que uma teoria científica da economia realmente exigia tal abordagem. Em seu livro, eles usam uma analogia com propriedades físicas, tais como o calor. Antes de os cientistas desenvolverem uma maneira de conceitualizar e medir o calor, essa era uma propriedade desconhecida, delicada, que parecia impossível de ser medida: uma sensação que ocorria quando alguém se aproximava de uma chama. Mas a medida exata do calor é agora uma parte importante da física contemporânea. O objetivo de Von Neumann e Morganstern devia começar uma revolução semelhante na economia, por meio da quantificação do prazer como uma medida de utilidade.

Utilidade pode muito bem ser uma simplificação exagerada do desejo humano, mas se encaixa bem com as qualidades formais de jogos. Como aprendemos com nossa definição de jogos, todos os jogos têm um *resultado quantificável:* alguém ganha ou perde, qualquer um ganha ou perde, ou o desempenho do jogador é medido em pontos, tempo ou em algum outro valor numérico. O conceito de atribuir uma utilidade numérica a resultados de decisão é, na verdade, apenas outra maneira de criar um resultado quantificável. Ao examinarmos jogos por um esquema formal, não nos damos ao luxo de sermos não numéricos. Os sistemas formais tanto dos jogos digitais como dos não digitais exigem uma precisão que, de fato, se resume a números. Quantas mortes você ganhou naquela rodada? De que tempo de qualificação você precisa na próxima competição para continuar na corrida? Que time ganhou o jogo? Esses resultados de jogos muito simples são inteiramente quantificáveis, e também são exemplos de utilidade.

O último componente da maioria dos jogos da teoria dos jogos é que, em geral, tais jogos são jogados por apenas dois jogadores. Isso não fazia parte da formulação original da teoria dos jogos, tal como proposto no livro *Theory of Games and Economic Behavior.* A ideia original era de que a teoria pudesse abranger jogos de *n* jogadores, onde *n* seria um número de qualquer tamanho que indicasse o número de jogadores. Mas Von Neumann e Morganstern descobriram que, como acontece com o problema de três corpos planetários discutido em ***Jogos como sistemas emergentes***, sua teoria se tornava muito mais complexa quando passava a considerar três ou mais jogadores. Como resultado, a maior parte do trabalho teórico de jogos se concentrou em jogos de dois jogadores. Seguimos o exemplo no material a seguir.

Divisão do bolo

Finalmente chegou a hora de dar uma olhada em um jogo real da teoria de jogos. A descrição a seguir foi retirada do *Prisoners Dilemma* e é o clássico problema da teoria dos jogos da "divisão do bolo":

> A maioria das pessoas já ouviu falar da melhor maneira de deixar dois filhos travessos dividirem um pedaço de bolo. Não importa o cuidado com o qual um pai divida um bolo, um filho (ou ambos!) sente que foi menosprezado com o pedaço menor. A solução é deixar uma criança dividir o bolo e deixar a outra escolher qual pedaço ela quer. A gula garante uma divisão justa. A primeira criança não pode

> contestar que o bolo fora dividido de forma desigual, porque ela mesma fez a divisão sozinha. A segunda criança não pode reclamar pois fez sua própria escolha do pedaço (...).
>
> O problema do bolo é um conflito de interesses. Ambas as crianças querem a mesma coisa — o maior pedaço do bolo possível. A decisão final do bolo depende tanto da maneira como uma criança corta o bolo como do pedaço que a outra criança escolhe. É importante que cada criança antecipe o que o outro fará. Isso é o que faz da situação um jogo na visão de Von Neumann.
>
> A teoria dos jogos procura por *soluções* — resultados racionais — de jogos. Dividir o bolo de modo justo é a melhor estratégia para a primeira criança, uma vez que ela antecipa que a estratégia da outra criança será a de levar o maior pedaço. Igualdade na divisão do bolo é, portanto, a solução para esse jogo. A solução não depende da generosidade ou noção de jogo limpo de uma criança. É imposta pelo interesse próprio de ambas as crianças. A teoria dos jogos procura soluções exatamente desse tipo.[8]

O problema da divisão do bolo contém todos os elementos de um "jogo" da teoria dos jogos listados anteriormente. Há dois *jogadores racionais* (as crianças motivadas por interesse próprio). Esses dois jogadores escolhem uma *estratégia* sobre como se comportar (como cortar ou escolher os pedaços). Essas estratégias resultam em algum tipo de *utilidade* para os dois jogadores, medida a partir de quanto recebem do bolo. Observe que, embora a "interação" (*play*) desse jogo muito simples consista em uma ação de duas partes (primeiro cortar o bolo e depois escolher a fatia), os dois jogadores ainda podem revelar e estabelecer suas estratégias simultaneamente. Por exemplo, a estratégia do jogador que escolhe entre as duas fatias sempre será "pegar o maior pedaço". Um jogador racional que faz a escolha entre as fatias vai preferir essa estratégia, independentemente da estratégia usada pelo jogador que corta o bolo. (Note que, embora essas "estratégias" possam parecer mais algo decidido previamente do que escolhas, isso ocorre porque esse jogo da teoria dos jogos tem um *ponto de sela,* um conceito explicado em detalhe mais tarde.)

Uma poderosa ferramenta analítica fornecida pela teoria dos jogos é mapear esse processo decisório em uma grade. Um eixo da grade representa a decisão de um jogador. O outro eixo representa a decisão do outro jogador. As células do diagrama representam os resultados alcançados em função de quais decisões foram tomadas. Uma tabela da teoria dos jogos desse tipo é chamada de *matriz de ganhos* (sendo *ganhos* outro termo para utilidade). A Figura 1 mostra uma matriz de ganhos para o problema da divisão do bolo, tirada do *Prisoners Dilemma*. Note que William Poundstone faz a hipótese de que o corte do bolo vai acontecer em um mundo imperfeito, de modo que mesmo se a criança que corta o bolo tentar fatiá-lo de modo justo, as duas fatias resultantes ainda serão um pouquinho diferentes, digamos, uma migalha de diferença.

Do lado esquerdo da matriz situam-se as estratégias que o cortador pode tomar: cortar o bolo de maneira justa ou não. Apesar de existirem várias maneiras de cortar o bolo, essas são as duas estratégias essenciais que podem ser escolhidas por quem cortará o bolo. Na parte superior da matriz estão as estratégias que aquele que escolhe pode seguir: escolher o pedaço maior ou o menor. As células mostram a utilidade ou ganho de apenas um dos jogadores (o corte), mas pode-se supor que o ganho inverso ocorreria para aquele que escolhe. Se a matriz de ganhos indica que o cortador recebe o "pedaço menor", o selecionador receberia, portanto, o "pedaço maior". Isso também é válido para a metade do bolo com mais ou menos uma migalha.

Figura 1. Esquema de ganhos da divisão do bolo

		Estratégias do cortador	
		Escolher o maior pedaço	Escolher o menor pedaço
Estratégias do cortador	Cortar o bolo o mais uniformemente possível	Metade do bolo menos uma migalha	Metade do bolo mais uma migalha
	Cortar um pedaço maior que outro	Pedaço pequeno	Pedaço grande

O problema da divisão do bolo ilustra dois importantes conceitos da teoria dos jogos. O primeiro é o conceito de um *jogo de soma zero.* Em um jogo de soma zero, a utilidade dos dois jogadores para cada resultado do jogo é o inverso uma da outra. Em outras palavras, para cada ganho de um jogador, o outro jogador sofre uma perda igual. Por exemplo, jogar uma versão do pôquer em que cada um põe o dinheiro em um pote é um jogo de soma zero. No final do jogo, cada dólar ganho por um jogador é um dólar perdido por outro jogador. Um grupo de jogadores que jogam roleta não é um jogo de soma zero entre os jogadores, porque não estão jogando diretamente uns contra os outros. Por outro lado, se pensarmos na roleta como um jogo em que um jogador joga contra o cassino, então é uma situação de soma zero: se um jogador ganhar um dólar, ele é retirado da casa, e vice-versa.

Muitos jogos são jogos de soma zero, mesmo aqueles que não envolvem dinheiro. Quando um jogador ganha um jogo de damas e o outro perde, a perda de um jogador é igual a um ganho do outro jogador. Nesse caso, a teoria dos jogos atribuiria uma utilidade de -1 para a perda e +1 para o ganho. As utilidades somam zero, que é exatamente a razão pela qual o total é chamado de "soma zero" do jogo. Alguns jogos, como o jogo de tabuleiro cooperativo Lord of the Rings, não são jogos de soma zero. Na versão básica do Lord of the Rings, os jogadores cooperam contra o próprio sistema de jogo. Todos os jogadores perdem ou ganham. Como os jogadores não estão competindo uns contra os outros, todos eles obtêm -1 pela perda ou recebem +1 pela vitória. As perdas e ganhos entre os jogadores não somam zero; esse, portanto, não é um jogo de soma zero.

Nem todos os jogos da teoria dos jogos são de soma zero, mas muitos são. A divisão do bolo é claramente um jogo de soma zero. Considere o problema de forma intuitiva: só há essa quantidade de bolo, que vai ser inteiramente dividida em duas fatias e, então, comida. Quanto mais bolo um jogador comer, menor será a porção comida pelo outro jogador. Poderíamos atribuir as seguintes utilidades para as quatro células do diagrama:

-1	+1
-10	+10

Sabemos que os resultados dos dois jogadores são inversos um do outro. Se um jogador recebe a metade do bolo, menos uma migalha (-1), o outro jogador receberá a metade do bolo, mais uma migalha (+1). O total é zero. A divisão do bolo é um jogo de soma zero.

Por que isso é importante? Porque, de acordo com a teoria dos jogos, todo jogo finito, de soma zero, de dois jogadores, tem uma *solução* (a maneira correta de jogar o jogo), a estratégia que qualquer jogador racional empregaria. Qual é a solução para o problema da divisão do bolo? O jogo terminará sempre no canto superior esquerdo. O cortador terá direito à metade do bolo menos uma migalha e o selecionador terá direito à metade do bolo, mais uma migalha. Por que isso acontece? Examine as estratégias do cortador. O cortador adoraria acabar na célula inferior direita, onde receberia o pedaço grande. Então, talvez ele deva escolher a estratégia de cortar os pedaços de forma desigual. Mas o cortador também sabe que, se ele tiver a chance de escolher, ele sempre escolherá o maior pedaço. Como resultado, o cortador tem de minimizar o pedaço maior que o selecionador irá preferir, cortando o bolo de forma mais igual possível. O jogo é resolvido no canto superior esquerdo.

Essa situação ilustra claramente outro conceito-chave da teoria dos jogos: a propriedade *ponto de sela* de diagramas de ganhos. Na divisão do bolo, cada jogador está tentando maximizar seus próprios ganhos, minimizando os ganhos do outro jogador. Quando as escolhas de ambos os jogadores levam à mesma célula, o resultado é o que Von Neumann e Morganstern chamam de ponto de sela. Um ponto de sela se refere a um passo de montanha no formato de sela, o cruzamento de um vale entre duas montanhas adjacentes. A altura do passo é tanto a elevação mínima que um viajante atravessando as duas montanhas alcançará, como a altitude máxima que, o viajante do vale, atravessando o passo da montanha alcançará. A prova matemática de pontos de sela em jogos é chamada *teorema minimax,* que Von Neumann publicou pela primeira vez em 1928, muitos anos antes da publicação de 1944, *Theory of Games and Economic Behavior.*

O conceito de pontos de sela é extremamente importante no design de jogos. Em geral, você quer evitá-los como se fossem praga. Lembre-se de que um ponto de sela é uma solução ideal para um jogo. Quando um jogador encontrá-lo, não há outra razão para fazer mais nada. Considere o ponto de sela na divisão do bolo: se qualquer jogador se desviar, esse jogador perderá ainda mais bolo. Se pensar no espaço de possibilidades que você está desenhando como uma grande estrutura 3D cuidadosamente elaborada para dar certa forma à experiência de seus jogadores, os pontos de sela são curtos-circuitos na estrutura que permitem ao jogador tomar a mesma decisão continuamente. Esse tipo de experiência de jogo não costuma oferecer uma interação lúdica muito significativa. Por quê? Porque, se houver sempre uma solução de ponto de sela reconhecível em um jogo, a melhor ação, independentemente do que os outros jogadores façam ou do estado em que o sistema está, o jogo perde a incerteza de uma possível ação. A interação significativa, portanto, se perde.

Os pontos de sela não ocorrem apenas nos jogos da teoria dos jogos. Muitos jogos de luta são arruinados, por exemplo, porque, apesar de todos os movimentos e combinações especiais que foram incluídos em seu design, a melhor estratégia contra adversários é simplesmente usar o mesmo ataque poderoso repetidamente. Ponto de sela! Outra ocorrência comum de pontos de sela envolve a programação de oponentes de computador. Em muitos jogos de estratégia em tempo real, existem "brechas" ou deficiências em inteligência artificial (IA) que permitem pontos de sela. Se um jogador descobre que o oponente de computador não sabe como se defender muito bem contra certo tipo de unidade, ele provavelmente abandonará todas as estratégias do jogo e simplesmente estudará cada vez mais a fraqueza da IA, independentemente do cuidado investido no design das missões que exigem diferentes tipos de resolução de problemas. Ponto de sela!

Esse estilo de interação, baseado na exploração de um ponto de sela estratégico, é chamado de *exploração* (*exploit*) ou *estratégia degenerada*. A estratégia é uma forma degenerada de jogar um jogo que garante a vitória o tempo todo. A conotação negativa dos termos "exploração" e "degenerada" implica que os jogadores estão conscientemente evitando a experiência projetada em favor do caminho mais curto para a vitória. Há alguns jogadores que se recusam a fazer uso de estratégias degeneradas, mesmo depois de descobrirem mais sobre elas, porque querem jogar o jogo de maneira "adequada". Por outro lado, muitos jogadores não hesitarão em empregar uma estratégia degenerada, especialmente se os seus ganhos forem exibidos em um espaço social maior fora do jogo, como uma lista online de pontuação alta.

As estratégias degeneradas podem ser difíceis para designers de jogos, pois os jogadores encurtam toda a atenção dispensada ao rico conjunto de um jogo de possibilidades. Tente encontrar estratégias degeneradas e livre-se delas! Aprendemos no esquema anterior que os sistemas de *feedback* positivo e negativo podem surgir inesperadamente de dentro de uma estrutura de jogo e podem arruinar a experiência de jogo para os jogadores. O mesmo se aplica às estratégias degeneradas. Uma análise detalhada do design do seu jogo às vezes pode revelá-las, mas a única maneira de erradicá-las é através de rigoroso teste de jogabilidade. Se você vir os jogadores atraídos por determinado conjunto de estratégias repetidamente, eles podem estar explorando uma fraqueza do seu design.

Jogando o Matching Pennies

Nem todos os jogos da teoria dos jogos têm um ponto de sela. Considere um jogo simples, que requer uma estratégia de jogo mais complexa: Matching Pennies, outro problema clássico da teoria dos jogos. Eis como ele funciona: dois jogadores têm um centavo. Escondendo sua moeda de vista, os dois jogadores escolhem um lado, cara ou coroa, e simultaneamente as revelam. Se forem iguais, o jogador 1 recebe dois centavos. Se forem diferentes, o jogador 2 as ganha. Podemos representar esse jogo em uma grade ou diagrama de ganhos:

Escolhas do jogador 1

Escolhas do jogador 2	Cara	Coroa
Coroa	−1 centavo	1 centavo
Cara	1 centavo	−1 centavo

Essa tabela mostra os resultados do jogador 1, o jogador que ganha se o centavos forem iguais. Como esse é outro jogo de soma zero, a utilidade para o jogador 2 é o inverso do ganho do jogador 1. Qual é a maneira correta de jogar esse jogo? Que estratégia um jogador racional deve escolher: cara ou coroa? Não parece haver uma resposta única e melhor para a questão. Se um jogador decidiu escolher cara ou coroa como uma estratégia permanente, o outro jogador pode tirar proveito dessa estratégia e ganhar o tempo todo. Mas o Matching Pennies é um jogo de dois jogadores finito, de soma zero, e a teoria dos jogos deve ser capaz de resolver esse jogo e fornecer a estratégia apropriada para dois jogadores racionais. A solução acaba se revelando mais complexa que o problema da divisão do bolo: os jogadores não escolhem uma estratégia única e fixa, mas selecionam uma estratégia mista. Em uma *estratégia mista,* os jogadores podem escolher uma de suas opções de acordo com certa taxa de probabilidade. Para o Matching Pennies, a estratégia mista exige que os jogadores racionais escolham aleatoriamente cara ou coroa, com uma chance de 50/50 de selecionar qualquer uma.

Lembre-se de que jogadores racionais tentam maximizar seus próprios ganhos em utilidade ao minimizarem os ganhos de seus oponentes. Se os jogadores racionais jogarem muitas partidas de Matching Pennies, eles acabarão com uma utilidade média de zero. Isso significa que nenhum jogador nunca sairá na frente, mas isso é o melhor que podem esperar nesse "jogo".

O dilema do prisioneiro

É claro que é possível construir diagramas de ganhos de muitas maneiras diferentes, e eles nem sempre precisam ter soma zero. Na verdade, construir problemas da teoria dos jogos que são intencionalmente menos simétricos do que Mixed Pennies e Cake Division pode levar a alguns "jogos" muito complicados. Um famoso problema da teoria dos jogos é chamado Dilema do Prisioneiro. Foi desse problema que William Poundstone tirou o título de seu livro. Ele descreve a "história" por trás desse jogo desta maneira:

> Dois membros de uma quadrilha são presos. Cada prisioneiro está em cela isolada, sem meios de falar ou trocar mensagens entre si. A polícia admite que não tem provas suficientes para condenar a dupla pela principal acusação. Eles planejam condená-los a um ano de prisão sob uma acusação menos grave. Simultaneamente, a polícia oferece a cada prisioneiro uma barganha faustiana. Se ele depuser contra o parceiro, vai ficar livre enquanto o parceiro pegará três anos de prisão sob a acusação principal. Ah sim, há uma armadilha. ... Se *ambos* os prisioneiros testemunharem um contra o outro, ambos serão condenados a dois anos de prisão.
>
> Os presos têm um tempo para pensar a respeito, mas, em nenhum caso, nenhum deles sabe o que o outro decidiu até que ele tenha tomado a sua decisão irrevogável. Cada um deles fica sabendo que foi oferecido ao outro prisioneiro o mesmo trato. Cada prisioneiro preocupa-se apenas com seu próprio bem-estar — em minimizar sua própria pena. [9]

	B recusa o trato	**B aceita o trato**
A recusa o trato	1 ano, 1 ano	3 anos, 0 anos
A aceita o trato	0 anos, 3 anos	2 anos, 2 anos

O esquema de ganhos mostra a utilidade dos dois presos, listando o prisioneiro A primeiro e o Prisioneiro B em segundo lugar. Para facilidade de uso, as utilidades são exibidas como anos de prisão em vez de valores positivos e negativos de utilidade.

Examine atentamente essa situação. Acima de tudo, esse é um jogo no sentido da teoria dos jogos? Sim, ele é considerado um jogo: há dois jogadores racionais que estão interessados apenas no bem-estar próprio (e não em conceitos abstratos como cooperação ou lealdade), ambos os jogadores têm de escolher uma estratégia simultaneamente e cada resultado possível da sua decisão é medido em números discretos — nesse caso, em termos de anos de prisão. Como os dois presos querem minimizar sua sentença, eles desejam o menor número possível.

Próxima pergunta: o dilema do prisioneiro é um jogo de soma zero? A resposta é não. Veja as células do canto superior esquerdo e inferior direito. Com esses resultados, ambos os "jogadores" no nosso jogo não apresentam resultados inversos. Os ganhos de um jogador não são iguais às perdas de outro jogador em cada caso, assim o jogo não é um problema de soma zero.

Agora pense no que cada prisioneiro pode decidir fazer nessa situação. Antes de qualquer coisa, parece que é melhor apresentar provas, para "delatar" o parceiro em vez de "cooperar" com ele. Se o outro jogador cooperar, então o delator recebe o melhor resultado, que é não ser condenado. Mas ambos os jogadores são racionais e pensarão o mesmo, o que significa que ambos os prisioneiros irão "delatar" e revelar provas ao estado. Isso significa que ambos receberão dois anos de pena. Mas, se ambos cooperarem, eles podem receber apenas um ano cada um!

Teóricos de jogos não concordam com a solução adequada para o dilema do prisioneiro. Há duas maneiras de considerar esse problema. Utilizando uma abordagem minimax, é claro que é sempre melhor delatar, não importa o que o outro prisioneiro faça. Se delatar e o outro prisioneiro não, você obterá o melhor resultado. Mas se o outro prisioneiro decide delatar também, então é uma coisa boa que você também delatou, porque você salvou-se do pior resultado. De acordo com essa lógica, os dois jogadores vão delatar e o resultado racional é a célula inferior direita do diagrama de ganhos. A outra abordagem é dizer que, uma vez que ambos os jogadores são racionais e uma vez que o diagrama de ganhos é simétrico, ambos os jogadores farão a mesma escolha. Isso significa que os dois jogadores escolherão entre as células do canto superior esquerdo e inferior direito. Considerando essa escolha, os dois jogadores racionais acabam escolhendo a melhor das duas opções, no canto superior esquerdo, em que recebem apenas um ano de prisão.

O dilema do prisioneiro permanece um problema da teoria do jogo sem solução. Isso demonstra claramente que até mesmo conjuntos de regras muito simples podem fornecer contextos de tomada de decisões incrivelmente complexos, o que levanta questões não apenas sobre a matemática e design de jogos, mas também sobre a sociedade e a ética.

Teoria dos jogos e design de jogos

A teoria dos jogos é uma coisa curiosa. Ela promete ser uma teoria detalhada da tomada de decisão em um contexto de jogo. Sua relação com jogos reais parece, ao mesmo tempo, incidental: os "jogos" que a teoria dos jogos estuda estão muito longe dos tipos de jogos que a maioria dos designers de jogos gostaria de criar.

Isso significa que a teoria dos jogos é irrelevante para o design de jogos? Não, absolutamente. Esse esquema sobre ***Jogos como sistemas da teoria dos jogos***, como a maioria dos outros esquemas baseados em **REGRAS**, empresta conceitos e teorias de disciplinas que fazem um estudo formal de sistemas. Como a teoria de sistemas, a teoria da complexidade, a teoria da informação e a cibernética, a teoria dos jogos não foi criada para auxiliar no processo de design de jogos. Mas isso não significa que não seja relevante para designers.

As árvores de decisão que indicam o espaço formal de possibilidades de um jogo; a utilidade que mede o desejo de um jogador por um dado resultado de jogo; os pontos de sela que eliminam a interação significativa — a teoria dos jogos é repleta de conexões com alguns dos nossos conceitos de design básicos. Os jogos da teoria dos jogos são microcosmos para problemas de design de jogos, uma oportunidade para planejar uma decisão simples em detalhes e avaliar a complexidade que até momentos elementares de escolha podem gerar. A teoria dos jogos, como uma abordagem formal para entender decisões, é uma ferramenta de design de jogos extremamente útil.

As regras dos jogos constituem sistemas de incrível sutileza e complexidade. Como disciplina de design com uma história muito jovem, o design de jogos deve se voltar para esses modos de reflexão mais convencionais para dar sentido aos fenômenos de jogos. Talvez à medida que o campo amadurecer, os empréstimos teóricos que estão neste livro sejam substituídos por aqueles de escolas mais centradas em jogos. Pelo menos, é o que realmente esperamos.

Leitura complementar

Emergence: From Chaos to Order, de John Holland *(ver página 72 deste volume)*

Recomendados:
Capítulo 2: Games and Numbers
Capítulo 3: Maps, Game Theory, and Computer-Based Modeling

Prisoner's Dilemma, de William Poundstone

Prisoner's Dilemma combina a biografia de John Von Neumann com uma análise política da Guerra Fria e uma explicação detalhada da teoria dos jogos. É o livro não técnico mais claro sobre a teoria dos jogos que já encontramos, com uma série de exemplos detalhados. Como um todo, o *Prisoner's Dilemma* ajuda a colocar a teoria dos jogos em seu contexto histórico e cultural adequado.

Recomendados:
Capítulo 3: Game Theory
Capítulo 6: Prisoner's Dilemma
Capítulo 12: Survival of the Fittest

Notas

1. Morton D. Davis, *Game Theory: A Nontechnical Introduction* (Mineola: Dover Publications, 1970), p. 3.
2. William Poundstone, *Prisoner's Dilemma* (Nova York: Doubleday, 1992).
3. Ibid. p. 46.
4. Ibid. p. 48.
5. Richard Epstein, *The Theory of Gambling and Statistical Logic* (San Diego: Academic Press, 1995), p. 118.
6. John Von Neumann e Oscar Morganstern, *Theory of Games and Economic Behavior* (Princeton: Princeton University Press, 1944), p. 77.
7. Davis, *Game Theory: A Nontechnical Introduction,* p. 62.
8. Poundstone, *Prisoner's Dilemma,* p. 43.
9. Ibid. p. 118.

Resumo

- **Teoria dos Jogos** é um ramo da economia que estuda a decisão racional. Em geral, estuda situações semelhantes a jogos, mas não é uma teoria geral dos jogos nem design de jogos.
- **Árvore de decisão** é um diagrama que mapeia todas as decisões e resultados possíveis que um jogador pode ter em um jogo. A árvore de decisão concluída é equivalente ao espaço formal de possibilidades de um jogo. Um jogo deve ter as seguintes características para ser reduzido a uma árvore de decisão:
    - O tempo no jogo acontece em turnos ou outras unidades distintas.
    - Os jogadores tomam um número finito de decisões claras que têm resultados reconhecíveis.
    - O jogo é finito (ele não pode continuar para sempre).

  Mesmo se um jogo cumprir esses critérios, a maioria dos jogos é complexa demais para ser diagramada como uma árvore de decisão. As árvores de decisão são mais úteis para mapear aspectos de jogos, ou como instrumentos conceituais para refletir sobre a estrutura formal de um jogo.
- Um jogo da teoria dos jogos está limitado a **jogadores racionais** que, **simultaneamente**, revelam uma **estratégia** para se chegar a um **resultado** que pode ser definido em uma medida rigorosa de **utilidade**. Geralmente, a teoria dos jogos se limita aos jogos com apenas *dois jogadores*.
    - Um **jogador racional** não existe na realidade. Um jogador racional é um jogador completamente lógico que joga apenas para maximizar ganhos, independentemente de questões emocionais, éticas e sociais.
    - Uma **estratégia** da teoria dos jogos é um plano completo para jogar um jogo. Uma estratégia explícita e abrangente cobre todas as possíveis situações que um jogador pode encontrar em um jogo, incluindo todas as estratégias possíveis que um adversário pode escolher.
    - Em um jogo da teoria dos jogos, os jogadores racionais tomam uma **decisão simultânea** sobre qual estratégia empregar. Eles sabem as regras completas do jogo e as possíveis consequências de suas decisões, mas não sabem a estratégia que o outro jogador vai empregar.
    - Os resultados de um jogo de teoria dos jogos são medidos em **utilidade**, que é uma representação numérica do desejo dos jogadores por determinado resultado. Aos resultados atraentes são atribuídos números positivos maiores, e aos menos atraentes são atribuídos números mais baixos. Os números negativos representam uma utilidade desagradável.
    - Uma **matriz de ganhos** é um diagrama, ou tabela, utilizado para representar graficamente possíveis resultados de um problema da teoria dos jogos.
    - Em um jogo de **soma zero**, os ganhos do vencedor são iguais às perdas do perdedor. Jogos como o xadrez com um único vencedor e um único perdedor são jogos de soma zero.
    - Todo jogo da teoria dos jogos de dois jogadores, de soma zero, tem uma **solução**, uma maneira correta de jogar o jogo que irá maximizar os ganhos do jogador o tempo todo. Quando houver uma única e melhor solução para um jogo de dois jogadores, a solução é conhecida como **ponto de sela**.
    - Os pontos de sela em qualquer jogo podem levar a **estratégias degeneradas**, também chamadas de **explorações**. A estratégia degenerada é uma forma de jogar um jogo que resulta em vitória o tempo todo. Geralmente, as estratégias degeneradas devem ser evitadas nos jogos, porque diminuem a incerteza e a interação lúdica significativa.
    - Algumas soluções da teoria dos jogos consistem em **estratégias mistas**, em que o jogador deve escolher entre as diferentes estratégias com uma percentagem ponderada.

JOGOS COMO SISTEMAS DE CONFLITOS

20

Asteroids | Atari | | **State of Emergency** | VIS Entertainment

competição e cooperação

cooperação sistêmica

cooperação entre jogadores

metas (objetivos) do jogo

condições de vitória e derrota

igualdade de condições de concorrência

O conflito surge naturalmente da interação em um jogo. O jogador está ativamente buscando algum objetivo. Os obstáculos o impedem de alcançar facilmente esse objetivo. O conflito é um elemento intrínseco de todos os jogos. Pode ser direto ou indireto, violento ou não, mas está sempre presente em todos os jogos.

— ***Chris Crawford***, *The Art of Computer Game Design*

Introdução ao conflito

O que significa considerar os jogos como ***Sistemas de conflito***? Em primeiro lugar, estamos de acordo com Chris Crawford. O conflito é um elemento intrínseco de todo jogo. Conflito, um jogo como uma competição de poderes, é um componente essencial da nossa própria definição do termo "jogo". Embora o conflito fora dos jogos possa às vezes ser destrutivo, nos jogos encontramos o maravilhoso paradoxo de um conflito *encenado*, resultando em interação lúdica significativa.

Nos jogos, o conflito emerge das circunstâncias únicas de um jogo. O círculo mágico imbui os jogos de significados especiais. Um dos significados mais importantes a emergir são as condições de vitória do jogo. A vitória poderia só ter valor dentro do círculo mágico, mas os jogadores a perseguem. Em virtude de sua participação no jogo, os jogadores assumiram como *significativas* as suposições e proibições do jogo, incluindo tudo associado com a vitória. A luta entre jogadores para alcançar a meta de um jogo e se tornar vencedores é a atividade competitiva que direciona unidades do sistema de conflito de um jogo.

O fato de essa atividade ser uma *luta* deriva do desafio intrínseco apresentado pelo conflito de um jogo. Como aprendemos com nosso estudo sobre a atitude lúdica, os jogos são construídos para que seus objetivos sejam difíceis de alcançar. O conflito de um jogo surge como o empenho dos jogadores de alcançar o objetivo, muitas vezes em oposição uns aos outros, outras lutando juntos ou paralelamente.

Quais são as formas de conflito que ocorrem nos jogos? A luta em um jogo pode assumir várias formas:

- *Um único jogador* versus *um único jogador*. Um jogo de xadrez ou uma luta de boxe.
- *Grupo* versus *grupo*. Basquete, futebol e outros esportes de equipe.
- *Um contra muitos*. Pega-pega ou esconde-esconde?
- *Cada um por si*. uma corrida a pé ou o jogo de tabuleiro estratégico Risk.
- *Um único jogador que compete contra um sistema de jogo*. Paciência e Tetris.
- *Jogadores individuais que competem lado a lado contra o jogo*. Vinte e Um (Blackjack).
- *Um grupo de jogadores que colaboram entre si contra um jogo*. Jogo de tabuleiro Lord of the Rings.

Muitos jogos misturam e combinam essas formas, como em um campeonato de luta livre, em que os indivíduos competem entre si em pares, mas seus resultados são somados e aplicados à equipe como um todo. Alguns jogos podem acomodar mais de um desses modos de jogo, como o arcade Double Dragon, em que um jogador pode competir contra o programa, ou dois jogadores podem cooperar um com outro para derrotar o programa. Outros ainda têm estruturas competitivas que mudam ao longo do tempo, como na série televisiva *"Survivor"*, em que os jogadores são divididos inicialmente em duas equipes competitivas, acabando como um grupo do qual emerge um único vencedor.

O conflito em um jogo pode ser direto ou indireto. Em uma luta romana, os competidores são colocados um contra o outro e tentam imobilizar o braço do adversário e evitar ser imobilizado. Os movimentos do braço dos competidores com as mãos fechadas são um medidor direto da luta, indicando se um deles está próximo ou longe de atingir as condições de vencer o conflito. Em uma competição de patinação artística, o conflito é indireto. Os concorrentes têm, cada um, sua própria vez para realizar uma performance e serem julgados. Eles não podem interferir diretamente no sucesso uns dos outros, e ganhar a competição significa receber a maior pontuação dos jurados.

E outros jogos ainda misturam conflitos diretos e indiretos. Em um jogo estratégico em tempo real, como o multiplayer Starcraft, os jogadores competem uns contra os outros, embora nem sempre estejam interagindo diretamente. Os jogadores têm de pensar ofensiva e defensivamente, construindo recursos e defesas, antecipando as ações dos outros jogadores. À medida que um jogo avança, as atividades individuais de cada jogador evoluem para um conflito direto, quando as unidades controladas pelos jogadores entram em contato. Além disso, há mais de uma maneira de configurar o conflito no Starcraft: o jogo permite que os jogadores definam jogos de equipe contra equipe, de um contra muitos jogadores, de humanos contra computador e assim por diante.

Estudos de casos de conflitos

Como esses exemplos ilustram, pode existir mais de uma forma de conflito no âmbito de um único design de jogo. Em seguida examinamos em detalhe três jogos diferentes, concentrando-nos nas maneiras como cada um configura a competição e a cooperação entre os jogadores. Os três jogos são jogos arcade da década de 1980: Centipede, Joust e Gauntlet. Cada jogo tece seu próprio tecido surpreendentemente complexo de conflito de jogadores.

Centipede

Nosso primeiro exemplo é o jogo arcade Centipede, no qual o jogador usa um controle com *trackball* e botões de disparo para mover um personagem na parte inferior da tela e atirar em objetos que vêm da parte superior. À primeira vista, o Centipede parece ter uma estrutura de conflito simples e direta. Mas, na verdade, o sistema formal oferece várias maneiras de os jogadores lutarem e buscarem objetivos.

- Como uma experiência de um único jogador, você disputa contra o programa. O jogo compila uma "pontuação" contínua de acordo com o seu desempenho, e o objetivo pressuposto do jogo é alcançar a pontuação mais alta.
- Há muitas maneiras de buscar objetivos relacionados à meta de alta pontuação do jogo. Você poderia ter uma ideia geral do que constitui uma "boa pontuação", que você tenta alcançar. Ou poderia tentar superar o resultado do seu jogo anterior, ou atingir uma nova pontuação pessoal melhor.
- Você poderia definir outros objetivos, além daqueles que envolvem a sua pontuação. Por exemplo, você poderia tentar jogar por um período determinado de tempo, chegar a certo nível no jogo ou destruir todo inimigo de tipo particular que aparecer. Vários desses objetivos podem coexistir com os outros e com os objetivos baseados na pontuação.
- O Centipede pode ser jogado como um jogo para dois jogadores. Ambos os jogadores jogam alternadamente, revezando-se quando o jogador atual perde uma vida. Se você disputar contra outro jogador dessa forma, o resultado quantificável do jogo (sua pontuação) tem um novo significado. Já não é mais apenas um indicador de seu sucesso pessoal, mas uma maneira de comparar seu desempenho com o de outro jogador. O Centipede de dois jogadores é uma competição de soma zero, onde um jogador ganha e o outro perde. Nesse sentido, a pontuação do jogo real só é importante na medida em que é usada para determinar o vencedor. A pontuação numérica dos jogadores é convertida em valores binários de vitória/derrota.
- Aspectos da competição de um único jogador podem ser combinados com os aspectos da competição de dois jogadores. Você pode ter perdido para o adversário, mas também pode ter chegado a sua melhor pontuação, caso em que você ganhou em sua própria autocompetição, mesmo perdendo para o outro jogador no conflito de soma-zero do jogo para dois jogadores.
- O fato de os jogadores poderem entrar com suas iniciais em uma lista de maior pontuação cria um tipo diferente de competição: você disputa contra os jogadores anteriores, os quais você provavelmente nunca encontrou. Essa competição é mais indireta: você compara sua pontuação com suas próprias pontuações e, se for um dos oito melhores, pode inserir suas iniciais no jogo para que os outros jogadores vejam, eliminando o jogador no final da lista. Entretanto, talvez você também seja eliminado mais tarde. Aqui, a sua pontuação numérica é convertida em uma classificação escalonada: ou sua pontuação não foi alta o suficiente para colocá-lo na lista, ou você entrou na lista em uma categoria específica.
- Há também outros cenários de disputa. Por exemplo, você pode jogar como um jogador único e definir a meta de alcançar a lista de pontuações mais altas. Nesse caso, você transforma o jogo em um sistema de competição com uma condição de valor binário vitória/derrota: você entra ou não na lista de pontuações mais altas.
- Você poderia competir com um amigo sobre quem pode conseguir a maior pontuação no Centipede. Vocês dois não são suficientemente bons para entrar na lista de pontuações mais altas, mas ainda podem

controlar sua pontuação relativa. Sua pontuação nesse cenário é convertida em uma classificação entre você e seu amigo, uma classificação que muda quando um de vocês supera a maior pontuação do outro.

Joust

Quem diria que tantas formas diferentes de conflito estavam ocultas em um simples jogo arcade? Nosso próximo exemplo ainda acrescenta mais. No Joust, dois jogadores manobram cavaleiros montados em aves, atacando inimigos controlados pelo programa. Ambos os jogadores podem jogar simultaneamente, em vez de se revezarem. Essa estrutura abre formas inteiramente novas de competição.

- O Joust pode ser um jogo de um só jogador. Os jogadores individuais recebem uma pontuação e há uma lista de pontuações mais altas dos jogadores, incluindo classificações separadas para pontuações mais altas diárias e pontuações mais altas "de todos os tempos". A maioria das formas de competição que está no Centipede também aparece no Joust.
- Dois jogadores podem competir para ver quem ganha a mais alta pontuação no decorrer de um jogo. Como os jogadores não se revezam, mas competem simultaneamente, a pontuação de ambos fica visível o tempo todo, aumentando o drama dessa forma de competição.
- A estrutura de dois jogadores simultâneos abre outras possibilidades para conflito. Dois jogadores do Joust podem atacar uns aos outros se quiserem. Uma maneira de jogar o jogo é como um jogo de luta, em que os jogadores atacam diretamente uns aos outros, matando o oponente com um ataque bem-sucedido. O objetivo da competição nesse caso é matar o seu adversário mais vezes do que você é morto. Jogar o Joust dessa maneira o transforma em um jogo de soma zero. Pontuações numéricas não importam, apenas quem consegue sobreviver no final.
- Também é possível que dois jogadores se abstenham de se atacar e, em vez disso, trabalhem juntos para derrotar os inimigos gerados pelo computador, coordenando estrategicamente suas ações. Nesse caso, os dois jogadores disputam juntos contra o computador. Eles poderiam definir uma meta de alcançar o nível mais alto ou jogar o maior tempo possível.

Joust

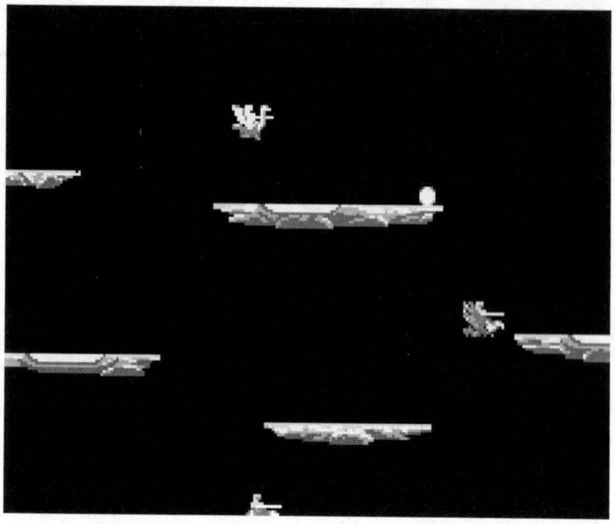

- Mesmo se os jogadores cooperarem entre si, eles ainda podem competir de outras maneiras. Por exemplo, dois jogadores coordenando suas ações contra o computador poderiam competir para obter a pontuação mais alta.
- Muitas vezes, esses tipos de competição se sobrepõem. O design do Joust torna fácil para um jogador matar outro jogador: se colidirem, aquele que estiver em uma posição mais alta destrói o outro. Mesmo os jogadores que colaboraram entre si algumas vezes matam acidentalmente um ao outro, um evento que normalmente afeta o fluxo competitivo do jogo. Depois de uma morte acidental, um jogador pode ficar ressentido e agressivo e o jogo poderia se transformar na versão "jogo de luta" do Joust. Ou o assassino acidental poderia deixar seu oponente matá-lo uma vez, só para equilibrar as coisas. O jogo também pode continuar normalmente.
- Tensões competitivas persistem durante todo o jogo. Como ambos os jogadores estão operando na tela ao mesmo tempo, pode haver disputa sobre onde e como deveriam jogar, mesmo se não estiverem tentando matar um ao outro ativamente. Por exemplo, dois jogadores podem, ambos, desejar ocupar uma determinada seção da tela ou atacar um grupo específico de personagens inimigos. A morte acidental de um jogador (ou a ameaça de morte) pode, como resultado, entrar no jogo, adicionando mais complexidades competitivas.

Gauntlet

No Joust, a estrutura simultânea de dois jogadores acrescenta novas camadas a possibilidades de conflito. No Gauntlet, nosso terceiro exemplo de jogo arcade, até quatro jogadores podem jogar ao mesmo tempo. Os jogadores assumem papéis fixos [Warrior (Guerreiro), Thief (Ladrão), Valkerie (Valquíria) ou Wizard (Mago)], como membros de uma equipe. Juntos, a equipe explora os espaços de jogo, luta contra inimigos gerados pelo computador e acumula recursos que aumentam sua capacidade de exploração.

- Como o Joust e o Centipede, o Gauntlet pode ser jogado por um único jogador. Os jogadores do Gauntlet também recebem uma pontuação; se a pontuação for alta o suficiente, os jogadores registram sua pontuação e suas iniciais. Todas as formas de competição de um único jogador e de listas de pontuação mais alta também se aplicam ao Gauntlet.
- Diferentemente do Joust, os jogadores do Gauntlet só podem atacar oponentes gerados por computador — seus ataques não afetam os outros jogadores. Como resultado, o Gauntlet não tem um "jogo de luta" como uma possível forma de conflito. Em vez disso, os jogadores sempre trabalham em conjunto, geralmente com o objetivo de ver quantos níveis do jogo eles podem explorar.
- Como os jogadores do Gauntlet recebem uma pontuação, eles também poderiam competir para ver quem tem a maior pontuação no final do jogo. Tal como acontece com o Joust, as pontuações são mostradas ao longo do jogo, permitindo que os jogadores verifiquem constantemente suas pontuações relativas.
- Sempre que os jogadores passarem um nível do jogo, este pausa para mostrar os pontos relativos de cada jogador e seu desempenho no jogo, mostrando, por exemplo, qual recebeu o maior tesouro do último nível. Esses momentos destacam a competição baseada em pontuação e em estatísticas entre jogadores, incentivando-os a comparar suas performances uns contra os outros e inventar a competição em torno dos vários tipos de estatísticas do jogo.

Gauntlet

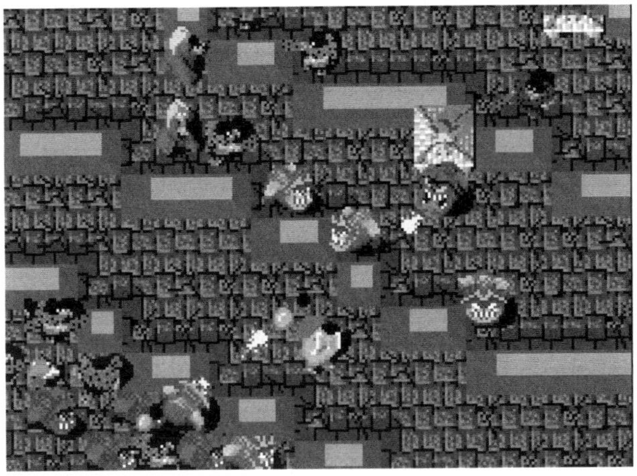

- Durante a disputa real de um jogo, outra forma de competição acontece, a competição pelos recursos do jogo. Enquanto os jogadores avançam no jogo, um número que representa a saúde deles é reduzido lentamente. Quando um personagem toca em um inimigo, sua saúde diminui ainda mais. Mas existem muitos itens "revitalizantes" espalhados pelo jogo que aumentam a saúde de um personagem. Os jogadores às vezes competem diretamente por alimento, cada um tentando alcançar primeiro o item. Os jogadores também podem discutir e definir quem entre eles precisa mais do alimento e deixar esse jogador adquirir o item. O mesmo vale para outros objetos especiais no jogo, como chaves e poções mágicas. Essas formas de competição baseadas em recursos são fortalecidas pelas comparações estatísticas entre níveis: nesses momentos, os jogadores avaliam como os recursos foram distribuídos entre o grupo e podem acusar uns aos outros de serem "injustos" ou "fominhas".
- A forma final de competição exclusiva para o Gauntlet envolve jogadores gastando dinheiro em um jogo. Em muitos jogos arcade, o prestígio resulta de saber jogar por um longo período com uma única moeda. Mas, ao contrário do Joust e do Centipede, o Gauntlet permite que os jogadores estendam o jogo atual pagando por isso. Os jogadores podem usar moedas de 25 centavos no jogo para aumentar a saúde de seus personagens ou ressuscitar seus personagens depois que eles morreram. Isso significa que, contanto

que os jogadores continuem gastando dinheiro, eles podem permanecer jogando, explorando mais níveis do jogo. A dificuldade gradual do jogo garante que os jogadores precisarão gastar cada vez mais durante o jogo. Isso pode tornar o Gauntlet um tipo de conflito completamente diferente, no qual os jogadores disputam para demonstrar a sua tolerância em colocar dinheiro no jogo, uma forma de consumo conspícuo muito parecido com o jogo de altas apostas. Por outro lado, os jogadores podem competir para ver quem pode jogar por mais tempo antes de terem de gastar mais dinheiro para continuar, pois jogadores habilidosos evitarão ser mortos. Nesse caso, gastar menos dinheiro pela mesma quantidade de tempo seria a meta.

Há, obviamente, muito mais modelos de competição em jogos. Mas mesmo entre esses três exemplos semelhantes há várias maneiras nas quais o conflito pode se manifestar. A ideia desses exemplos é demonstrar como o design de um jogo gera formas de conflito. Em cada caso, as decisões formais sobre a estrutura do jogo moldam diretamente a natureza do conflito que emerge do jogo. Para cada jogo, os seguintes tipos de perguntas determinam as estruturas formais essenciais:

- Quantos jogadores podem jogar?
- Eles jogam simultaneamente ou se revezam?
- Há uma lista de pontuações mais altas?
- Os jogadores recebem um *feedback* constante sobre sua pontuação relativa?
- Será que o jogo tem uma pausa para permitir que os jogadores comparem diretamente os resultados e outras estatísticas de jogos?
- Há oponentes e obstáculos gerados por computador que os jogadores enfrentam juntos ou os próprios jogadores são adversários entre si?
- A estrutura do jogo permite que os jogadores tenham um conflito direto com o outro?
- Há recursos para os jogadores poderem confrontar-se?
- Os jogadores podem gastar dinheiro para continuar o jogo ou melhorar o seu jogo?

As formas de conflito que observamos provêm diretamente da maneira como cada jogo responde a essas questões de design. Considere o Gauntlet: se os jogadores pudessem causar danos uns aos outros por meio de ataques, o jogo perderia seu espírito de cooperação obrigatório, e as lutas entre jogadores poderiam se tornar comuns. Se os jogadores não pudessem continuar seu jogo pagando com uma moeda de 25 centavos, a competição por recursos do jogo seria muito mais acirrada, pois os jogadores competiriam uns contra os outros para permanecerem vivos até que o jogo terminasse. O que é surpreendente nesses três exemplos é exatamente como o conflito pode ser rico e multifacetado em um jogo. Essa riqueza vem do fato de que os jogadores podem derivar e construir suas próprias formas de conflito em um jogo. Alguns dos objetivos que apresentamos são explicitamente definidos pelas regras do jogo. Outros são formas emergentes de competição que surgem da participação ativa do jogador e manipulação da estrutura do jogo.

Em ***Definindo jogos***, ao discutirmos se Sim City era ou não um jogo, concluímos que ele era um caso limite, que ficava na linha divisória. Apesar de Sim City não definir formalmente as metas com resultados quantitativos, ele fornecia um espaço no qual os jogadores formavam seus próprios objetivos e chegavam a seus próprios resultados. Como a investigação de Centipede, Joust e Gauntlet demonstra, em diversos aspectos todos os jogos podem funcionar como o Sim City, em que os jogadores inventam suas próprias metas e dimensionam tais metas sobre aquelas definidas diretamente pelas regras de um jogo.

O espaço de possibilidades de um jogo é um espaço de possível conflito. Parte da interação de um jogo envolve a seleção de metas do jogo como um meio de navegar e explorar formas e graus de conflito. Qual é a melhor forma de conflito a oferecer para os jogadores? Como com outros aspectos dos jogos, não existe uma fórmula única que irá funcionar melhor para todos os jogadores em todos os contextos. Entretanto, fornecer um rico espaço de possibilidades que suporta uma gama de conflitos aumenta a potencial variedade de jogadores e formas que podem tornar o jogo significativo para os participantes.

Competição e cooperação

Até agora falamos de modo pouco vago sobre competição e cooperação na medida em que elas se relacionam com o conflito em um jogo. Mas o que esses termos realmente significam? A competição ocorre quando os jogadores lutam uns contra os outros dentro do conflito artificial de um jogo. Talvez nosso modelo mais claro da competição venha da teoria dos jogos: o jogo de soma zero. Em um jogo de soma zero, os ganhos de um jogador são iguais às derrotas do outro jogador. Se um jogador for o vencedor de um jogo de dois jogadores de soma zero, o outro jogador será necessariamente o perdedor. A vitória é sempre equilibrada pela derrota, criando a soma zero final.

Uma crítica comum levantada contra os jogos é que todos eles são competitivos, e que a competição é algo indesejável. Vista dessa forma, a competição é algo a ser evitado para garantir uma experiência positiva de jogo. Bernard DeKoven, designer de jogos e autor do *The Well-Played Game*, afirma essa posição eloquentemente:

> Está claro para mim agora que o resultado dessa união [jogar para vencer] é separação, sempre separação. Isso nos divide entre vencedores e perdedores, aqueles que tiveram sucesso e aqueles que falharam. A divisão, então, nos leva a outra divisão. Fica difícil, agora que alguns de nós já ganhamos e alguns de nós perdemos, encontrar um jogo em que todos nós estaremos dispostos a jogar bem juntos. Esse nunca foi o nosso foco. Embora o que temos sempre mais desejado seja o jogo em que jogaremos bem em grupo, ganhar é uma prioridade.[1]

O argumento de DeKoven é que, quando a vitória e a derrota da competição entram no conflito de um jogo, isso se torna a principal preocupação dos participantes do jogo, eclipsando qualquer outra coisa que o jogo tenha a oferecer. Com o devido respeito, discordamos. Parece bastante claro para nós que os jogos competitivos podem oferecer experiências verdadeiramente significativas. Às vezes, esse significado pode ser resultado do próprio prazer do jogar ("o jogar bem juntos" de DeKoven), mas, com certeza, muito do significado nasce do esforço competitivo de um jogo, de tentar se tornar um vencedor, evitando, ao mesmo tempo, uma derrota.

O empenho competitivo por uma meta é fundamental para dar forma à estrutura de um jogo e a maneira como o jogo faz sentido. A ideia, por exemplo, de que na interação lúdica significativa as ações de um jogador estão *integradas* no contexto maior de um jogo depende da natureza competitiva dos jogos. Sem uma meta para que os jogadores se empenhem, é muito difícil para um jogador medir o seu progresso pelo sistema de um jogo. Sem uma medida de progresso para dar um *feedback* para os jogadores sobre o sentido de suas decisões, a interação lúdica significativa não é possível. Lembra-se do "horrível" jogo The Grid em *Jogos como sistemas emergentes*? Esse jogo não tinha nenhuma meta, e nenhuma maneira de os jogadores competirem uns com os outros. Não havia nada para motivar os jogadores a mover as peças *dessa* e não *daquela* maneira. A interação lúdica significativa era impossível.

Nossa opinião é a de que todos os jogos são competitivos. Todos os jogos envolvem um conflito, mesmo que o conflito ocorra diretamente entre jogadores ou que os jogadores trabalhem ou não juntos contra a desafiadora atividade apresentada pelo sistema de jogo. Sem um objetivo claramente definido, os jogos geralmente tornam-se atividades lúdicas menos formalizadas. Entretanto, o fato de todos os jogos serem competitivos, não significa que eles também não envolvam cooperação. Embora possamos afirmar com confiança que *todos os jogos são competitivos*, é igualmente verdadeiro que *todos os jogos são cooperativos*. Essas duas afirmações são contraditórias? Todos os jogos podem ser competitivos e cooperativos? A ideia de que os jogos são competitivos e cooperativos só será contraditória se os dois termos forem mutuamente exclusivos, o que não é o caso. A raiz da palavra "competir" vem do latim *con petire*, que significa "buscar juntos".[2]

De que maneira todos os jogos são cooperativos? Lembre-se do círculo mágico e atitude lúdica, e da forma como esses aspectos de um jogo criam um sentido. Jogar um jogo é submeter seu comportamento às regras do jogo, entrar no tempo e espaço demarcados pelo jogo, traficar significados especiais que o jogo oferece. Jogar um jogo é participar do discurso do jogo com os outros jogadores. Os jogadores podem jogar basquete juntos, porque falam a "língua" do basquete. Quando dois jogadores entram em uma quadra para jogar um jogo cara a cara, isso é exatamente o que estão fazendo.

Aparte terminológico – duas formas de cooperação

Usamos o termo "cooperação" aqui de uma maneira um pouco diferente do que no início deste capítulo. Dizer que todos os jogos são cooperativos implica analisar os mecanismos subjacentes a todos os jogos, e o modo como essas estruturas garantem um discurso comum e o espírito de cooperação entre jogadores. Essa forma de *cooperação* é chamada de cooperação *sistêmica*, pois ocorre em todos os jogos em um nível fundamental.

Mas quando dissemos que o jogo de tabuleiro Lord of the Rings, em que os jogadores trabalham juntos para derrotar o sistema de jogo, era do tipo cooperativo, usamos a palavra no seu sentido mais comum. Ao contrário de um jogo diretamente competitivo, de soma zero, como o xadrez, os jogadores no Lord of the Rings ganham ou perdem como um grupo. Chamamos essa forma de cooperação de *cooperação entre jogadores* porque descreve relacionamentos específicos entre jogadores que não ocorrem em todos os jogos.

Os dois usos da palavra não são, em última análise, diferentes. A cooperação entre jogadores é realmente apenas uma manifestação literalmente interpretada da cooperação sistêmica. A cooperação sistêmica, como fenômeno intrínseco de todos os jogos, ocorre "sob o capô" da estrutura do jogo experimentado, enquanto a cooperação entre jogadores acontece em um nível superior, constituído de maneira mais consciente na compreensão de um jogo por um jogador.

Portanto, jogar um jogo é assumir cooperativamente os significados artificiais do jogo, comunicar-se com os outros jogadores através do discurso artificial que o jogo possibilita.

Nesse sentido, o próprio ato de jogar um jogo é um ato de cooperação. É somente pelo esforço conjunto dos jogadores que o frágil círculo mágico de um jogo toma forma e é sustentado ao longo do jogo. Há um maravilhoso paradoxo aqui. Dentro do círculo mágico reservado para o jogo, dentro da arena definida pelas regras, ocorre um conflito. Os jogadores cooperativamente formam o espaço do jogo, a fim de criar uma disputa para sua própria diversão. O conflito do jogo é como um duelo entre atores em uma peça: é um artifício competitivo elaboradamente encenado, apreciado em parte por causa de sua artificialidade. Não existe um conflito genuíno em um jogo, mas apenas dentro de um quadro de cooperação maior sustentado pela participação dos jogadores.

Novos jogos

Na crítica inicial das ideias de Bernard DeKoven sobre os aspectos negativos da competição, não estávamos realmente jogando limpo. É verdade que DeKoven questiona as formas tradicionais do jogo competitivo. Também é verdade que não concordamos com todas as suas ideias sobre o assunto. Mas os conceitos DeKoven têm de ser entendidos dentro do contexto mais amplo de sua importante obra sobre os jogos. Em seu livro *The Well-Played Game,* DeKoven defende uma nova maneira de entender a disputa, regida por uma mudança na ênfase para longe da competição. Em vez disso, DeKoven é um defensor de jogos mais improvisados em que os jogadores assumem o papel de designers de jogos.

DeKoven não estava sozinho em suas ideias. Ele foi um dos primeiros membros do *New Games Movement* (Movimento de Novos Jogos), um grupo de designers de jogos e defensores da diversão que teve um enorme impacto sobre a cultura dos jogos. Fundado por Stewart Brand (o mesmo homem que iniciou o *The Whole Earth Catalog*) no final de 1960, o New Games Movement foi uma organização dedicada à promoção da diversão e seu impacto positivo na sociedade. Durante o final da década de 1960 e toda a década de 1970, o New Games Movement organizou uma série de grandes "torneios" públicos na área da baía de São Francisco e outras partes do mundo. Parte *art happening*, parte ação comunitária e carnaval em parques, os torneios do New Games Movement encarnaram uma política centrada exclusivamente em jogos, voltada para a comunidade em escala nunca vista antes.

O New Games Movement teve um grande impacto na educação física e na integração dos jogos e brincadeiras nas escolas. Se você cresceu brincando com um paraquedas ou jogando com uma enorme bola de borracha na forma de globo terrestre nas aulas de educação física do primário, provavelmente é devido à influência direta ou indireta do New Games Movement. O New Games Movement publicou dois livros (*The New Games Book* e *More New Games*) que catalogaram seus projetos de jogos divertidos. Como o New Games Movement se encaixa em um entendimento de jogos como sistemas de conflito? O New Games Movement encarou a ideia de competição e cooperação, criando jogos e formas de pensar o design de jogos que desafiavam as noções convencionais de jogos como conflito.

> Muitas pessoas consideram o New Games Movement um movimento não competitivo. Claro que não é o caso. A maioria dos jogos neste livro envolve competição — é isso o que confere ao New Games sua vitalidade. (...) O esforço que cada jogador faz para superar a resistência e alcançar o objetivo é o coração do jogo e o que o torna agradável e gratificante. Na maioria dos jogos, a resistência é fornecida pelo adversário que tenta alcançar seu objetivo. Seu adversário é, portanto, seu parceiro no jogo. Os melhores jogos são aqueles em que você pode superar os obstáculos mais difíceis e ainda contar com o adversário para atender ao seu esforço — competir com você.[3]

Embora DeKoven possa protestar contra a competição em alguns dos seus textos, ele também ajudou a incutir no New Games as noções mais equilibradas de competição incorporada na citação acima, extraída de um ensaio que ele escreveu para o *New Games Book*. A principal questão de DeKoven é que, no contexto de um jogo, a luta dos jogadores uns *contra* os outros é também uma luta de uns *com* os outros, uma vez que os jogadores enfrentam os desafios que eles apresentam uns aos outros. Dessa forma, o New Games afirma a relação interdependente entre competição e cooperação, a cooperação sistêmica, que faz parte de todos os jogos.

Mas o foco central do New Games não foi a filosofia do jogo: foi o design e a interação lúdica dos jogos em si. O movimento produziu alguns designs de jogos extraordinários. Considere, por exemplo, um jogo chamado pegar o rabo do dragão:

> Você precisará de uma área espaçosa para essa brincadeira, livre de buracos e árvores. Cerca de oito a dez pessoas se enfileiram uma atrás da outra. Agora, cada uma segura na cintura da pessoa à sua frente. (Não é uma brincadeira para quem sente cócegas com facilidade.) A última pessoa da fila pendura um lenço na parte de trás da calça. Para ganhar força, o dragão talvez solte alguns rugidos — apavorantes o bastante, apostamos, para deixar a Hidra envergonhada. Ao sinal, o dragão começa a perseguir a própria cauda, sendo o lenço pendurado no rabo o objeto que a pessoa da frente tentará capturar. A parte mais complicada dessa luta épica é que as pessoas da frente e as pessoas da outra extremidade estão claramente competindo, mas as pessoas do meio não tem certeza de que lado ficar. Quando o lado da cabeça do dragão finalmente captura o rabo, quem é o derrotado e quem é o vencedor? Todos. A cabeça veste o lenço e se torna a nova o rabo, enquanto a segunda da frente passa a ser a nova cabeça.[4]

Pegar o rabo do dragão propositadamente torna indistintas as fronteiras entre competição e cooperação. Por um lado, todos os jogadores cooperam para manter uns aos outros para se tornarem um único dragão. Mas, ao mesmo tempo, a parte da frente do dragão persegue a de trás, e as pessoas do meio não recebem um papel claro a desempenhar no conflito. Pegar o rabo do dragão explicita, de forma divertida, os modos como os jogadores devem trabalhar em grupo, mesmo quando disputam dentro do espaço limitado de um jogo. Pegar o rabo do dragão também incorpora uma lição importante para o design de jogos: todos os nossos preconceitos sobre os jogos podem ser questionados. Normalmente, podemos pensar que todos os jogadores de um jogo devem ter um objetivo claramente definido, ou que as linhas da competição devem ser bem definidas, ou que um jogo com a cooperação entre jogadores também não pode ser intensamente competitivo — mas o pegar o rabo do dragão desfaz todas essas suposições. Ainda que não sirva para nada, o design de jogos envolve brincar com ideias, e até mesmo ideias aparentemente fundamentais sobre competição em jogos estão sujeitas à intervenção lúdica.

O objetivo de um jogo

Além da competição e cooperação, outro componente essencial de um jogo como sistema de conflito é uma *meta*. As metas são fundamentais para os jogos. Na explicação do Centipede, Joust e Gauntlet, as metas apareciam em cada um na forma de conflito. No desfecho de um jogo, as metas são atingidas ou não, e esse resultado quantificável faz parte da nossa definição de jogos. Com frequência, é um objetivo e um resultado claro e quantificável que distinguem os jogos de outras atividades lúdicas. Acrescente uma meta a uma interação informal e, geralmente, você criará um jogo. O esqui casual para se divertir é uma atividade lúdica de lazer. Mas aposte uma corrida com um amigo seu, deslizando montanha abaixo e, de repente, você está fazendo parte de um jogo.

O objetivo de um jogo é definido por suas regras e está intimamente ligado com a estrutura formal do jogo como um todo. O objetivo de um jogo é uma característica central de sua estrutura formal. Quando jogadores se reúnem para jogar um jogo, o objetivo é o centro do círculo mágico, o polo que ergue a tenda circular do jogo, enquanto os jogadores estiverem dentro da estrutura, jogando uns com os outros. O objetivo sustenta o interesse, o envolvimento e o desejo dos jogadores. Sem um objetivo claro, não é possível interação lúdica significativa no jogo; se os jogadores não podem julgar como suas ações os aproximam ou os distanciam da vitória, eles não podem entender bem o significado de suas ações, e o jogo cai em um confuso amontoado de ambiguidades.

O objetivo de um jogo define sua meta; uma vez que ela é atingida, o jogo acaba. Nesse sentido, o objetivo de um jogo é a morte do jogo, a marca do fim, prevendo o momento em que o círculo mágico desaparecerá. Há uma curiosa qualidade poética na luta dos jogadores quando eles percorrem o sistema de um jogo, jogando sem uma finalidade, apenas aquela fornecida pelo próprio jogo, mesmo quando a busca alegre desse fim signifique a morte do seu prazer. Até que, naturalmente, o jogo começa.

A maioria dos jogos tem um fim em que um ou mais jogadores alcançam a vitória. Entretanto, em jogos como o Space Invaders, no qual a estrutura do jogo se repete com o aumento do desafio para o jogador, não há um desfecho vitorioso único. Nessa forma de jogo, o objetivo é jogar o maior tempo possível, ou atingir a maior pontuação. Essa estrutura formal aumenta a sensação de morte inevitável. O jogador está vivendo num tempo emprestado, protelando o fim inevitável de um jogo que ocorre quando as condições de falha forem atendidas.

O espaço de possibilidades de um jogo é um plano esticado entre dois pontos de ancoragem: no início e no final do jogo. Os jogadores viajam de uma extremidade à outra, fazendo o caminho do começo ao fim. Em um jogo bem desenhado que suporta uma interação lúdica significativa, essa viagem entre pontos deve ser tensa e eficiente, com todos os elementos que contribuem direta ou indiretamente para uma experiência mais ampla.

Em caso de tudo isso parecer muito voltado para metas, temos de reconhecer que elas não são a única razão de as pessoas jogarem. O jogo pode ser um fim em si mesmo, ou uma maneira de conseguir uma interação social, ou influenciar mudança cultural. Abordaremos cada uma dessas motivações da interação lúdica nos capítulos posteriores. Mas, visto como um sistema formal, o objetivo de um jogo precisa ser reconhecido como uma estrutura fundamental que molda o jogo como um todo.

A igualdade de condições de concorrência do conflito

Competição e cooperação, metas e luta, vitória e derrota: como somar tudo isso? Quais são as condições gerais do conflito de um jogo? Um princípio básico do conflito nos jogos é o da *imparcialidade*. O conflito do jogo é um conflito imparcial: ele se baseia na ideia de que todos os jogadores têm chances iguais de ganhar, que o sistema de jogo é intrinsecamente justo, que a competição do jogo ocorre em *igualdade de condições de concorrência* (*level playing field*), que não favorece um lado sobre o outro. O antropólogo Roger Caillois afirma isso ao falar sobre as formas competitivas de jogar: "Um grupo inteiro de jogos pareceria competitivo, ou seja, como um combate em que a igualdade de oportunidades é criada artificialmente, a fim de que os adversários tivessem de se confrontar em condições ideais, suscetíveis de dar valor preciso e incontestável ao triunfo do vencedor."[5]

Por que um jogo se esforçaria tanto para criar igualdade dessa forma? Como diz a definição, um jogo é um conflito *artificial*. A estrutura do jogo cria uma arena artificial, em que tudo é removido, exceto os fatores envolvidos no conflito. O xadrez é um contexto de competição estratégica intelectual. Em uma competição de ginástica olímpica, só as habilidades dessa modalidade importam.

Na vida real, os conflitos e lutas enfrentados nunca são tão claramente articulados e entendidos como em um jogo. A ideia de que os jogadores estão entrando em um conflito justo, em que não serão enganados pelo jogo em si, é um componente fundamental da atitude lúdica. Mesmo que os jogos possam ter elementos de incerteza, a estrutura dentro da qual essa incerteza ocorre é conhecida de antemão. As próprias qualidades das regras também contribuem para isso. Como aprendemos em *Definindo regras*, as regras de um jogo limitam

Estudo de caso

Condições de vitória e derrota no Loop

É muito simples afirmar que a meta do jogo é uma parte importante do design geral. Mas muitas vezes é muito difícil descobrir as condições exatas de vitória e derrota de um jogo específico. Um modelo de jogo pode estabelecer diferentes condições de vitória, cada uma dando forma a uma experiência de jogo diferente.

LOOP é um jogo online de um único jogador sobre captura de borboletas. No desenvolvimento do LOOP, a principal interação do jogo foi inventada antes de uma decisão ter sido tomada com relação às condições de vitória e derrota. O desenvolvimento do jogo começou com a ideia de desenhar linhas para circular borboletas, marcando pontos ao circular grupos especiais delas (como borboletas da mesma cor). O primeiro protótipo demonstrou a interatividade do jogo, mas as condições de início e término do jogo não tinham sido definidas. Muitas opções para as condições de vitória foram discutidas e reduzidas a três cenários:

1. O jogador tem de capturar certo número de borboletas para terminar um nível.
2. O jogador tem de tirar todas as borboletas da tela para terminar um nível.
3. Não existem níveis: o jogador tem de ficar caçando borboletas para sempre.

Cada um desses términos implica diferentes tipos de experiência para o jogador. Por exemplo, os cenários 1 e 2 presumiram que o jogo avançava como uma série de níveis discretos, enquanto o cenário 3 fornecia um jogo único e contínuo, como no Tetris. Havia também outras questões a serem resolvidas: por exemplo, no cenário 2, o que aconteceria se um jogador ficasse com apenas uma borboleta? E qual era a condição de derrota? Se o jogo tivesse níveis, precisaria haver as condições de vitória e derrota para terminar um nível e, se ele não tivesse níveis discretos, precisaria haver apenas uma condição da derrota para o jogo como um todo. Ao considerar as condições de derrota, dois esquemas elementares foram propostos:

1. Um jogador tem certa quantidade de tempo necessário para atingir as condições de vitória.
2. Borboletas aparecem à medida que o jogador avança. Se aparecerem muitas, o jogo acaba.

Muitas dessas variações foram testadas em diferentes combinações. Para as condições de derrota, um limite de tempo foi escolhido, em vez da opção de ter a tela invadida por borboletas, porque isso dava ao jogo uma noção mais clara de progressão. No Tetris, é claro que, quando os blocos se empilham perto do topo da tela, você está prestes a perder. No protótipo de LOOP, nunca era muito claro quando havia borboletas demais na tela.

a ação do jogador, são explícitas, não ambíguas, obrigatórias e compartilhadas por todos os jogadores. Dentro do círculo mágico, os jogadores vivem uma espécie de igualdade e justiça que não existe fora dos jogos.

É verdade que os jogos se esforçam para criar espaços de igualdade, então, onde apenas a interação do jogo pode determinar o vencedor de um jogo? Os jogos são tão puros e separados da realidade que possivelmente nenhum outro fator entraria em cena? De modo geral, não. Mas, neste capítulo, estamos analisando os jogos em um nível formal, não levando em conta sua relação com o mundo exterior. E, em um sentido formal, sim, os jogos são espaços de puro conflito, separados do mundo exterior.

Dada a natureza artificial dos jogos, é possível a imparcialidade? O círculo mágico oferece realmente igualdade de condições de concorrência? Caillois acha que não:

> Por mais cuidado que se tenha para mantê-la, a absoluta igualdade não parece ser realizável. Às vezes, como nos jogos de dama ou xadrez, o fato de sair primeiro é uma vantagem, pois essa prioridade permite ao jogador favorecido ocupar posições-chave, ou impor uma estratégia especial. Por outro lado, em jogos de carta com lances, como o brigde, o último a dar o lance lucra com as pistas deixadas pelos lances de seus adversários. Novamente, no croquete, ser o último multiplica os recursos do jogador. Em competições esportivas, a exposição, o fato de ter o sol na frente ou nas costas; o vento que ajuda ou atrapalha um ou outro lado; o fato de, em uma disputa por posições em uma pista circular, encontrar-se na pista interna ou externa constitui um teste, um trunfo ou uma desvantagem cruciais cuja influência pode ser anulada ou modificada pela sorte no começo e, então, por estrita alternância de posições favorecidas.[6]

Loop

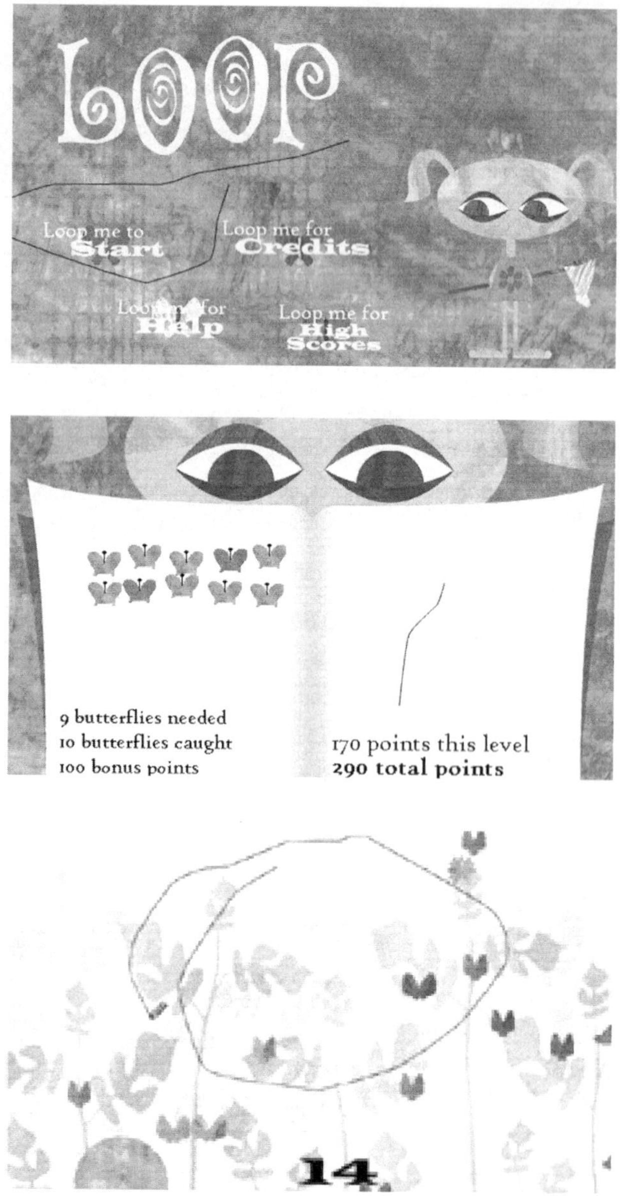

Há de fato uma contradição em ação na ideia de igualdade dentro dos jogos. A igualdade, como afirma Caillois, é algo que é buscado nos jogos, mas nunca completamente alcançado, pelo menos, nos exemplos de jogos não digitais, cita ele. E quanto aos jogos digitais? De certa forma, eles têm uma vantagem quando se trata de criar igualdade de condições de concorrência. O contexto restrito de um sistema de computador permite maior controle sobre as condições exatas do jogo. Por outro lado, a complexa natureza automatizada de jogos digitais pode colocar os jogadores a certa distância das regras. Os jogadores podem facilmente desconfiar de um injusto atraso de rede, uma IA "trapaceira" ou uma brusca desaceleração na velocidade de processamento. Esse tipo de desconfiança do jogador, seja ou não baseada na realidade, pode arruinar um jogo.

O círculo mágico é frágil, facilmente eliminado quando os jogadores não conseguem acreditar no jogo. Se os seus jogadores sentem que o jogo é injusto, que carece de igualdade de condições de concorrência, é improvável que eles vão querer jogar. Dentro do círculo mágico,

LOOP

Um "contador" que controlava o número de borboletas e exibia o quanto o jogo estava próximo do fim devido à superpopulação de borboletas poderia ter sido adicionado, mas isso parecia complicar desnecessariamente a interface do jogo.

Tendo tomado uma decisão sobre as condições de derrota (um marcador de tempo), determinou-se que o jogo receberia níveis discretos, com o objetivo de cada nível pegar certo número de borboletas. Decidiu-se que o número de borboletas não diminuía ao longo de um nível: toda vez que você pegasse um grupo de borboletas, o mesmo número de borboletas imediatamente entrava por um dos lados da tela. Há várias razões para essas decisões. Primeiro, havia um desejo de criar um jogo que parecesse repleto de possibilidades. Se a meta do jogo era para limpar a tela, então o jogo gradualmente se esvaziaria quando o jogador passasse de um nível para outro. O jogo pareceria menos dinâmico e vivo: dado qualquer conjunto de borboletas, haveria apenas uma única solução ideal para limpar a tela — e, à medida que um nível avançava, as diferentes possibilidades de ações diminuíam. A solução para manter o número de borboletas constante mantinha o jogo emocionante e cheio de estratégias alternativas.

Embora um nível terminasse quando uma cota de borboletas tivesse sido capturada, era possível ultrapassar as condições de vitória do nível indo além da cota. Você poderia, por exemplo, capturar estrategicamente borboletas suficientes para que só tivesse de capturar mais uma para chegar à sua cota — e, então, capturar um grande grupo delas para sua laçada final, colocando-se bem acima da cota. A captura de borboletas além da cota rendia grandes pontos de bônus. Os melhores jogadores conseguiam suas borboletas cuidadosamente, elevando a cota e, então, marcando um grande grupo no final que os levava bem acima do valor da cota. Esse tipo de interação cuidadosa só foi possível pela estrutura especial que havia sido desenhado para o jogo.

Os jogos digitais tendem a avançar como uma série de níveis e têm condições de derrota que terminam o jogo, sendo o LOOP um exemplo desses jogos. Decidir o que constitui o sucesso em um nível e o que termina o jogo são decisões de design de jogos absolutamente cruciais. Muitas vezes, designers de jogos tomam essas decisões como certas, seguindo convenções de design em vez de inventar novas. E o que dizer de um jogo em que há várias condições de derrota ou vitória? E se o objetivo do jogo for perder o mais rápido possível ou ficar sem pontos? Assim como o pegar o rabo do dragão brincava com as ideias tradicionais de competição e cooperação, os jogos também podem jogar com as ideias tradicionais de vitória e derrota.

um jogo é suspenso entre a noção ideal de uma igualdade de condições e a realidade de injustiça inevitável, uma realidade que se imiscui sub-repticiamente em todo jogo, mesmo quando a borda do círculo mágico a mantém à distância. Talvez os jogos não aconteçam em absoluta igualdade de condições de concorrência. Mas têm como premissa a ideia real de justiça e igualdade. Essa luta faz parte do que dá vitalidade e dinamismo aos jogos.

Todos os jogos participam desse conflito entre parcialidade e imparcialidade, uma luta que atinge seu clímax na quebra de regras, um fenômeno plenamente explorado no próximo esquema. Mas, mesmo dentro de um contexto de design de jogos mais limitado, estabelecer um senso de justiça é fundamental para uma jogabilidade bem-sucedida. O estudo de caso a seguir examina um exemplo desse problema em detalhes.

De volta ao Pig

Primeiro, analisamos o jogo Pig em ***Jogos como sistemas de incerteza.*** No Pig, o objetivo é marcar pontos jogando um dado e fazendo a pontuação chegar até 100 pontos. Se tirar um 1, então você perde os pontos que ganhou nesse turno e passa o dado. Caso contrário, continua jogando para tentar aumentar sua pontuação. Você sempre pode decidir parar de lançar os dados, momento em que soma o seu total atual com a sua pontuação geral e passa o dado para o próximo jogador.

O jogo é muito simples. Mas é realmente justo? O primeiro jogador tem uma vantagem? Como o Pig é um jogo sobre acumular pontos, turno após turno, ele favorece o primeiro jogador: essa pessoa tem uma chance a mais de atingir 100 primeiro. Se houver cinco jogadores e no décimo turno o jogador que saiu primeiro marcar 100 ou mais pontos, esse jogador ganha. Mas alguns dos outros jogadores, que só conseguiram jogar nove rodadas, poderiam ter chegado a 100, se também tivesse alcançado um décimo turno.

O Pig incorpora o clássico problema do design de jogos de criar igualdade de condições de concorrência. Idealmente, todo jogador deve ter a mesma chance de ganhar. Então, qual é a solução? Há alguns possíveis ajustes de design de jogo. Uma solução é que o vencedor do jogo anterior consegue sair primeiro, como uma recompensa a mais. Mas isso não resolve o problema de decidir quem sai primeiro no primeiro jogo. O vencedor deve ser recompensado dessa forma? Fazer isso cria um ciclo de *feedback* positivo, o que poderia desequilibrar o jogo. O jogador com a menor pontuação deveria sair primeiro? Nenhuma dessas soluções é imparcial com todos os jogadores.

Outra solução é recorrer a uma jogada de dados aleatória para determinar a ordem do jogador. O jogador que tirar o maior número sai primeiro. Mesmo que um grande número de jogos use esse método, ele não é necessariamente a melhor solução para o problema. Será que parecerá justo para todos os jogadores? Por exemplo, como a ação se dá pelo círculo de jogadores, o jogador que tirou o menor número pode acabar como o segundo jogador, caso esse jogador esteja sentado ao lado da pessoa que tirou o maior número. Em todo caso, mesmo que a ordem dos jogadores seja determinada aleatoriamente, o jogador que joga primeiro ainda tem uma vantagem sobre os outros, e a desigualdade permanece.

Ainda outra solução seria disputar o jogo um número de vezes igual ao número de jogadores na mesa, revezando o jogador que sai primeiro. Se houvesse dez jogadores, eles disputariam o jogo dez vezes. Um jogador diferente, por vez, jogaria primeiro. Eles somariam sua pontuação por um total geral ou o jogador que ganhasse a maioria das vezes seria nomeado o grande vencedor. Essa solução funciona matematicamente para igualar o jogo, mas, de repente, transforma a experiência casual do Pig em um torneio estruturado. E se você só quiser disputar um ou dois jogos e não toda uma série de jogos?

Emprestamos o jogo Pig do livro de Reiner Knizia *Dice Games Properly Explained.*[7] Knizia nota muito essa desigualdade e sugere o seguinte como uma variação: quando um jogador chega a 100, todos os demais jogadores podem jogar o dado mais uma vez e terminar a rodada. Se mais de um jogador acabar excedendo 100, o jogador com maior pontuação ganha. Isso é melhor que qualquer um dos ajustes propostos anteriormente, mas mesmo essa solução bem elaborada tem falhas. Na solução de Knizia, é melhor *não* ser o primeiro jogador a alcançar 100, porque todos os outros jogadores sabem exatamente a pontuação de que precisam para ganhar, e eles irão pressionar sua sorte para vencer o jogador que está prestes a ganhar. Na verdade, é melhor se você for o último a lançar o dado durante a rodada final. Como é muito provável que o jogador que saiu em primeiro lugar no início do jogo seja, matematicamente, o primeiro a fazer 100 pontos, acaba sendo uma ligeira desvantagem ser o primeiro jogador.

Mesmo em um jogo muito simples, como o Pig, não há solução perfeita que ofereça igualdade absoluta para todos os jogadores. Mas, felizmente, os jogadores não são seres perfeitamente racionais. Eles são humanos, e a melhor solução não é necessariamente a melhor resposta matemática à questão de igualdade, mas o que *parece* certo dentro do contexto de um jogo. Igualdade absoluta, como a aleatoriedade pura em um algoritmo de computador, pode ser um mito. Mas enquanto a *impressão* de igualdade persistir no jogo, os jogadores continuarão fiéis e entrarão no círculo mágico desenhado para eles.

Como reflexão final, a imparcialidade em si é algo que pode ser posto em jogo em um jogo? Nós sugerimos que outros componentes do conflito do jogo, como a competição e a cooperação, ou alcançar metas do jogo, poderiam ser desafiados por meio de designs inovadores como o pegar o rabo do dragão. Será que isso também aumenta a igualdade de condições de concorrência em um jogo? Talvez. Mas essa é uma pergunta muito complicada. No esquema seguinte, ***Quebrando as regras***, fazemos o possível para respondê-la.

Leitura complementar

Homo Ludens, de Johann Huizinga *(ver página 114 do volume 1)*

> ***Recomendado:***
> Capítulo 1: Nature and Significance of Play as a Cultural Phenomenon

The New Games Book, de Andrew Fluegelman e Shoshana Tembeck *(ver página 36 do volume 1)*

> ***Recomendado:***
> "Creating the Play Community", Bernard DeKoven
> "Theory of Game Change", Stewart Brand

Notas

1. Bernard DeKoven, *The Well-Played Game* (Nova York: Doubleday, 1978), p. 11.
2. Mihaly Csikszentmihalyi, *Flow: The Psychology of Optimal Experience* (Nova York: HarperCollins Publishers, 1991), p. 72-3.
3. Andrew Fluegelman and Shoshana Tembeck, *The New Games Book* (Nova York: Doubleday, 1976), p. 87-88.
4. Ibid. p. 47.
5. Roger Caillois, Man, *Play, and Games* (Londres: Thames and Hudson, 1962), p. 14.
6. Ibid. p. 14-15.
7. Reiner Knizia, *Dice Games Properly Explained* (Tadworth, Surrey: Right Way Books, 1992), p. 128-30.

Resumo

- O conflito é um elemento intrínseco de todo jogo. O conflito em um jogo emerge de dentro do círculo mágico enquanto os jogadores lutam para atingir os objetivos de um jogo.
- O conflito de jogo surge de muitas maneiras. O conflito pode ser individual ou baseado em equipe, cooperativo ou não cooperativo, direto ou indireto. Muitos jogos misturam e combinam formas de conflito dentro de uma única estrutura de jogo.
- As formas de conflitos que ocorrem dentro de um jogo são uma consequência direta de suas regras. Uma maneira de formular o espaço de possibilidades de um jogo é que ele é um espaço de possíveis formas de conflito. Os jogadores participam não só das formas de conflito que o design de jogos prescreve, mas também encontrarão suas próprias formas.
- Todos os jogos são **competitivos** no sentido de que os jogadores lutam uns contra os outros ou contra um sistema de jogo. Sem essa noção de competição, a interação lúdica significativa seria difícil porque os jogadores não conseguiriam avaliar seu progresso pelo espaço de possibilidades de um jogo.
- Todos os jogos são **cooperativos** no sentido de que participar significa envolver-se com significados compartilhados do jogo, "falando a linguagem" do jogo com outros jogadores com o intuito de interagirem.
- **Cooperação sistêmica** refere-se à cooperação discursiva, fundamental que é intrínseco a todos os jogos. **Cooperação entre jogadores** refere-se a jogos em que os jogadores trabalham em conjunto para atingir a meta. Nem todos os jogos apresentam cooperação entre jogadores.
- O objetivo do jogo é um elemento fundamental que modela a estrutura formal do jogo. O objetivo é aquele pelo qual os jogadores lutam e, ao mesmo tempo, aquele que representa a morte final ou simbólica de um jogo.
- Definir as **condições de derrota e vitória** é um componente importante do design de jogos. As condições de vitória e derrota modelam de forma direta os possíveis resultados de um jogo.
- O conflito de jogo tem como premissa a **igualdade de condições de concorrência** em que todos os jogadores têm oportunidades iguais de ganhar. Um jogo realmente equitativo é virtualmente impossível no mundo real, criando uma tensão intrínseca em relação à imparcialidade de qualquer jogo. Em geral, os jogadores se recusam a jogar um jogo que consideram injusto.

QUEBRANDO AS REGRAS

21

jogadores padrão

jogadores dedicados

jogadores antiesportivos

trapaceiros

desmancha-prazeres

estratégias degeneradas

explorações

[As regras que os jogadores verbalizam] são um conjunto idealizado de regras — elas são as regras pelas quais as pessoas **deveriam** *interagir e não aquelas pelas quais* **de fato** *elas jogam (...) podemos conhecer* **dois** *conjuntos de regras: as ideais* **e** *aquelas pelas quais as regras ideais são aplicadas, mal aplicadas ou subvertidas.*

— ***Kenneth Goldstein***, *"Strategies in Counting Out"*

Quando você **tem** *de ganhar, você está disposto a quebrar as regras que puder se isso for ajudá-lo a chegar mais perto do objetivo. Quando tem de ganhar, você não está preocupado com a imparcialidade, o sentimento, a comunidade, ou mesmo a diversão. Quando você tem de ganhar você não pode sair do jogo até, finalmente, ganhar.*

O que é surpreendente para mim sobre tudo isso é que o jogo em si não muda. As regras e as convenções são as mesmas. Mas a maneira de jogar o jogo é completamente diferente.

— ***Bernard DeKoven***, *The Well-Played Game*

Lara Croft, continuidades | Robert Nideffer | | **Tony Hawk's Pro Skater 3** | Neversoft

Entertainment

Introdução à quebra de regras

Esse esquema começa com duas citações de pensadores que já vimos antes. O folclorista Kenneth Goldstein apareceu primeiro no esquema *Incerteza,* em que ele examinou as formas como as crianças subvertem o ritual de eliminação em uma parlenda por meio de várias estratégias sutis e evasivas, como adicionar um verso extra para evitar ser escolhido. Introduzimos Bernard DeKoven no esquema anterior *Conflito* como uma figura de destaque no New Games Movement.

Goldstein ressalta que, embora os jogos tenham regras, eles devem ser considerados como tendo dois conjuntos de regras: as regras ideais do jogo e as regras reais do jogo, as quais às vezes são mal aplicadas e subvertem as regras ideais. DeKoven aborda o mesmo conjunto de questões de um ponto de vista diferente. Ele indica que alguns jogadores estão tão motivados a ganhar que desconsideram as noções usuais de imparcialidade. O que mais parece intrigar DeKoven é que esses estilos opostos de jogar podem ocorrer juntamente com a interação normal dentro da estrutura do mesmo jogo.

Quer estejamos falando sobre regras ideais *versus* regras reais ou jogadores honestos *versus* jogadores trapaceiros, ambos os escritores apontam para um fenômeno importante de jogo. Até agora neste livro, descrevemos jogadores de uma forma quase ingênua: assumimos que cada jogador é um jogador sério, que joga com cuidado e honestidade segundo as regras. Embora isso não descreva muitos jogadores, certamente não se aplica a todo e qualquer jogador. Considere as crianças que Goldstein estudou na sua análise dos jogos de eliminação no estilo parlenda. Ao manipular as rimas almejando alcançar determinados resultados (*ele* será escolhido, não eu!), o que esses jogadores estavam realmente fazendo? Estendendo ou alterando as regras do jogo de eliminação com o objetivo de ganhar? Estavam trapaceando no jogo? Ou simplesmente jogando muito bem? Esse esquema formal final, *Quebrando as regras,* tem um olhar diretamente voltado sobre como os jogadores modificam, trapaceiam e quebram os sistemas de regras cuidadosamente elaborados que estudamos tão exaustivamente nos vários capítulos anteriores.

De muitas maneiras diferentes, quebrar as regras parece fazer parte dos jogos. Seja tentando safar-se de uma falta enquanto o árbitro não está olhando, alterando um jogo de tabuleiro para jogar com um conjunto especial de "regras da casa" ou usando um ás de espadas escondido na manga, reconfigurar, quebrar e ignorar as regras parece ser uma parte intrínseca dos próprios jogos. Mas o que orienta um jogador a quebrar as regras? Qual é o efeito da quebra de regras no jogo? Como o design de um jogo encoraja ou desencoraja os jogadores a quebrar as regras? Por fim, pode a quebra de regras ser usada como uma estratégia criativa para o design do jogos? Investigamos essas perguntas nas próximas páginas.

Tipos de quebra de regras

A modificação e a quebra de regras manipulam a estrutura de um jogo. Trapaça ou transgressão em um jogo significa quebrar as regras, ter uma relação com o sistema formal que é diferente da relação que o sistema formal em si pressupõe e endossa. Ao considerar as maneiras como as regras do jogo são quebradas, podemos dividir os jogadores em diferentes "tipos" de jogadores. Cada tipo de jogador é definido por sua relação com os sistemas formais de um jogo, ao longo de três eixos de comportamentos e atitudes:

- A adesão às regras do jogador violador de regras.
- O interesse do violador de regras em ganhar.
- O grau de atitude lúdica do jogador violador.

Tipos de jogador

O jogador padrão. Esse tipo é um jogador "padrão" e honesto, que joga o jogo como ele foi concebido para ser jogado, seguindo as regras e respeitando a sua autoridade.

O jogador dedicado. Esse primo próximo do jogador padrão estuda os sistemas formais de um jogo para dominar e aperfeiçoar suas jogadas, muitas vezes, encontrando e explorando estratégias incomuns para ganhar. *Exemplos: atletas profissionais, jogadores inveterados.*

O jogador antiesportivo. Esse terceiro tipo de jogador segue as regras do jogo, mas faz isso de uma maneira que viola o espírito da atitude lúdica. *Exemplos: o irmão mais velho que nunca deixa o mais novo ganhar, ou o receptor no beisebol que tenta desviar a concentração na base.*

O trapaceiro. O trapaceiro, ao contrário dos outros tipos de jogadores, realmente quebra as regras formais do jogo, mas faz isso para ganhá-lo. *Exemplo: o jogador do esconde-esconde que espia enquanto os outros jogadores se escondem.*

O desmancha-prazeres. Esse tipo dificilmente pode ser considerado um jogador. Diferentemente do trapaceiro, o desmancha-prazeres se recusa a reconhecer o círculo mágico do jogo e não se preocupa em ganhar ou seguir as regras. *Exemplo: o jogador do Twister frustrado que arruína um jogo empurrando os outros jogadores.*

Nas seções a seguir, descrevemos cada tipo de jogador em mais detalhes. Mas, antes de continuar, é importante reconhecer que essas categorias não são fixas nem mutuamente exclusivas. As fronteiras entre elas são um pouco vagas e frequentemente contextuais. Um jogador que é extremamente dedicado entre amigos jogadores poderia ser visto como um "jogador poderoso", antiesportivo e excessivamente competitivo ao jogar com jogadores mais casuais. Da mesma forma, um jogador pode alternar entre as categorias ao longo do tempo, ou mesmo no decorrer de um mesmo jogo. Mas apesar das vagas fronteiras entre eles, essas categorias fornecem uma tipologia útil para compreender as formas como jogadores estendem, modificam e quebram as regras do jogo.

Jogadores padrão

O *jogador padrão* é o caso de teste contra o qual todos os outros tipos de jogadores são comparados. O jogador padrão tenta seguir as regras da melhor maneira que pode, respeitando a sua autoridade e honrando os limites por elas estabelecidos. Em termos de regras, objetivos e posse da atitude lúdica, o jogador padrão é o cidadão mais respeitador da lei.

Será que a maioria dos jogadores se encaixa nessa descrição? Na verdade, eles se encaixam. O círculo mágico é fluido, mas quando a maioria dos jogadores joga, em especial um jogo com outros jogadores que podem ser vistos face a face, eles respeitam as regras e jogam do começo ao fim. Por que a interação face a face é importante? Um jogo é uma espécie de contrato social. A presença de outros jogadores é importante para manter a autoridade do círculo mágico, porque se um grupo de jogadores estiver obedecendo às regras, eles implicitamente policiam e reforçam o bom jogo. Por quê? Porque se decidiram investir o jogo com significado, a fim de interagir, todos eles têm um interesse em manter as condições de igualdade de concorrência nos conflitos criados pelas regras. Isso não significa que a maioria dos jogadores é escrava das regras de um jogo, mas, em geral, observando todos os fenômenos de jogos, os jogadores seguem as regras. Se não fosse esse o caso, então a trapaça nos jogos seria a regra e não a exceção.

Você pode discordar da nossa tese de que a maioria dos jogadores não quebra as regras. Também seria possível assumir a posição, por exemplo, de que existe um trapaceiro dentro de todo jogador, que a força do desejo de jogar que leva um jogador a ganhar contém as sementes de trapaça. Trapaça, nessa visão, seria um aspecto intrínseco da atividade lúdica, mesmo que nem sempre chegasse à superfície na forma de uma verdadeira violação de regra. Mas quer o "jogador padrão" seja realmente a maioria ou uma ficção que não existe na realidade, a noção de "jogador padrão" ainda é importante. A *ideia* de que há um jogador padrão, um jogador que segue sinceramente as regras, sem tentar adaptá-las e quebrá-las, fornece o cenário contra os quais estilos de jogo menos regulados por regras podem ser entendidos.

Jogadores dedicados

O próximo tipo de jogador é o *jogador dedicado*. O jogador dedicado é realmente mais um caso especial do jogador padrão do que um tipo de jogador completamente diferente. O jogador dedicado deseja tornar-se um especialista em um jogo, e estuda diligentemente as regras do jogo na tentativa de maximizar as chances de ganhar. Enquanto jogadores padrão demonstram uma vontade de vencer e um interesse nas regras do jogo, os jogadores dedicados se aplicam a essa tarefa com certo tipo de zelo, a um grau que os jogadores mais casuais podem não achar agradável. Se o jogo permitir, os jogadores dedicados tendem a praticar, testar estratégias e aperfeiçoar seus conhecimentos do jogo.

Um típico turista de Las Vegas que quer desfrutar o Blackjack pode jogar alguns jogos aqui e ali, visitando diferentes cassinos e mesas contando com a intuição para guiá-lo enquanto ele joga. Um jogador de Blackjack dedicado, por outro lado, não jogará algumas meras rodadas casuais, mas provavelmente estudará um ou dois "sistemas" do Blackjack e colocará em ação, descobrindo mesas com variantes vantajosas das regras, contando cartas durante o jogo e passando longas horas na mesa de Blackjack a fim de equilibrar suas chances de ganhar. A diferença entre jogadores dedicados e jogadores padrão é uma questão de grau, e não de tipo.

Lembre-se de que as diferenças entre os tipos de jogadores são determinadas ao longo de três eixos: sua relação com a atitude lúdica, seu respeito pela autoridade das regras e seu interesse em atingir o objetivo do jogo. Dentro de cada uma dessas categorias, os jogadores dedicados lembram os jogadores padrão. Mas os jogadores dedicados têm um maior envolvimento com o jogo, um cuidado maior com a disputa. É mais importante para os jogadores dedicados ganhar e, para fazê-lo, eles geralmente aprendem e dominam as regras de um jogo. Ao mesmo tempo, os jogadores dedicados tendem a investir o círculo mágico de mais autoridade, por causa do valor do seu investimento no jogo como um todo. Eles possuem quantidades extras de atitude lúdica, saboreando as ineficiências de jogos como importantes desafios a superar com a máxima proficiência.

Quem são os jogadores dedicados? Atletas e jogadores profissionais — aqueles que ganham a vida como jogadores. São então os chamados "hardcore gamers", dos históricos jogadores de guerra *grognard* aos líderes de clã de *deathmatch* com seus computadores personalizados.

Em geral, os jogadores dedicados exigem mais profundidade e complexidade, um rico espaço de possibilidades em seus jogos. É por isso que não jogadores costumam achar a conduta dos *hardcore gamers* intrigantemente complexa e inacessível.

Jogadores dedicados tendem a jogar com um zelo que muitas vezes afasta os jogadores menos dedicados, os quais às vezes se surpreendem pelo fato de os jogadores dedicados levarem o jogo muito a sério. O jogador de Blackjack dedicado que descrevemos, que poderia passar a maior parte das férias em Las Vegas nas mesas de Blackjack, pode parecer incompreensível para o jogador padrão casual, que considera os jogos uma forma de descontração e lazer. Um jogador casual não quer gastar tantas horas de vigília dentro do círculo mágico de um jogo.

Há uma linha muito tênue entre jogadores dedicados e jogadores padrão e, muitas vezes, a diferença é contextual. Entre seus companheiros de boliche dedicados, você pode se encaixar perfeitamente como um jogador normal, zombando dos jogadores da liga que usam as camisas iguais e jogam com "muita seriedade" para se divertirem. Mas quando você termina um jogo com um grupo de novatos que quer abandonar uma partida no meio para ver um filme, você pode acabar sendo acusado de levar o jogo muito "a sério" ao pedir que eles fiquem para o décimo quadro e terminar o que começaram.

Como designers de jogos, é importante entender a variedade de tipos de jogador que encontrarão seu jogo, e os tipos de relacionamentos que eles terão com as regras, metas e círculo mágico delineados pelo seu jogo. Alguns jogos atraem claramente os jogadores padrão e os dedicados, como o Scrabble. O Scrabble é muitas vezes jogado como jogo familiar casual, mas também suporta uma cultura de competição internacional de exímios jogadores. Outros tipos de jogos tendem a atrair um tipo de jogador em detrimento de outro. Jogadores que apreciam ritmo exploratório de "baixa pressão" do Myst geralmente não são o mesmo tipo de público jogador dedicado que passaria as muitas horas necessárias para entender e dominar o jogo Myth: The Fallen Lords. Há uma divisão semelhante entre jogadores de computador e de jogos de salão como o Pictionary e os fãs de complexos jogos de guerra e jogos de RPG.

As duas primeiras categorias de jogadores — padrão e dedicados — não são, em última análise, violadores de regras. São os jogadores "clássicos", os tipos para os quais normalmente designers criam jogos, funcionários leais das regras. Como os jogadores padrão, os jogadores dedicados são de fato cumpridores das regras. Mas, como veremos em breve, apesar de parecerem investir mais no círculo mágico de um jogo, sua dedicação os leva a um passo de quebrar as regras.

Jogadores antiesportivos

O terceiro tipo é o *jogador antiesportivo.* Jogadores antiesportivos fazem qualquer coisa para ganhar. Tentam encontrar atalhos para a vitória, explorando a rigidez das regras para localizar brechas que podem colocá-los à frente dos outros. Um boxeador antiesportivo, por exemplo, poderia agarrar constantemente as cordas ou entrar em um *clinch* sempre que o adversário avançasse agressivamente. Note que o boxeador não chega a realmente quebrar as regras do jogo. De fato, alguns podem considerar essa abordagem uma estratégia válida do boxe. Mas, de certo modo, o pugilista antiesportivo viola o espírito da competição do boxe ao desfigurar a pureza da batalha entre as habilidades atléticas dos dois lutadores.

Ao contrário dos jogadores padrão e dos dedicados, que geralmente engajam abertamente no caráter "diversão", há algo negativo sobre o comportamento antiesportivo. Ele transforma o zelo especial de jogadores dedicados em algo que parece contrariar a natureza lúdica de brincadeiras e jogos. Um jogador antiesportivo não é um trapaceiro. Ele segue as regras de um jogo, mas de uma forma que viola o espírito do jogo. Ao tentar driblar os desafios de um jogo, o jogador antiesportivo se recusa a se entregar completamente à atitude lúdica, na qual as ineficiências do jogo são prontamente aceitas.

O comportamento antiesportivo é uma violação de regras "não escritas" do jogo, as *regras implícitas* que não são realmente escritas, mas observadas por todos os jogadores. Essa é a forma como o jogador antiesportivo "tecnicamente" evita a designação de trapaceiro, embora não conseguindo respeitar completamente a atitude lúdica. Uma das regras implícitas do jogo da velha que discutimos em *Regras em três níveis* é o prazo implícito entre os turnos. Mesmo que as regras operacionais não mencionem um limite de tempo, a ideia de que um jogador deve revezar-se depois de uma quantidade "razoável" de tempo é uma regra implícita do jogo. Imagine um jogador antiesportivo que esteja prestes a perder no jogo da velha, mas se recusa a jogar na vez dele. O jogador poderia afirmar que está "pensando" no seu próximo movimento, e alega que como as regras não estabelecem um limite de tempo, ele pode demorar o quanto quiser, até mesmo anos, antes de ter de se mover. Esse tipo de comportamento, apesar de não violar as regras operacionais, viola claramente o espírito do jogo.

Estratégias degeneradas

Jogadores dedicados e antiesportivos têm modos particulares de se envolverem com o sistema de um jogo. Um comportamento comum que esses tipos de jogador apresentam é fazer uso de *estratégias de degeneradas* ou *explorações*. Encontramos as estratégias degeneradas pela primeira vez em ***Jogos como sistemas de teoria dos jogos.*** A estratégia degenerada é uma forma de jogar que tira proveito de uma falha no design do jogo, para que a estratégia garanta o sucesso.

As estratégias degeneradas aparecem muito em jogos complexos, em que as numerosas permutações da interação às vezes permitem atalhos no espaço de possibilidades. Por exemplo, você está disputando um jogo de estratégia em tempo real contra o computador e percebe que a IA do programa não trata bem do *pathfinding*. (*Pathfinding* se refere aos aspectos do programa que tramam caminhos de navegação para os personagens controlados pelo computador ao longo do terreno cheio de obstáculos.) Sempre que as tropas controladas por computador se movem pelos obstáculos, elas começam a marchar em grupo, mas acabam desorganizadas, com unidades individuais presas em áreas irregulares do terreno. Mas não é difícil para você fazer pequenas correções necessárias para manter suas tropas unidas. Se você decidiu se aproveitar dessa fraqueza levando estrategicamente os adversários controlados pelo computador a partes cheias de obstáculos do mapa, você estaria usando uma estratégia degenerada.

Aproveitar-se da fraqueza do jogo dessa maneira não exatamente constitui trapaça, mas isso explora a estrutura do jogo como um meio de ganhar. Embora os jogos não sejam desenhados para serem explorados pelos jogadores, o que faz uma estratégia degenerada ser degenerada não é apenas o fato de ela ir contra a intenção dos designers. Usar uma exploração é uma maneira de jogar que viola o espírito do jogo, semelhante a se aproveitar da regra implícita que rege o tempo entre os turnos do jogo da velha.

As estratégias degeneradas também aparecem em jogos não digitais. Nas primeiras edições do Magic: The

Gathering, certas combinações de cartas eram simplesmente tão poderosas que podiam destruir um jogador no primeiro turno, antes mesmo de a partida ter tido a chance de se desenvolver. Wizards of the Coast, a editora do jogo, declarou certas cartas "oficialmente" ilegais, mais notoriamente a carta Black Lotus, a fim de manter esse tipo de experiência sob controle. Em jogos de torneios regulamentados, as cartas proibidas não eram utilizadas. Mas nos jogos mais casuais, os jogadores continuaram a incluí-las em seus baralhos por anos.

Por que não usar uma estratégia degenerada considerada trapaça? As estratégias degeneradas tiram proveito dos pontos fracos nas regras de um jogo, mas, na verdade, não violam as regras. Que tipo de jogador jogaria dessa maneira? A resposta é tanto um jogador dedicado, que busca com extremo entusiasmo a estratégia perfeita, como um jogador antiesportivo, que encontra uma brecha nas regras a ser explorada, mesmo que ele saiba que não está jogando o jogo da forma como foi concebido. Esses dois tipos de jogadores podem fazer uso de estratégias degeneradas, dependendo do contexto.

A diferença entre um jogador dedicado e um jogador antiesportivo é o grau no qual o jogador se inscreve na atitude lúdica. Os jogadores dedicados seguem as regras em todos os níveis. Os jogadores antiesportivos seguem as regras operacionais, mas não seguem todas as regras implícitas. Os jogadores dedicados realmente conservam o círculo mágico de um jogo, mas os antiesportivos, não, ocasionalmente saindo de suas fronteiras para modificar as regras.

Em geral, definir se uma estratégia degenerada é ou não uma forma "adequada" de jogar depende de como se estabelece a experiência do jogo. Quando se descobriu que o Pac-Man poderia ser jogado memorizando padrões de movimento em vez de pelas táticas de improvisação de momento a momento, a reação do jogador caiu em dois campos. Alguns reprovaram o uso de padrões de jogo memorizados como uma violação do espírito do jogo. Outros jogadores, no entanto, aproveitaram os padrões a fim de obter maior pontuação. Esses jogadores padrão não se consideram antiesportivos: eles se consideravam jogadores dedicados que simplesmente descobriram uma maneira melhor (e mais exigente) de jogar o jogo.

Mais um exemplo: você se lembra do hipotético jogo de luta de nossa investigação anterior sobre estratégia degenerada? O jogo poderia ser vencido usando uma técnica repetidamente em vez explorar o sistema cuidadosamente orquestrado de movimentos de luta criados pelos designers do jogo. Seria possível dizer que o jogador que usa essa estratégia degenerada está se comportando de maneira antiesportiva, jogando mal o jogo, sacrificando a "diversão" em troca de um atalho para a vitória. Mas também seria possível dizer que a exploração foi usada por um jogador dedicado que "resolveu" o jogo de luta como um quebra-cabeça. Tal como acontece com os jogadores padrão do Pac-Man, em vez de jogarem o jogo da maneira como ele foi concebido para ser jogado, o jogador dedicado simplesmente inventou um novo método de interação. Esse é sem dúvida um exemplo de jogo transformador, um importante fenômeno dos jogos que investigaremos nos próximos capítulos.

Se uma particular estratégia degenerada é ou não considerada adequada, em geral, é contextual. Por exemplo, o uso da exploração de uma única técnica para vencer todos os adversários controlados pelo computador no nosso hipotético jogo de luta pode ser admirado por um grupo de jogadores por sua elegância. Por outro lado, se a estratégia degenerada fosse usada contra outros jogadores humanos, as disputas se tornariam jogos desinteressantes, em que ambos os jogadores contariam repetidamente com a técnica explorável. Nesse contexto social, a exploração seria desaprovada e considerada comportamento antiesportivo, uma violação das regras implícitas e do salutar espírito do jogo. O *significado* de uma ação no jogo, mesmo que a ação seja a seleção de uma estratégia geral, é sempre influenciada pelo contexto em que ocorre. Em um contexto social, a exploração desequilibra as condições de igualdade de conflitos e reduz o espaço de possibilidades a uma faixa muito estreita, ameaçando a interação significativa do jogo.

Ecossistemas de estratégias degeneradas

Como regra geral, você quer ficar atento às estratégias degeneradas e mantê-las fora do seu jogo. A possibilidade de ganhar um jogo jogando de maneira singular demonstra um design de jogo pobre, um espaço de possibilidades com um curto-circuito não intencional, limitador. Há, porém, uma linha extremamente tênue entre estratégias degeneradas e formas criativas de disputar um jogo. Há algo excitante em fazer jogadores explorarem o espaço de possibilidades do seu jogo, em descobrir novas estratégias e formas de jogar. Se o jogo for suficientemente complexo e a comunidade de jogadores grande o bastante, as estratégias degeneradas que surgirem podem ser combatidas por novas estratégias criadas especificamente para se opor às explorações. Surge um ecossistema da comunidade, em que diferentes estilos de jogo competem pelo domínio.

Nas comunidades de jogos estratégicos em tempo real (*real-time strategy*, RTS), por exemplo, os jogadores sempre procuram maneiras de chegar à frente nos painéis de pontuação. Command and Conquer, como a maioria dos jogos RTS, destinava-se a enfatizar o constante planejamento e o progressivo desenvolvimento. Mas, com o tempo, surgiu uma estratégia degenerada chamada "*tank rush*". Em vez de criar forças lentamente, um jogador usando a estratégia "*tank rush*" poderia criar rapidamente um grupo de tanques e acabar com o acampamento base do adversário no início do jogo, antes que ele tivesse uma chance de preparar suas defesas. Embora a estratégia degenerada *tank rush* arruinasse os jogos de muitos jogadores que desejavam um conflito de longo prazo mais comum, ela também gerava novos tipos de estratégias defensivas. A introdução de uma estratégia degenerada ampliou todo o espaço de possibilidades do jogo.

Embora algumas comunidades de jogadores tenham recursos suficientes para criar os seus próprios antídotos contra estratégias degeneradas, em geral, os próprios criadores precisam intervir e corrigir as brechas, como no caso da carta Black Lotus do Magic. Com os jogos populares, as estratégias de jogo às vezes evoluem de tal modo que é necessário um refinamento da estrutura formal, como um jardineiro que poda os galhos de uma árvore para melhorar a saúde geral da planta. O processo de correção da estratégia degenerada é, em última análise, parte do processo iterativo de design do jogo. Um jogo que passou por constante aperfeiçoamento foi o basquete profissional nos EUA.

Durante as últimas décadas, o basquete sofreu uma série de mudanças de regra. Por exemplo, nas décadas de 1960 e 1970, a maior parte da ação ocorria bem abaixo da cesta, onde a chance de fazer pontos era maior. O jogo era dominado por jogadores altos que podiam controlar esse espaço com maior capacidade defensiva e ofensiva que a sua altura proporcionava. Duas regras que foram introduzidas reorganizaram a ação do jogo e neutralizaram as estratégias degeneradas que estavam começando a surgir. A linha de três pontos incentivou os jogadores a atuarem longe da cesta, desafiando-os a se arriscar em uma jogada mais distante com objetivo de ganhar um ponto extra. Ao mesmo tempo, a regra de três segundos, que impedia jogadores ofensivos de gastarem mais de três segundos parados nas marcas embaixo da cesta, ajudou a desobstruir os congestionamentos da zona de pontuação. O resultado final dessas duas regras é que os jogadores rápidos que podiam costurar pela zona debaixo da cesta, talvez voltando para trás da linha de três pontos a fim de fazer um arremesso, se tornaram mais importantes do que os estáticos e imponentes jogadores mais altos. O espaço de possibilidades do jogo se ampliou para incluir não só as mais diversificadas estratégias de jogo, mas também os mais diversos tipos físicos de jogadores para implementá-las.

O basquete também tem muitas outras regras que foram modificadas com o passar do tempo, desde a introdução do drible quase no início do século até a inovação mais recente do *shot clock* (limite de tempo em que uma equipe pode reter a bola sem tentar uma cesta) e as recorrentes controvérsias sobre a defesa de zona. Em seu ensaio "The Heresy of Zone Defense", o crítico cultural Dave Hickey aborda eloquentemente esse processo de iteração de regras:

> A "regra da defesa ilegal", que proibiu as defesas de zona, porém, fez mais do que salvar o jogo. Ela transformou o basquete profissional em fluida complexidade (...) deixando a época do "zoneamento territorial" do basquete para trás. Inicialmente, temia-se que essa defesa legislada de homem para homem resolveria a competição em termos de "vantagens competitivas naturais" (como um economista poderia chamá-la), pois se cada jogador é confrontado com um jogador do outro time, o jogador com mais altura, massa muscular, velocidade ou agilidade pareceria ter uma vantagem permanente. Mas não é preciso marcar o mesmo homem o tempo todo; você pode trocar, e essa permissão criou o belo "jogo equilibrado" em que ambos

os times criam táticas como as trocas de marcação e jogadas como o corta-luz para criar situações vantajosas para o ataque ou a defesa — a fim de gerar uma interação em constante mudança.[1]

As estratégias degeneradas podem resultar em design interativo. É agradável pensar em um design de jogo como um design em processo, que pode crescer e evoluir ao longo do tempo, mantendo-se novo, em resposta à evolução das necessidades e estratégias inventadas. À medida que a capacidade atlética dos jogadores e a perspicácia estratégica dos treinadores testavam os limites do sistema, as regras do basquete foram refinadas. Mudanças nas regras mantiveram a firmeza do espaço de possibilidades, permitindo aos jogadores mover-se livremente dentro dele. Ainda hoje, mudanças regulares nas regras continuam a manter o jogo revigorado. O próprio ato de mudar as regras — seja por designers de jogos, por jogadores ou por organismos reguladores — é um tipo importante de design de jogo que será mais abordado nas próximas páginas.

Trapaceiros e desmancha-prazeres

O jogador que transgride as regras ou as ignora é um "desmancha-prazeres". O desmancha-prazeres não é igual ao jogador enganador, o trapaceiro; pois este finge jogar e, por isso, ainda reconhece o círculo mágico (...) o desmancha-prazeres destrói o mundo do jogo. Ao retirar-se do jogo, ele revela a relatividade e a fragilidade do mundo do jogo em que havia temporariamente se fechado com os outros.

— ***Johann Huizing***, *Homo Ludens*

As duas últimas categorias de jogadores são os trapaceiros e os desmancha-prazeres. Até aqui tivemos de olhar muito atentamente o comportamento dos jogadores para decidir se querem ou não violar o sistema formal do jogo e que realmente quebram as regras. Com essas duas últimas categorias de jogadores, as coisas se tornam mais explícitas.

O que define o *jogador trapaceiro?* O trapaceiro quebra as regras. Ao contrário do jogador antiesportivo, que simplesmente quebra as regras implícitas, não ditas do jogo, o trapaceiro transgride as regras operacionais, as verdadeiras regras do jogo. O trapaceiro é o jogador que secretamente move uma peça, quando seu adversário tira as vistas do tabuleiro, o jogador que rouba dinheiro do Monopoly e o esconde para uso futuro, o jogador que usa uma bola de golfe não regulamentada em um torneio para ganhar um pouco mais de distância. O trapaceiro sorrateiramente age de forma não prescrita pelas regras, a fim de ganhar vantagem.

A trapaça destrói um jogo? O paradoxo inesperado de trapacear é que, como afirma Huizinga, o trapaceiro ainda está de alguma maneira jogando. Ele quebra as regras, mas apenas para continuar jogando. Assim, enquanto o trapaceiro tira bastante da atitude lúdica ao desrespeitar a autoridade das regras, ele ainda tem fé no conflito sancionado do jogo: ser o vencedor ainda tem significado para o trapaceiro. Pode parecer um comportamento bizarro. Qual é o sentido de depender da autoridade dos resultados quantificáveis quando os passos prescritos para chegar lá são desrespeitados?

Acontece que o trapaceiro está apenas a um passo de distância do jogador dedicado. É possível simpatizar-se com um trapaceiro, porque ele também tem uma paixão pela vitória. Um trapaceiro almeja ganhar, mas deseja muito, cometendo crimes para alcançar o objeto de desejo. Naturalmente, as motivações para trapacear são muitas. A trapaça pode nascer de um desejo de vencer o sistema do jogo em si, se mostrar para os outros jogadores ou obter recompensas de glória externa ao jogo. Mas não importa qual a motivação psicológica para a trapaça, todo o comportamento trapaceiro compartilha uma determinada série de relações formais com as regras, as metas e o círculo mágico.

O *desmancha-prazeres* é a categoria mais distante do jogador padrão. Como o designer de jogos Mark Prensky explica: "O que estraga um jogo não é tanto o trapaceiro que aceita as regras e não as segue (podemos lidar com ele), mas o niilista que as nega completamente".[2] O trapaceiro quebra as regras, mas permanece dentro do espaço de jogo. O desmancha-prazeres é mais destrutivo, recusando-se a reconhecer o jogo. O desmancha-prazeres é o jogador frustrado que critica todas as peças do tabuleiro de xadrez, que revela as informações escondidas do Charades, que responde quando não é a sua vez, que invade o banco de dados do jogo para apagar todos os registros dos jogadores. O trapaceiro é um ator coniven-

	Grau de atitude lúdica	Relação com as regras	Interesse em ganhar
Jogador padrão	Possui atitude lúdica	Reconhece a autoridade de regras	Típico interesse em ganhar
Jogador dedicado	Atitude lúdica extremamente cuidadosa	Especial interesse em dominar as regras	Enorme interesse em ganhar
Jogador antiesportivo	Às vezes, lembra o jogador dedicado, às vezes se assemelha ao trapaceiro	Adesão a regras operacionais, mas viola as regras implícitas	Enorme interesse em ganhar
Trapaceiro	Finge possuir atitude lúdica	Viola as regras operacionais em segredo	Enorme interesse em ganhar
Desmancha-prazeres	Não finge a falta de atitude lúdica	Falta de interesse em seguir as regras	Falta de interesse em ganhar

te, um espião dentro do círculo mágico, fingindo cuidadosamente obedecer a todos os seus regulamentos até mesmo quando ele os quebra. Mas o desmancha-prazeres não tem tais escrúpulos. Sua destruição do jogo não requer isolamento, porque a estrutura de regras que condenaria sua ação como ilegal é exatamente a autoridade que o desmancha-prazeres pretende minar.

Quando um conjunto de peças de xadrez é colocado em suas posições corretas no tabuleiro e um jogo começa, as peças ganham significado. Mas se, durante um jogo, a ação de um desmancha-prazeres tirar as peças do tabuleiro de xadrez, o significado é violentamente apagado. Removidas de suas posições no tabuleiro, as peças de xadrez representam apenas uma coleção de bonecos espalhados. O desmancha-prazeres retorna o jogo ao estado pré-jogo como uma coleção de peças, já não mais a personificação do espaço de possibilidades previsto pelas regras do jogo.

O desmancha-prazeres, mais do que qualquer outro tipo de jogador, demonstra a fragilidade do círculo mágico. Sem fé no jogo, sem interesse na atitude lúdica, sem respeito pelas regras, ou mesmo sem interesse pelo resultado, o desmancha-prazeres é o representante do mundo fora do jogo. Armado com uma poderosa descrença, o desmancha-prazeres não tem escrúpulos para arruinar o jogo dos outros. O trapaceiro pode invadir um *deathmatch* (mata-mata) de vários jogadores para aumentar seu tempo de conexão e, secretamente, melhorar seu desempenho no jogo. Mas o desmancha-prazeres também poderia lançar um vírus para derrubar os servidores do jogo, impossibilitando o acesso de todos os jogadores.

Comparando cinco tipos de jogador

A tabela acima resume os cinco tipos de jogadores discutidos nesse esquema. Vários padrões fascinantes surgem quando se comparam tipos de jogadores dessa maneira. O terreno incerto entre o jogador dedicado e o trapaceiro torna-se especialmente claro. O entusiasmo por um jogo pode se transformar rapidamente em uma fanática busca pela vitória, que pode levar a um comportamento antiesportivo e totalmente desonesto. Em seus investimentos compartilhados no resultado do jogo, jogadores e trapaceiros têm muito em comum.

Às vezes é difícil identificar exatamente quando um caso de trapaça é uma verdadeira transgressão do círculo mágico ou apenas parte da interação de um jogo. É uma trapaça invadir um servidor online para inserir uma alta pontuação em um quadro público de rankings? A transgressão não acontece dentro do círculo mágico de um jogo particular, mas certamente demonstra um interesse muito sério no ato de ganhar. E as faltas no esporte? E os jogos que incentivam a quebra de regras como parte do jogo? Onde se encaixam em nosso entendimento de transgressões formais? Terminaremos este capítulo examinando uma série de jogos que incorpora a violação de regras ao próprio design do jogo.

Violações sancionadas: esportes profissionais

Na maioria dos jogos, as violações de regras ameaçam destruir o círculo mágico. Mas há uma categoria de jogo em que a violação de regras por jogadores e as punições por violações das regras são uma parte importante da estrutura geral do jogo: esportes profissionais. O duplo drible no basquete, o gelo no hóquei, o uso das mãos no futebol, todas essas ações são violações de regras, mas são violações que são punidas no próprio jogo, de maneira que permitam que o jogo continue. É esperado e até antecipado que esse tipo de evento ocorra em um jogo esportivo. Seria extremamente incomum que nenhum jogador cometesse uma falta em uma partida de basquete inteira.

O que é interessante sobre a maneira como o esporte lida com a quebra de regras é que há sempre uma escala de gravidade para as diferentes violações de regras e, em geral, punição extra para a reincidência, como quando um jogador de basquete excede o número de faltas e não pode participar de um jogo depois de cometer seis delas. Uma falta simples pode ser o resultado de um "erro honesto" e por isso é tratada de forma leve. Seis faltas, por outro lado, criam um comportamento padrão de transgressão de regras, e o jogador é expulso do círculo mágico. Os árbitros, como extensões do sistema formal de um jogo, têm poderes para decidir quando ocorrem as violações e como interpretar as regras para aplicar punições. Por exemplo, os árbitros em geral têm a autoridade para tirar jogadores e treinadores dos jogos, se seu comportamento se tornar muito extremo.

Quando a violação de regras torna-se sancionada, como no esporte, uma nova camada de regras implícitas entra no espaço do jogo. Embora seja considerado jogo violento (e uma falta) proteger-se de um adversário com os cotovelos no basquete, é realmente antiesportivo dar um soco na cara desse mesmo adversário. Como a violação de regras está integrada em um jogo, ela é incorporada no espaço de possibilidades. Dependendo do jogo, os jogadores podem transgredir regras estrategicamente, aceitando a punição de curto prazo por uma vantagem estratégica ou psicológica de longo prazo.

Esse intencional agenciamento da quebra de regras pode ser bastante complexo. No basquete, os jogadores podem induzir os adversários a cometer faltas. Essa prática pode fazer com que o jogador que está tentando ganhar uma falta cometa, ele próprio, uma falta. Os jogadores que forçam passagem a caminho da cesta para ganhar uma falta são punidos, por uma falta ofensiva que resulta na perda da posse da bola.

Em esportes profissionais, o complexo sistema de infrações e punições dentro do jogo também se reflete nos órgãos reguladores profissionais que podem sancionar penalidades por infrações de maior dimensão. Fora do âmbito de um jogo individual, essas organizações governam delitos mais graves. Se descobrir-se que um atleta profissional está trapaceando ou que foi condenado por um crime, ele pode ser banido do esporte para sempre pelo corpo de profissionais do jogo.

Por que tanta atenção na violação de regras do esporte, particularmente o esporte profissional? Uma resposta é a natureza do atletismo. Em um tabuleiro de xadrez, há pouca ou nenhuma ambiguidade sobre que casa uma peça ocupa; um jogador de xadrez não vai ganhar uma vantagem por colocar sua torre em uma casa vizinha. Mas, no espaço infinitamente detalhado do mundo real, os milissegundos e milímetros podem significar a diferença entre ganhar e perder. O corredor não quer começar a correr antes do disparo, mas lançar-se para frente o mais rápido possível depois desse momento certamente oferecerá uma vantagem. Por isso os corredores "queimam" tanto as partidas nas corridas. A maioria das faltas nos esportes é motivada por uma tentativa de maximizar a vantagem ofensiva ou defensiva.

Na busca de uma motivação pela importância da violação de regras nos esportes, devemos reconhecer também o componente econômico dos jogos. Uma grande quantidade de capital está ligada aos esportes profissionais, desde os salários dos jogadores até a venda de ingressos e a publicidade da emissora. Quando as apostas externas de um jogo são altas, é especialmente importante manter e reforçar as condições de igualdade de conflito. A premissa de um esporte profissional, ainda mais do que na maioria dos jogos, é que ele está sendo jogado de forma justa. Essa ênfase na imparcialidade se estende naturalmente ao seu oposto: ênfase em quebrar as regras.

Trapaça sancionada: Illuminati

Para uma abordagem diferente da integração da quebra de regras em um jogo, recorremos ao Illuminati, um engraçado jogo estratégico de mesa baseado nos livros *Illuminatus* de Robert Anton Wilson. No jogo, os jogadores assumem o papel dos todo-poderosos Illuminati, poderosos financistas que manipulam os governos do mundo a partir das sombras onde vivem. A edição original do Illuminati continha um conjunto opcional de regras para fazer trapaças:

> ***Trapaças:***
> Algumas pessoas diabólicas acham que o Illuminati é ainda mais divertido quando nada, nem mesmo o banco, é sagrado. Nessa variante do jogo, a maioria das formas de trapaça é permitida.
>
> ***Exceções:***
> - Você não pode tombar a mesa ou desarranjar estruturas de poder do seu oponente.
> - Você pode não trazer dinheiro falso ou dinheiro de outros jogos.
> - Você não pode trapacear na quantidade de dinheiro proveniente do banco durante a fase de configuração do jogo ou de acumulação de capital (o que retardaria demais o andamento do jogo).
> - De resto, pode tudo. Qualquer um pego em flagrante deve desfazer essa trapaça. Não há outra penalidade
>
> ***Eis os métodos de trapaça sugeridos:***
> - Ler errado o resultado do dado.
> - Roubar do banco (com exceção da fase de acumulação de capital).
> - Mentir sobre a quantidade de poder ou resistência que os seus grupos têm.
> - Marcar o baralho ou espiar as cartas.
> - Se alguém deixar a mesa, vale tudo!
> - Recomendamos o jogo de trapaças apenas com bons amigos ou com pessoas que você nunca verá novamente.[3]

Essas "regras" para trapacear no Illuminati são um exemplo fascinante da relação entre seguir e quebrar regras. Normalmente, a trapaça é considerada algo que vai contra o espírito das regras do jogo. Mas, no Illuminati, o sistema formal sancionado do jogo realmente contém regras para fazer trapaças.

As regras do Illuminati para trapacear são diferentes da violação de regras no esporte profissional. Nas violações de regras do esporte, a maioria das faltas é cometida pelos jogadores que atuam o mais próximo possível dos limites daquilo que as regras permitem. No contexto da realidade do desempenho atlético, às vezes os jogadores calculam mal e acabam quebrando uma regra. Mas, no Illuminati, as sugestões de trapaça se concentram explicitamente em enganar os jogadores adversários. As regras acima sugerem diretamente puras trapaças. As regras não contêm descrições de penalidades pelas faltas: são proibições de diferentes formas de trapacear! Na verdade, não há penalidade expressa por ser pego trapaceando, a não ser desfazendo o efeito da trapaça.

A trapaça sancionada pode facilmente destruir um jogo. As "regras de trapaça" do Illuminati são uma receita para a anarquia, ou uma extensão bem desenhada do restante do livro de regras? Parece uma contradição que as próprias regras contenham sugestões para interação transgressiva. Mas um olhar mais atento às regras revela o cuidado na elaboração da estrutura formal dessa seção do Illuminati.

O Illuminati coloca numerosas restrições formais no âmbito da possível trapaça. Proibir jogadores de virarem a mesa (um comportamento clássico do desmancha-prazeres) permite que os jogadores saibam que não podem simplesmente "melar" o jogo dos outros jogadores. Impedir que os jogadores aumentem seus rendimentos garante que o jogo não ficará encalhado em disputas matemáticas. A permissão de trapaças se concentra em manter restrita a violação de regras, para que as coisas não saiam descontroladamente do círculo mágico. Por exemplo, a regra que impede os jogadores de contrabandear dinheiro de outros jogos realiza uma série de funções regulatórias. Essa regra mantém a economia projetada do jogo intacta, não permitindo, ao mesmo tempo, que jogadores com recursos "externos" (como a sua própria cópia do jogo) tenham uma vantagem injusta. O resultado é que, mesmo com a trapaça, o jogo está contido dentro do círculo mágico, de modo que todos os jogadores têm chances iguais de serem hábeis trapaceiros. O círculo mágico é um foco tão forte das regras de trapaça que, quando um jogador realmente deixa o espaço físico do jogo, levantando-se da mesa, as regras afirmam que "vale tudo". Os jogadores são claramente desencorajados de sair de um jogo em andamento.

Além de restrições formais, as regras de trapaça vão longe o bastante para modelar a atitude lúdica dos jogadores que poderiam querer usá-las. As declarações que iniciam e terminam as regras de trapaça as colocam dentro de um contexto particular. A declaração de abertura, que implica que apenas jogadores "diabólicos" jogariam essa variante do jogo, e as sugestões no final, que implicam que apenas bons amigos ou quase desconhecidos jogam essa versão do jogo, são reveladoras. Eliminando a natureza artificial do conflito do jogo, a trapaça pode destruir a camaradagem implícita do círculo mágico, deixando seu conflito vazar para infectar as relações da realidade dos jogadores. Somente são apropriadas amizades suficientemente fortes para superar essa experiência ou relacionamentos descartáveis em que mais contato profundo não é desejado.

A própria noção de que as regras poderiam aprovar a trapaça é um pouco chocante, mas, em última análise, se encaixa muito bem no espírito do jogo e no seu mundo narrativo. O Illuminati é uma paródia das organizações ocultas que governam o mundo, em que os jogadores são agentes do poder secreto que manipulam governos, mídia e cultura para seus próprios fins desonestos. Visto por esse prisma, a ideia de que as regras também são objeto de manipulação se encaixa dentro da trajetória narrativa geral do jogo. A quebra de regras é uma forma de expressar a crítica humorística do poder que o jogo Illuminati incorpora.

No contexto certo, a trapaça autorizada pode ser uma forma inovadora de enriquecer um design de jogo. Mas isso deve ser feito com muito cuidado. Sob o tom bem-humorado das regras do Illuminati está um design cuidadoso que permite apenas as formas de trapaça que mantêm o jogo intacto, jogável e significativo. A trapaça no Illuminati não elimina todas as regras e limites do jogo: ela serve para redesenhá-los. Embora os novos limites possam ser desenhados em linhas que são consideravelmente mais indistintas, um claro sistema formal permanece. Mesmo a trapaça é algo que pode ser intencionalmente desenhado para facilitar a interação significativa.

Hacks, *cheats* e *mods*: violação das regras digitais

Quando se trata de formas de violação de regras incorporadas ao design e experiência de jogos, os jogos de computador e videogames oferecem uma infinidade de exemplos. Eis alguns exemplos de violações de regras digitais, que variam de uma tímida transgressão até ações verdadeiramente ilegais.

Easter Eggs

Os *Easter Eggs* são segredos escondidos em um jogo que podem ser descobertos pelos jogadores. O *Easter egg* foi criado pelo designer e programador de jogos Warren Robinett para o jogo Adventure do Atari 2600. Desafiando a recusa do Atari em dar crédito aos criadores de seus jogos, Robinett programou uma sala secreta que só poderia ser encontrada com muita dificuldade. Quando os jogadores a descobriam, as iniciais de Robinett eram exibidas. Mensagens, imagens e espaços ocultos são agora uma característica padrão dos jogos digitais. De forma suave, os *Easter eggs* quebram as regras de um jogo porque violam o mundo de outra forma internamente consistente de um jogo. Parte do prazer da descoberta de um *Easter egg* gera um sentimento de transgressão: interpretando as regras do jogo como bem lhe convier, o jogador começa a ver ou experimentar algo que os jogadores mais conservadores não experimentariam.

Cheat codes

Apesar de os *Easter eggs* não terem normalmente um impacto na interação estratégica de um jogo, os *cheat codes* (códigos de trapaça) têm. Como os *Easter eggs*, os desenvolvedores embutem *cheat codes* em um jogo. Alguns dos exemplos mais conhecidos de *cheat codes* vêm do jogo FPS (*first-person-shooter*) DOOM, em que um jogador pode digitar combinações especiais de teclas para adquirir armas, saúde e invulnerabilidade. Às vezes um *cheat code* é uma ferramenta que sobra do processo de desenvolvimento do jogo, mas muitas vezes ela é adicionada apenas em benefício dos jogadores. Embora o nome *cheat code* implique que esses atalhos para o poder sejam infrações à regra, os *cheat codes* aparecem frequentemente em revistas de jogos e em sites de jogos oficiais, o que os torna uma forma oficialmente sancionada de "trapacear". O resultado é uma rica cultura de conhecimento confidencial, com a busca de fãs por revistas e sites a fim de aprender as trapaças mais recentes e divertidas.

Guias de jogo e *walkthroughs*

Fontes de informações, às quais os jogadores recorrem para pedir ajuda em um jogo difícil ou demorado, estão relacionadas aos *cheat codes*. Esses recursos aparecem na Web e na mídia impressa, e vão desde elaborados mapas coloridos e guias de estratégia a arquivos de texto gerados por fãs que abrangem todos os possíveis aspectos de um jogo. Os *walkthroughs* são instruções passo a passo para terminar um jogo, particularmente úteis para jogadores de jogos de aventura e jogos RPG que têm uma estrutura mais linear. Alguns jogadores consideram esses recursos técnicas abusivas que violam o espírito do jogo. Ao mesmo tempo, os *walkthroughs* elevaram o nível de dificuldade e complexidade em certos gêneros de jogos. Muitos jogos digitais são tão desafiadores que parecem concebidos para exigir um guia.

Soluções alternativas

Para designers, a complexidade dos jogos digitais costuma impossibilitar testes ou previsões das potenciais combinações de interação antes do lançamento de um título para o público. Além disso, os jogadores são infinitamente criativos na descoberta de maneiras de driblar "legalmente" as estruturas dos jogos. Em "The Future of Game Design", Harvey Smith escreve sobre como os jogadores descobriram novas maneiras de jogar o Deus Ex. Por exemplo, o objeto mina de proximidade é um explosivo que pode ser "preso" nas paredes do espaço de jogo. Após o lançamento do jogo, os jogadores perceberam algo que os desenvolvedores não tinham antecipado. Explorando a física e a interatividade do jogo, os jogadores aprenderam a subir nas minas de proximidade e, usando (ou abusando de) uma série desses objetos como uma escada, eles poderiam subir superfícies verticais do jogo, arruinando muitos dos níveis cuidadosamente desenhados. Soluções alternativas residem na fronteira entre a interação dedicada e a interação antiesportiva, e incluem estratégias degeneradas. É trapaça adquirir poder em jogo comprando um personagem EverQuest no eBay, ou isso simplesmente uma solução que converte trabalho em capital?

Verdadeira trapaça

Além dos vagos tipos de comportamento "trapaceiro", há muita trapaça genuína nos jogos digitais. Mais do que soluções inteligentes ou códigos de trapaça sancionados, a verdadeira trapaça quebra as regras do jogo. Em um ambiente de vários jogadores, as diretrizes para o que constitui uma trapaça geralmente se tornam conhecidas por todos os jogadores; normalmente, os trapaceiros são removidos imediata e permanentemente de um jogo. No SiSSYFiGHT 2000, a forma mais comum de trapaça é a multissessão, em que um único jogador abre duas janelas do jogo em dois computadores diferentes, interpretando dois personagens ao mesmo tempo e ganhando vantagens muito fortes. Embora seja difícil de detectar, a multissessão é ilegal no jogo, e existem sites de fãs vigilantes dedicados a manter listas de trapaceiros conhecidos.

Hacks

Hackear um jogo digital vai além de simplesmente quebrar as regras — isso se dá por meio de uma intervenção no nível do código. Um jogador pode hackear uma lista de pontuação elevada, por exemplo, para colocar seu nome no topo. Ou pode modificar o código de um FPS (*first-person-shooter*) para ganhar uma vantagem injusta em um *deathmatch*. Se muitos jogadores invadem um jogo, todo o senso de imparcialidade pode ser destruído. Portanto, os administradores de jogos comerciais de múltiplos jogadores se empenharam para eliminar as trapaças e *hacks* de seus jogos. De acordo com o designer de jogos online Ralph Koster, para uma enorme quantidade de jogadores, o controle de trapaceiros e *hackers* pode ocupar cerca de metade de todos os recursos gastos na manutenção e melhoria de um jogo online.

Hacking desmancha-prazeres

A maioria das invasões é feita no espírito da trapaça: os jogadores querem se sair bem em um jogo e não se importam em quebrar as regras para chegar primeiro. Ocasionalmente, os *hackers* de jogos também podem assumir o papel de um desmancha-prazeres, derrubando um jogo inteiro ou rede de jogos. Nesse caso, o objetivo é acabar com o círculo mágico de todos os jogadores envolvidos, e não melhorar o desempenho de ninguém.

Por que os jogos digitais são um terreno fértil para essas variedades de quebra de regras? Em primeiro lugar, o código é um meio plástico e maleável. Os complexos processos que dão aos jogos digitais sua qualidade exclusivamente automatizada deixam lacunas para *hackers* invadirem o sistema, seja através de códigos de trapaça oficialmente distribuídos, soluções inteligentes ou de verdadeira violação de código. A natureza anônima da interação do jogo digital, em que computadores e redes medeiam a interação entre os jogadores, também incentiva a violação de regras. A reduzida presença física de outros jogadores permite uma noção maior de autonomia social, o que pode facilitar as atividades clandestinas de violação de regras. Por último, os jogos digitais são uma cultura pop com uma rica base de fãs: fãs de jogos desconstroem e reconstroem os códigos e estruturas dos trabalhos que eles consideram interessantes. Trapaça e *hacking*, nesse sentido, são semelhantes à maneira como os fãs de Jornada nas Estrelas remixam o universo narrativo do programa de televisão para inventar novas histórias e personagens.

A bênção e a maldição da mídia de jogos digitais é que fornecem um espaço flexível para se jogar. Com tantas maneiras de modificar sutilmente as regras de um jogo e quebrá-las à força, ao jogarem no computador ou videogame, os jogadores devem decidir o que constitui um comportamento apropriado de jogo, navegando no espaço de possíveis violações de regras. É aceitável baixar um *walkthrough*? Você usa *cheat codes* para pular os difíceis níveis de jogo? Se ganhasse uma versão crackeada do jogo que permitisse trapacear, você a usaria? Como designer de jogos digitais, você precisa decidir que tipos de quebra de regras você deseja gerar e que tipos quer proibir. Você pode estimular as comunidades de fãs oferecendo maneiras sancionadas para violar o jogo sem deixar as coisas saírem totalmente do controle? Ética e design de jogos colidem nesse espaço rico de possibilidades da quebra de regras.

Quebra de regras como prática de design de jogos

Nossa discussão sobre quebra de regras não é apenas uma explicação das formas em que os jogadores quebram as regras do jogo. É um esquema de design de jogos, uma maneira de olhar para *todos* os jogos que oferecem uma estrutura para resolver problemas particulares de design de jogo. Entretanto, é um tipo de capítulo diferente do outro esquema formal que encontramos em nossa investigação de REGRAS. Estruturar jogos como sistemas de transgressão de regras questiona muitas das suposições implícitas dos esquemas anteriores. Nunca consideramos, ao conceber jogos como sistemas emergentes, informações ou ciclos de *feedback* cibernético, que os jogadores poderiam desrespeitar ou transgredir a autoridade das regras e do círculo mágico.

O comportamento do jogador não é universalmente vinculado à obediência das regras. Considerando qualquer jogo em particular, há muitas maneiras de jogar e muitas maneiras de modificar e quebrar suas regras. Para designers de jogos, isso significa que nunca se deve admitir como fato o comportamento dos jogadores. Você precisa presumir que seu jogo não será jogado apenas pelos sérios seguidores de regras, mas também pelos jogadores cuidadosamente dedicados, os inconvenientemente antiesportivos, os brilhantemente discretos trapaceiros e, por fim, pelos niilistas desmancha-prazeres. Alguns desses tipos de jogadores podem ajudar a aumentar o espaço de possibilidades do seu jogo, enquanto outros podem destruir o jogo de todos os envolvidos. Como você leva essas possibilidades em consideração no seu design de jogo? Como sempre, não existe uma solução única. Mas estruturar o jogo como um sistema de violação de regras permite formular suas próprias respostas.

Existe ainda outra forma de estruturar a violação de regras: como uma atitude voltada para jogar e desenhar jogos. Vimos uma série de exemplos de como a quebra de regras pode aumentar a interação significativa. No esporte profissional, jogos digitais e na variante de trapaça do Illuminati, quebrar as regras faz parte do próprio jogo. Em todos esses casos, a quebra de regras do espaço de possibilidades apresenta muitos modos alternativos de jogar. Qual é a lição aqui? Talvez a sugestão de mudarmos a maneira como pensamos no design de jogos. Em *Well-Played Game,* Bernard DeKoven defende um ajuste fundamental nas atitudes dos jogadores voltadas para as regras de um jogo:

> Você não muda o jogo em prol da própria mudança. Você muda em prol da descoberta de um jogo que funciona.
>
> Assim que essa liberdade é estabelecida, assim que estabelecemos a razão pela qual queremos mudar um jogo e como realizamos essa mudança, acontece uma coisa impressionante para nós: nós nos tornamos as autoridades.
>
> Não importa que jogo criamos, não importa o quanto somos capazes de jogá-lo, ele é o nosso jogo e poderemos mudá-lo quando precisarmos. Não precisamos de permissão ou aprovação de ninguém fora da nossa comunidade. Jogamos os nossos jogos como quisermos. O que significa que agora temos à nossa disposição os meios pelos quais podemos sempre ajustar o jogo da maneira como queremos jogar.
>
> Essa é uma liberdade incrível, uma liberdade que faz mais do que qualquer jogo pode, uma liberdade com a qual alimentamos a comunidade do jogo. A busca pelo jogo bem jogado é o que mantém a comunidade unida. Mas a liberdade de mudar o jogo é o que dá poder à comunidade. [4]

Em vez de obedecer às regras do jogo como uma autoridade suprema, DeKoven gostaria que os jogadores assumissem autoridade sobre as regras. Uma vez que se sentem seguros e no controle das regras, os jogadores podem quebrá-las e modificá-las no curso de um jogo. Eles fazem isso não por um desejo negativo de tirar a autoridade das regras, mas na tentativa de criar uma experiência mais profunda da interação. Essa bela visão dos jogos não descreve a maneira como a maioria das pessoas joga normalmente. Mas existe um tipo de jogador que já tem essa atitude: os designers do jogo. Os criadores de jogos, particularmente os que desenham por um processo iterativo, já possuem uma metodologia na qual um jogo significa quebrar, aprimorar e modificar as regras. De certo modo, DeKoven defende que os jogadores sejam cada vez mais parecidos com os designers de jogos.

De que maneira os designers de jogos são transgressores de regras? Ser um designer de jogos significa testar constantemente os limites de um jogo que se cria. Que aspectos das regras estão funcionando e quais não estão? Você precisa adicionar um ciclo de *feedback* ou modificar a quantidade de aleatoriedade no jogo? Os jogadores estão se confrontando com decisões significativas a todo momento? A melhor maneira de responder a essas questões é mudar as regras do jogo, tentar novas variações e ver o que acontece.

Naturalmente, a visão de DeKoven de destronar a autoridade de um jogo vai além dos simples designers de jogos profissionais. Ele gostaria de ver todos os jogadores adotarem essa postura direcionada para a interação. O que aconteceria se todos os jogadores se sentissem livres para quebrar as regras de um jogo, jogar não só dentro do espaço de um jogo, mas modificar a forma desse próprio espaço? Uma resposta a essa importante pergunta é que isso exigiria uma mudança fundamental na atitude dos jogadores e designers do jogo. Se os jogadores regularmente quebrarem as regras, elas serão afinal realmente regras? Se os jogadores não permanecerem mais dentro do círculo mágico, eles estarão realmente jogando? Abraçar essa mudança pode ser algo libertador, mas, certamente, mudaria a forma como concebemos jogos, interação e design de jogos.

Contudo outra resposta ao desafio de DeKoven é que talvez o fenômeno que ele descreve já exista. Talvez todos os jogadores já joguem não apenas dentro da estrutura de um jogo, mas com a própria estrutura de um jogo. Se esse for de fato o caso, então todos os tipos de jogadores transgressores de regras, dos dedicados e os antiesportivos aos trapaceiros e os desmancha-prazeres, são extensões naturais da flexibilidade das estruturas do jogo. Quebrar as regras é simplesmente uma das maneiras de jogarmos.

Por último, a violação de regras pode ser considerada não só uma maneira de jogar ou desenhar jogos, mas uma atitude mais geral sobre o próprio design de jogos. Se as convenções e os gêneros de design de jogos são as regras pelas quais a maioria dos designers "interagem", então os inovadores são aqueles designers que conseguem quebrar as regras. Os jogos mantêm uma grande promessa, mas apenas se tivermos coragem suficiente para realmente quebrar as regras do nosso campo. Isso é mais difícil do que parece. Sabemos que quebrar habilmente as regras exige um profundo conhecimento das regras em si. E a nossa esperança é que este livro ofereça algumas dessas "regras do jogo" — regras que você violará impiedosa e ludicamente, a fim de aumentar o espaço de possibilidades do design de jogos.

Com este capítulo, encerramos o nosso primeiro Esquema Principal. Em **REGRAS**, limitamos conscientemente nosso olhar para as fronteiras estritamente formais do círculo mágico, em geral, ignorando a experiência do jogador e os contextos mais amplos em que um jogo acontece. Mas, à medida que avançamos, aumentamos lentamente o escopo da nossa investigação, quando incluímos os aspectos de jogos que deixamos de lado. Qual é o grau de estabilidade da autoridade das regras de um jogo? Qual é o grau de permeabilidade da fronteira do círculo mágico? Como é possível não só jogar um jogo, mas jogar com as próprias estruturas dos jogos? Abordamos diretamente essas questões e muitas outras nos esquemas **INTERAÇÃO LÚDICA** E **CULTURA** a seguir nos volumes 3 e 4.

Leitura complementar

Grasshopper: Games, Life de Bernard Suits (ver página 114 do volume 1.)

Recomendado:
Capítulo 4: Triflers, Cheats, and Spoilsports

The Well-Played Game: A Player's Philosophy, de Bernard DeKoven (ver página 36 do volume 1.)

Recomendados:
Capítulo 2: Guidelines
Capítulo 3: The Play Community
Capítulo 5: Changing the Game

Notas

1. Dave Hickey, *Air Guitar: Essays on Art and Democracy* (Los Angeles: Foundation for Advanced Critical Studies, 1997), p. 160-1.
2. Marc Prensky, *Digital Game-Based Learning* (Nova York: McGraw-Hill, 2001), p. 119.
3. *Illuminati: The Game of Conspiracy*, Fourth Edition (Austin: Steve Jackson Games, 1991), p. 9-10.
4. Bernard DeKoven, *The Well-Played Game* (Nova York: Doubleday, 1978).

Quebrando as regras

Resumo

- Quebrar as regras é um fenômeno que ocorre em quase todo o tipo de jogo.
- Em relação à quebra de regras, há **cinco tipos de jogadores.** Cada tipo tem uma relação especial com os seguintes aspectos de um jogo:
    - adesão às regras
    - interesse em ganhar
    - grau de atitude lúdica
- O **jogador padrão** é aquele típico jogador que segue as regras, obedece às restrições do jogo e possui a atitude lúdica. Mesmo que o jogador padrão seja uma ficção teórica, é importante reconhecer essa posição de jogador, que está em contraste com os outros quatro tipos.
- Um **jogador dedicado** é semelhante ao padrão, mas o jogador tem um cuidado extra para ter sucesso em um jogo. O jogador dedicado segue as regras, está interessado em ganhar e possui a atitude lúdica.
- Os **jogadores antiesportivos** violam as regras implícitas de um jogo sem realmente quebrar as regras operacionais. Seu forte interesse em ganhar lhes dá licença para quebrar as regras de etiqueta e o comportamento de jogo apropriado.
- **Trapaceiros** quebram as regras de funcionamento de um jogo com o objetivo de ganhar. Jogadores trapaceiros possuem, assim, um forte interesse em ganhar, mas abrirão mão do meio comum de alcançar a vitória. Reconhecendo que os outros jogadores podem invocar a autoridade das regras, os trapaceiros quebram as regras secretamente.
- Um **desmancha-prazeres** é um jogador que se recusa a reconhecer a autoridade de um jogo sob qualquer aspecto. Esses jogadores niilistas não hesitam em destruir o círculo mágico de um jogo.
- Nem sempre os cinco tipos de jogadores são distintos. Durante uma mesma partida, um jogador pode se mover de uma categoria para outra. O mesmo comportamento em diferentes contextos pode cair em diferentes categorias de jogador.
- Uma **estratégia degenerada** ou **exploração** é uma maneira de jogar um jogo que garante a vitória o tempo todo. Os jogadores dedicados e os antiesportivo fazem uso de estratégias degeneradas. Em geral, as estratégias degeneradas são prejudiciais para um jogo. Entretanto, dentro de uma comunidade de jogadores, às vezes, as estratégias degeneradas podem ampliar o espaço de possibilidades.
- Há muitos exemplos da integração da violação de regras no design de jogos e experiência do jogador, incluindo esportes profissionais, jogos digitais e jogos que encorajam a trapaça, como o Illuminati.
- Os designers de jogos precisam reconhecer que a quebra de regras é um fenômeno comum nos jogos, e incorporá-la na reflexão sobre o design de jogos. Uma solução, que vem do New Games Movement, é capacitar os jogadores a se tornarem designers de jogos, criando jogos com regras feitas para serem quebradas e modificadas.

Frank Lantz

Ironclad

Um jogo para 2 jogadores

Visão geral

O Ironclad é um jogo de combate de arena entre times adversários de enormes robôs, em armaduras. É também um jogo de dois lógicos tentando resolver uma discordância filosófica. Os dois "subjogos" ocupam as diferentes dimensões do mesmo espaço. O tabuleiro é uma grade: o combate de robôs ocorre nos quadrados (casas) da grade, enquanto o debate filosófico ocorre nas interseções da grade. Os dois subjogos ocorrem em domínios separados e independentes, mas cada um exerce uma influência sutil e fundamental sobre o outro.

Regras

O tabuleiro

O tabuleiro tem 6 × 8 casas (48 casas), posicionado entre os jogadores com as duas extremidades estreitas de frente para cada jogador. Você pode criar o tabuleiro do Ironclad simplesmente marcando duas linhas externas a partir de um tabuleiro de xadrez com uma fita adesiva.

As peças

- 24 peças (ou qualquer outro tipo de peça empilhável): 2 cores, 12 de cada cor
- 64 pedras (ou qualquer outro marcador pequeno): 2 cores, 32 de cada cor
- um dado de 6 lados

Configuração do jogo

Cada jogador escolhe uma cor do tabuleiro e uma cor de pedra. Organize as peças em seis pilhas como mostrado a seguir: duas pilhas de três peças, duas pilhas de duas peças e duas pilhas com apenas uma peça. Posicione as pilhas de acordo com o diagrama a seguir. Coloque as pedras em dois potes e posicione cada ponte em um dos lados do tabuleiro.

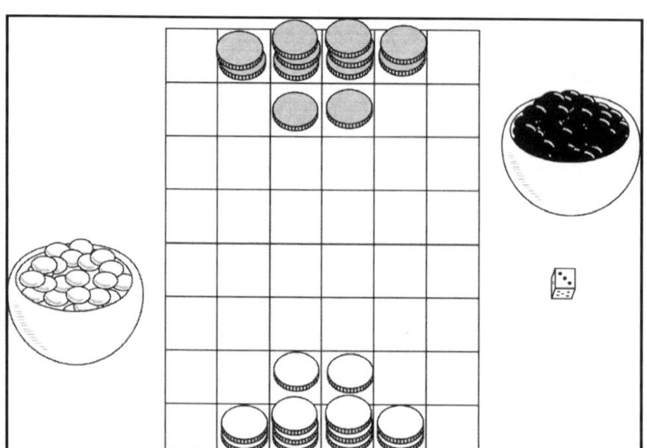

Estrutura do jogo

- Os jogadores se revezam.
- Durante o turno de um jogador, ele escolhe um dos dois subjogos e faz um movimento nesse subjogo.
- O oponente então faz qualquer jogada válida para o jogador no outro subjogo.
- Assim que um jogador atingir uma condição de vitória em qualquer subjogo, esse jogador imediatamente ganha o jogo todo.

Jogando o Ironclad: o espetáculo da destruição mecânica

Sob sua cúpula hermeticamente fechada, a grade é um campo de batalha com os cadáveres de aço de autômatos recombinantes. Eles se remontam à noite para lutarem para o horror e diversão de um público que há muito tempo ficou reduzido a pó.

Explosões abalam os alicerces do tabuleiro. Com estrondosas pisadas, os maciços robôs em trajes de guerra automatizados caminham a passos largos pelas colunas de fumaça e os riscos incandescentes no chão causados pelos disparos de armas a laser. Câmeras agitadas se levantam dos seus ombros e fazem varreduras da área de combate. Insígnias coloridas decoram armaduras peitorais chamuscadas. Periodicamente essas máquinas predadoras gigantes se congelam e os elmos se curvam em reverência, para ouvir a silenciosa palavra da autoridade.

Objetivo

Mover um de seus robôs para qualquer um dos seis quadrados, avançando para o lado oposto do tabuleiro (primeira linha do seu adversário).

Como jogar

Você controla um esquadrão de combate de robôs gigantes, cada robô representado por uma pilha de fichas. Durante o seu turno você move um de seus robôs ou dispara contra um robô inimigo.

Movendo-se pelo tabuleiro

Os robôs podem se mover por uma casa em qualquer direção horizontal, vertical ou diagonal. Eles não podem se mover para uma casa já ocupada por outro robô.

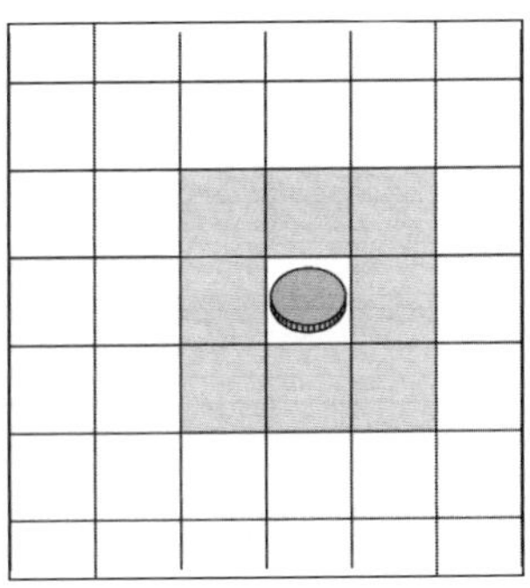

O movimento do robô

Atirando

Um robô pode atirar em qualquer tipo de robô inimigo que esteja a duas casas em linha reta horizontal, vertical ou diagonalmente. Se houver pelo menos um robô inimigo dentro do alcance de um de seus robôs, você pode optar entre atirar ou mover-se. Para atirar, escolha um alvo. Apenas robôs inimigos dentro do alcance de um de seus robôs podem ser selecionados como alvo. O alvo sofre um ponto de dano a cada um de seus robôs que estiver dentro do alcance. Os robôs podem atirar "através" de robôs amigos ou inimigos, sem nenhum efeito sobre estes.

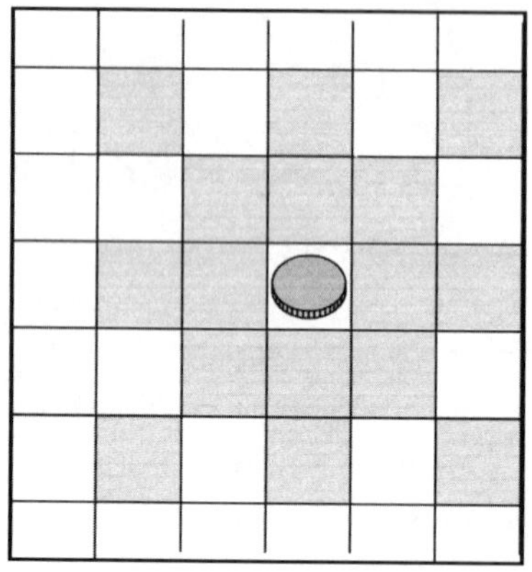

Alcance do robô

Dano

Para cada ponto de dano que um robô sofrer, remova uma peça da pilha que representa esse robô. Se, durante um turno, um robô sofrer mais danos do que o número de peças na sua pilha, remova todas as peças dessa pilha.

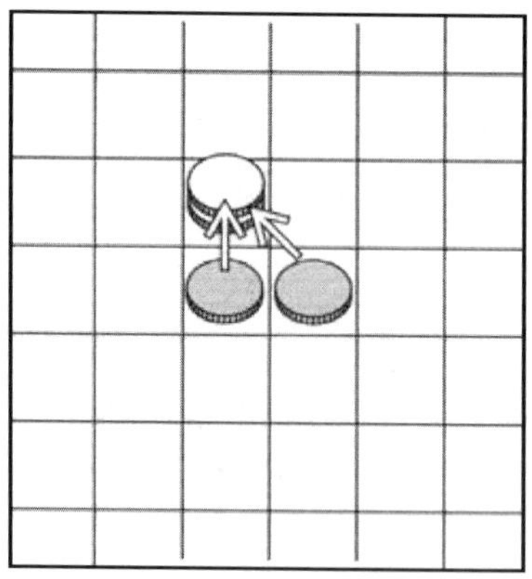

Combate de robôs

Os dois robôs pretos atacam um alvo branco, destruindo-o.

Terreno

A grade contém um terreno representado pelas pedras localizadas em alguma das intersecções da grade. Um robô localizado em uma casa cujos pontos de canto contêm uma ou mais pedras recebe um bônus defensivo desse terreno. Cada pedra dá um bônus de terreno. Se esse robô for alvo de fogo inimigo, o jogador deve jogar o dado uma vez para cada robô que estiver atirando no alvo. O número que sair no dado deve ser maior do que bônus de terreno do alvo, para que esse robô danifique o alvo.

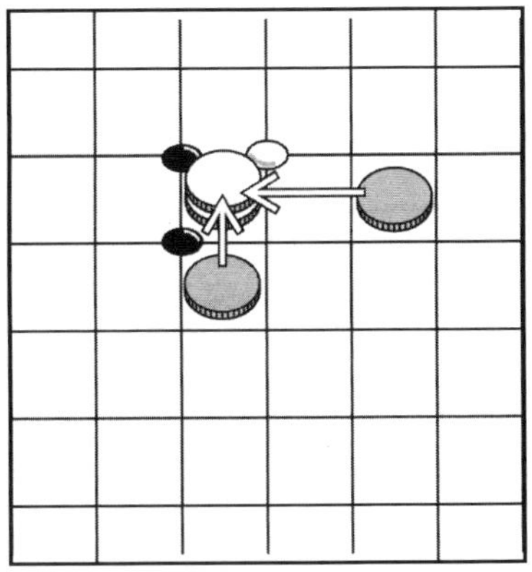

Terreno defensivo
Novamente, o alvo branco está sob ataque. Dessa vez, o alvo tem um bônus de terreno de valor 3. O jogador preto deve jogar o dado duas vezes, uma para cada robô atacante. O alvo só sofre dano em uma jogada de dado que apresente 4, 5 ou 6.

Jogando o Ironclad: A técnica do discurso acadêmico

A Grade é um sistema formal para a disputa filosófica. Ela tem sido transmitida ao longo de inúmeras gerações por aqueles que vivem e morrem na busca de iluminação. Suas fronteiras, uma vez gravadas com símbolos axiomáticos, estão agora lisas pelo desgaste da ação de milhares de golpes. As Leis de Inferência determinam a posição e o movimento das pedras. As constelações em constante movimento rastreiam os argumentos dos estudiosos à medida que eles lutam para estabelecer a irrefutável verdade de proposições cujos significados foram há muito esquecidos.

Objeto

Formar uma cadeia ininterrupta de pedras, que vai de um lado da grade ao lado oposto.

Como jogar

Você tenta manipular pedras (que representam expressões lógicas) em uma grade (que representa um sistema filosófico formal). A cada turno você deve posicionar uma pedra da sua cor sobre a grade. Se não puder colocar uma pedra, você deve mover uma pedra de qualquer cor.

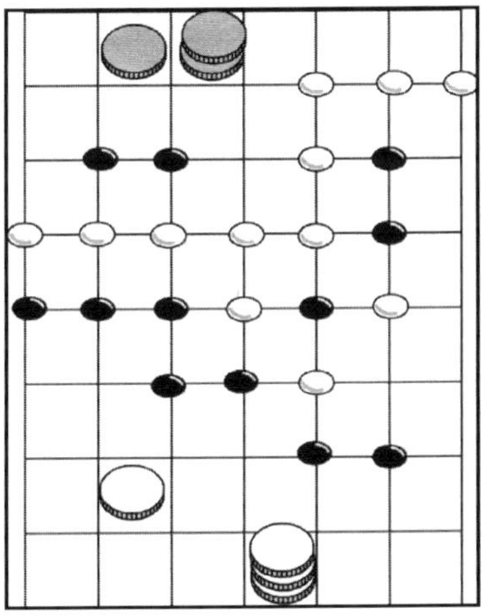

Posição vencedora
A cor branca tem uma sequência ininterrupta que vai de um lado do tabuleiro ao lado oposto.

Posicionamento

As pedras podem ser posicionadas em qualquer intersecção não ocupada entre as casas do tabuleiro, incluindo aquelas em torno das bordas da grade. A única limitação da colocação de pedras é a *Regra da Negação.*

A Regra da Negação

Você não pode colocar uma pedra sobre o ponto de canto de qualquer casa que contiver uma ou mais peças.

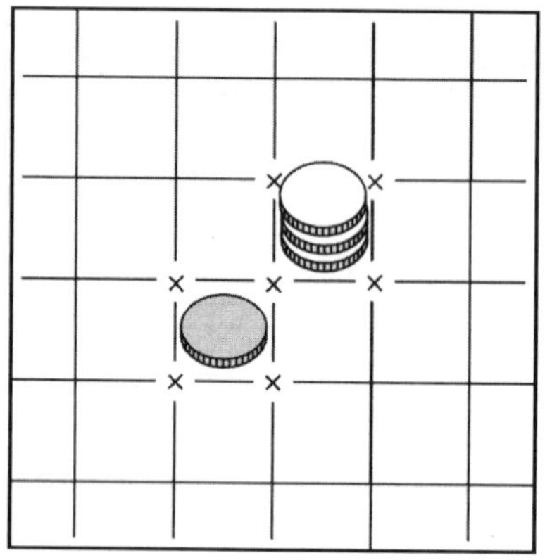

Regra da negação
Nenhuma pedra pode ser colocada nas intersecções marcadas com um X.

Movimento

Se na sua vez você não puder colocar uma pedra, você deve mover uma pedra de qualquer cor de uma intersecção da grade para outra. Para avançar, uma pedra deve estar situada próxima a uma intersecção aberta. Você pode mover uma pedra para uma intersecção aberta pela distância que você quiser, até que ela seja bloqueada por outra pedra. A Regra da Negação não tem nenhum efeito sobre o movimento de pedra.

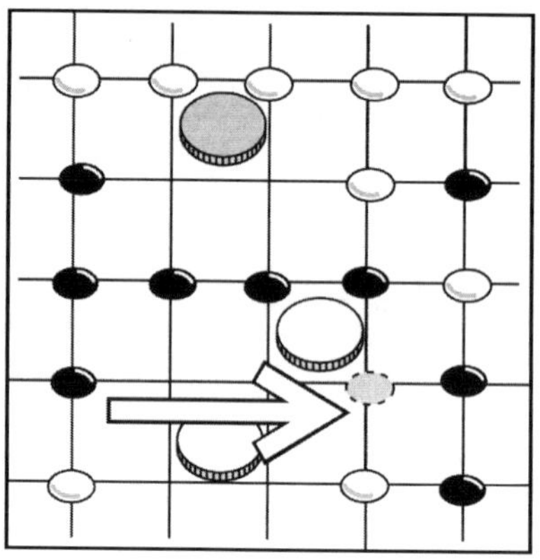

Movendo uma pedra

A Regra da Circularidade

Você não pode mover uma pedra se ela foi a última pedra movida.

Derrota

Se, durante o seu turno, você não puder colocar ou mover uma pedra, seu oponente ganha.

Frank Lantz

Ironclad

Parecia uma boa ideia na época. O conceito original do Ironclad era um jogo que tivesse uma única estrutura de regras, mas dois "temas" completamente diferentes. Ambos os jogadores manipulariam peças e cartas idênticas, abstratas de acordo com regras idênticas, mas as peças e as regras representariam algo diferente para cada jogador.

Eis minha ideia original:

> O jogo é um jogo de cartas para duas pessoas. Ele tem dois conjuntos distintos de regras, um para cada jogador e, de certo modo, os dois jogadores estão disputando jogos diferentes. Embora estruturalmente semelhantes, o tema e a superfície narrativa dos dois jogos são totalmente diferentes. Um jogador está disputando um jogo sobre uma discussão entre dois filósofos, o outro está disputando um jogo sobre robôs gigantes lutando em uma arena de combate.
>
> As cartas usam símbolos e números abstratos. Uma carta que representa uma "Premissa" no jogo filosófico poderia representar uma "Base" na batalha de robôs, "Irony" ***versus*** "Camouflage Armor", e assim por diante. Todas as ações do jogo compartilhariam a mesma mecânica, mas teriam nomes diferentes.
>
> Os jogadores disputam para determinar qual jogo está sendo jogado.
>
> A mecânica do jogo envolve a construção de uma rede de cartas sobre a mesa na direção do jogador adversário. A mecânica do jogo provavelmente incluirá informações ocultas (como cartas escondidas debaixo de outras cartas), porque eu quero que haja um elemento de blefe. Ela também pode incluir recursos compartilhados, como pedir a cada jogador para projetar um baralho, com ambos tirando cartas de qualquer um dos dois baralhos.
>
> Tentarei tornar o jogo o mais simples possível. Estou pensando em usar menos de 10 tipos de cartas diferentes com algumas variações, tais como resistência ou direção.
>
> Fui por muitos anos assombrado pela imagem dos maciços, futuristas robôs-filósofos empenhando-se em um combate que representa um confronto de ideias e crenças abstratas. (A mecânica de Nietzsche: enormes e poderosos, mas pilotados por um homúnculo enrugado que se rasteja sobre a superfície do monstro arrancando partes da máquina e usando-as para emperrar suas próprias engrenagens. O mecanismo de Derrida: um enxame de robôs que se espalha pelas bordas da arena e começa a desmontar suas paredes e pisos, etc.)
>
> É uma daquelas ideias fixas que eu sabia que surgiria de algum lugar, mas nunca sabia quando iria aparecer.
>
> Eu adoro o atrito entre alta cultura e a baixa cultura do jogo, e também acho que o conceito quer dizer algo sobre os jogos e a representação que é difícil colocar em palavras, mas é um aspecto importante e original dos jogos.

Considerei uma série de nomes diferentes para esse jogo, incluindo 2-Player, ou 2-P, mas acabei decidindo pelo nome Ironclad.

Eu queria que o projeto aderisse a restrições específicas relacionadas ao contexto do jogo. Como os jogadores só receberiam um conjunto de regras (e possivelmente alguns elementos impressos), quis manter os materiais do jogo em um mínimo. Minha intenção era fazer um jogo que fosse ambicioso e incomum, mas queria que as pessoas realmente o jogassem, não que somente o lessem, então, criei os materiais da forma mais simples possível.

O Ironclad ganhou vida como um jogo de cartas para dois jogadores, com um alto conceito e uma mecânica de jogo que era vaga ao ponto da não existência. E eis o problema — eu não estava realmente interessado na mecânica, eu estava completamente focado na "grande ideia". Eu podia imaginar a forma como as regras seriam estabelecidas: dois conjuntos de regras, um para cada jogador. Cada jogador teria as mesmas instruções sobre o objetivo do jogo e os tipos de ações permitidas em termos de manipulação de peças, mas a imagem mental dos jogadores sobre o que essas ações *representavam* seria completamente diferente.

Por causa desse interesse, comecei a preparar uma estrutura simples que fosse flexível o suficiente para modificar os dois lados. O primeiro obstáculo foi o problema do espaço. Os robôs ocupam espaço e o atravessam, mas os debates filosóficos, não. Qualquer estrutura que tivesse peças se movendo evocaria o jogo de robôs em detrimento do jogo dos filósofos, então eu precisava de algo mais abstrato. Uma estrutura baseada em carta parecia a solução perfeita. Eu pensava em como o jogo de cartas Milles Bournes criava a imagem de um carro de corrida, sem nenhuma manobra espacial.

Meu plano inicial foi um conjunto de 30 cartas: 15 cartas de base ou premissa, e 15 cartas de ataque ou argumento. Cada carta teria um valor numérico; os jogadores colocariam as cartas na mesa, organizadas de várias formas em uma tentativa de destruir as bases do adversário (ou invalidar seus argumentos) da forma mais eficiente. As cartas teriam símbolos abstratos no centro e uma legenda diferente e "texto de sentido" virado para cada adversário. Uma direção diria "EMP Blast" (Tiro de pulso eletromagnético), e a outra diria "Occam's Razor" (a "Navalha de Occam", um princípio filosófico). Imagine o NetRunner de Richard Garfield, só que não tão divertido.

Nesse ponto, eu tinha um jogo que estava quase funcionando, mas não era nada agradável. Mais importante, o jogo devia ser sobre uma estrutura e duas representações, mas a estrutura não se encaixava realmente em *nenhuma* das duas representações. Depois de algumas semanas ruminando sobre esse problema eu não conseguia chegar a uma estrutura diferente que funcionasse. Mais importante, todo o projeto parecia errado para mim. Normalmente é muito divertido pensar em como a estrutura de um sistema de jogo se relaciona com seu tema, mas tentar chegar a uma estrutura que serviria como ponto de apoio para dois temas opostos não era divertido. Havia alguma coisa desagradável nisso, algo particularmente forçado, excessivamente deliberado e desajeitado.

Comecei a pensar muito sobre como a estrutura e o trabalho funcionariam nos jogos. Havia uma noção enterrada na minha ideia original, a ideia de uma separação fundamental entre a estrutura de um jogo e qualquer assunto, atividade ou configuração que o jogo representava. A implicação era de que você poderia pegar qualquer número de diferentes estruturas e combiná-las com diferentes temas para obter efeitos diferentes, mas não havia nenhuma relação profunda, essencial entre um tema específico e qualquer mecânica de jogo particular. Na análise posterior dessa noção, percebi que havia um tipo de agenda oculta orientando-a, uma agenda pró-estrutura/antitema. A agenda é a seguinte: a única coisa realmente interessante sobre um jogo é a estrutura, o sistema, a matemática, as circunvoluções topológicas de fase/espaço, enquanto o tema é meramente muito mais faz de conta, fantasia e fingimento. Veja bem, caro jogador, você não quer realmente golpear com uma espada gigante e matar monstros, você quer gerenciar recursos limitados e calcular probabilidades recursivas! Essa noção pretende distanciar a estrutura do tema para que a estrutura possa evoluir por si própria, liberada da subserviência aos interesses superficiais do tema, ou pelo menos libertar-se para entrar em arranjos novos e muito mais dinâmicos com essas preocupações. Imagine a relação mutável entre forma e conteúdo na pintura do século 20, só que com orcas, em vez de mulheres nuas.

Após alguns meses quebrando minha cabeça com isso, essa noção parecia menos certa, ou, no mínimo, menos interessante. Quer dizer, certamente seria possível fazer aquilo a que me propus, mas isso começava a parecer um truque vazio e um tanto grotesco, como descarregar eletricidade pelas pernas de uma rã morta e, então, chamar isso de balé.

Há, naturalmente, muitas relações entre o tema e a estrutura de um jogo. Se todos esses relacionamentos são ou não *essenciais*, eles são suficientemente complexos e vitais para resistir à minha tentativa de misturá-los um pouco. Por exemplo, há uma relação simbiótica em que o tema e a estrutura contribuem um com o outro. O tema pode fornecer o ponto de entrada em uma estrutura complexa cujas recompensas estão profundamente ocultas: primeiro, tem tudo a ver com a espada — os cálculos estão ali apenas para evocar a espada. Por fim, o jogo se torna um jogo sobre cálculos e a espada desaparece. Então, há o fato de que a representação pode ser usada como um atalho para incorporar uma estrutura complicada que poderia ser demais para o jogador assimilar. Se as casas vermelhas são "lava", então o jogador não vai se esquecer de que elas estão fora da área legal do jogo. Por que as peças no Tetris se movem do topo para a parte inferior da tela? Elas são tijolos! O tema pode adicionar limitações arbitrárias à estrutura e, em geral, tais limitações são uma coisa boa.

Às vezes os jogos são realmente as coisas que representam. A pintura de uma tigela de frutas, não importa quão realista seja ela, nunca vai se transformar em frutas de verdade. Mas não é tão clara a linha entre a simulação de um jogo (por exemplo, a coragem, a traição e a ganância) e as coisas reais. O jogo Zendo da Kory Heath parece, à primeira vista, uma representação um tanto lunática da disciplina espiritual do zen-budismo, mas em ação pode tornar-se uma forma de meditação real.

De qualquer forma, eu estava sob a influência dessa agenda meio-conhecida, esse tipo de crítica indiferente da correspondência convencional de um para um da estrutura com o tema. E, ironicamente, apesar das implicações da pró-estrutura dessa agenda, eu tinha dois temas dos quais eu realmente gostava e nenhuma estrutura com a qual me preocupar. Eu procurava descobrir uma estrutura antiga em que eu pudesse ligar aquilo que obedientemente suportaria meus dois preciosos temas!

Então, abandonei o Ironclad e recuei, com algum alívio, a uma ideia totalmente diferente na qual eu havia pensado por um tempo sem levá-la muito a sério. Em geral, eu olhava para uma grade e imaginaria um jogo de tabuleiro que tivesse dois jogos diferentes ao mesmo tempo. Um conjunto de peças que iria se mover, como o xadrez, de casa em casa, enquanto outro se moveria ao longo das linhas de intersecção para intersecção. Pensei que deveria haver pouco ou nenhum contato entre os dois conjuntos de peças, e os imaginei ocupando simultaneamente duas dimensões do mesmo espaço, um afetando o outro de alguma maneira sutil e oblíqua. Imaginei as peças das casas sentindo a presença das peças das linhas como o frio que se sente quando um fantasma está na sala.

Agora eu tinha uma estrutura com a qual eu estava animado e um tema que emergia a partir da estrutura, e não uma que parecia "aplicada". Os dois conjuntos de peças eram "corpos" ocupando o reino material das casas do tabuleiro, e "espíritos" ocupando o não espaço das intersecções entre as casas. As primeiras versões dessa ideia envolveram organismos atacando e matando uns aos outros, resultando na libertação de espíritos que se agitariam sutilmente influenciando um subsequente combate. O objetivo era obter um corpo através do tabuleiro para o lado do seu oponente. A cada turno, um jogador iria decidir o tipo de peça que seria movida. Experimentei algumas variações disso e funcionou muito bem, resultando em um jogo de sacrifícios estratégicos.

Em seguida, comecei a brincar com requintes para este tema: peões e pedras, corpos e almas, material e metafísico, objetos e ideias. Ei, espere aí! Eu disse objetos e ideias? Sem querer, por um tortuoso caminho, voltei ao Ironclad. Era óbvio para mim que os dois conjuntos de peças eram robôs e conceitos. A partir desse *insight* a forma final do jogo começava a adquirir forma bruta. Precisei separar um pouco mais os dois "reinos". Atribuí às pedras o seu próprio objetivo — ligar os dois lados opostos do tabuleiro, como no Hex. Isso parecia se encaixar bem na ideia de uma "cadeia" de raciocínio e lembrava muito bem as disputas metafísicas do fictício Glass Bead Game (jogo das contas de vidro) de Herman Hesse. Se os peões fossem se tornar mecanismos de batalha gigantes e pesados, eles deveriam desempenhar melhor o papel — deveriam atirar e sofrer danos, não simplesmente desaparecer. Uma pilha de peças parecia uma maneira fácil mostrar energia ou saúde, então os peões tornaram-se pilhas de peças. Para os robôs, as pedras funcionavam como terreno, dando-lhes um bônus de defesa que os tornavam mais difíceis de serem atingidos. Para os filósofos, os robôs funcionavam como interrupções, lacunas no tabuleiro nas quais nenhuma pedra poderia ser jogada. Agora, em vez de ter um jogo com duas "superfícies" diferentes (mas não realmente), eu tinha dois jogos ocupando o mesmo espaço (mas não realmente). O Ironclad tornou-se um jogo de sobreposição, uma experiência de colagem de jogos.

Os testes de jogabilidade iniciais indicaram que qualquer subjogo que "aquecesse" primeiro iria dominar, deixando o outro abandonado em uma posição mais estável, na qual seria menos provável que qualquer jogada individual perturbasse o equilíbrio e, portanto, era menos valiosa. Eu precisava ter certeza de que ambos os subjogos avançariam quase à mesma velocidade. Em vez de forçar cada jogador a se mover em cada subjogo a cada vez, decidi que um jogador, em sua vez, escolheria um subjogo no qual iria se mover e o adversário dele iria jogar para ele no outro subjogo. Isso tornou mais interessante a escolha de qual subjogo jogar: como o seu adversário tentava fazer o pior movimento possível para você, no outro subjogo você, por fim, certamente responderia a esse movimento. Essa estrutura levou a um belo circuito de ida e volta entre os dois subjogos conforme a atenção dos jogadores oscilava entre eles. Também gosto da maneira como mover o adversário torna tênue a linha entre os dois jogadores em um jogo que já é quase uma visão dupla em muitos níveis.

O teste de jogabilidade final me permitiu resolver os detalhes restantes. O método de disparar "escolhendo um alvo" foi desenvolvido para permitir fogo combinado, sem acrescentar passos extras a um turno no subjogo do robô (vários robôs podem atirar com um único movimento). Na última fase do design corrigi o tamanho do tabuleiro e o número de peças inicial, e eliminei todas as ambiguidades nas regras.

Em seu uso estereoscópico da grade, o Ironclad se assemelha a uma colisão entre o xadrez e o Go. Mas há uma ligação mais profunda. Duas ideias do xadrez e do Go tiveram uma grande influência sobre o jogo. A primeira é a Bughouse, a variante do xadrez em que dois jogos são jogados simultaneamente e as peças capturadas em um jogo aparecem como novas peças no outro. O segundo é o conceito *tenuki* do Go. Devido às suas profundas complexidades, o Go quase pode ser pensado como uma coleção de múltiplos jogos simultâneos. Tenuki é um termo que descreve um jogador que sai de uma situação "local" para outro lugar no tabuleiro.

Uma nota final: embora os filósofos tenham se esquecido há muito tempo sobre o que discutem, descobri que esse é o problema da mente/corpo. Os robôs lutam porque é isso o que os robôs fazem.

Frank Lantz

Frank Lantz é um designer de jogos freelance que mora na Cidade de Nova York. Há três anos Frank é designer chefe em uma variedade de projetos para dois desenvolvedores independentes de jogos — gameLab e Pop. Antes disso, ele foi, em Nova York, diretor de criação da empresa de design R/GA Interactive, onde trabalhou em vários jogos incluindo os títulos Gearheads e The Robot Club para PC. Frank faz parte do corpo docente do Interactive Telecommunications Program da Universidade de Nova York (NYU), em que dá aulas de design de jogos e narrativa interativa.

CONCLUSÃO

Uma vez que você sabe aonde pode ir e aonde vale a pena ir, chegar lá não é nenhum problema. Apenas interesse e paciência.

— **David Sudnow**, *Pilgrim in the Microworld*

Interesse e paciência. Eis o que foi preciso para concluir este livro.

Certamente, uma grande parte do nosso processo foi aprender a ver: ver de onde estávamos vindo, para onde estávamos indo e como avançar. Como um quebra-cabeça diabolicamente complicado, cada passo resolvia outra parte do padrão, enquanto abria novas perspectivas para a navegação. Achamos que tudo se articulava em torno de ver as articulações, e os padrões no padrão. Quando aprendemos a vê-los, percebemos que estavam ali o tempo todo, esperando pacientemente serem descobertos.

Tendo construído o sistema, jogado e saído do outro lado, encontramo-nos transformados. Passamos muitos meses (até anos) dentro do sistema, jogando com ele, resistindo a ele e, às vezes, quebrando-o. Foi fácil esquecer que também estávamos sendo jogados, sofrendo resistência e, às vezes, sendo quebrados. (Mas isso não é tão ruim quanto parece.) E, para ser honesto, a transformação nos pegou de surpresa. Embora este livro tenha se desenvolvido com base nas nossas experiências ensinando o design de jogos, projetando jogos e — especialmente — jogando-os, foi apenas quando começamos a escrever que o nosso esforço encontrou uma alma. Essa alma está repleta da alegria da interação lúdica: repleta de crianças duelando no jogo Magic em uma varanda do Brooklyn, um corredor solitário transpirando em uma trilha rural, duas avós disputando Tranca valendo dinheiro, uma festa numa rede local depois das quatro da manhã jogando Quake. A alma é colorida pela paixão dos designers de jogos que passam horas incontáveis ajustando um jogo para criar a interação lúdica por meio da alquimia das regras, pelos designers de nível que inventam fabulosos novos mundos de possibilidades para nós habitarmos, pelos programadores que constroem mecanismos de jogo tão elegantes que até o código parece agradecido. É essa alma da interação lúdica que nós mesmos descobrimos.

O que descobrimos não é nenhum segredo, pois está escrito em quase todas as páginas. Os designers de jogos criam a interação lúdica significativa. A interação lúdica verdadeiramente significativa. O tipo sobre o qual os jogadores falam anos após a partida ter terminado, o tipo que reúne fãs leais e acorda-nos no meio da noite querendo jogar novamente, o tipo de interação lúdica que nos ensina o que *significa* jogar. E, talvez, o mais profundo significado de interação lúdica seja sua capacidade de transformar. A interação lúdica transformadora é um momento de transcendência, no qual as estruturas que tomamos como certas de repente se materializam como jogadores. A gramática conta uma piada. O chão do salão se levanta para dançar. A Regra rígida fica flexível e ágil, e salta para os braços do Jogo. A interação lúdica transformadora pode metamorfosear os jogadores de um jogo, a cultura da qual o jogo é uma parte, e até o próprio jogo. Como autores deste livro, também fomos tomados pela interação lúdica transformadora, mudados pelas articulações e pelos padrões revelados. Esperamos que você também tenha sido transformado por sua experiência com essas páginas, por um corpo antigo e sublime de conhecimento, pela novidade das questões levantadas, pela bela natureza do jogo.

O que realmente nos traz de volta à atenção e os nervos? O que será preciso para mudar a face do design de jogos? Em que momento o sistema será transformado pela interação dos designers que trabalham dentro dele? Você se importa o suficiente para correr o risco? Você realmente se interessa? Este é um momento importante, pois o campo está pronto para a mudança e o resultado é incerto. Sinceramente, não sei qual tipo de mudança uma transformação pode trazer. Mas, ainda assim, somos ativistas que querem uma transformação radical no design de jogos.

Sabemos o que constitui um jogo; sabemos como funcionam, por que importam e o tipo de experiência que eles são capazes de produzir. Mas mal testamos os limites do potencial que eles têm para se transformar. Deixamos como desafio para você testar os limites, encontrar sua própria alma de designer de jogos e reunir toda a atenção e nervos que você tem para transformar e descobrir o que significa jogar.

Finalmente: somos especialmente gratos aos professores e alunos pelos quais tivemos o prazer e a honra de ser desafiados ao longo da nossa própria evolução como estudantes de jogos. E de um autor para o outro, *game over*. O jogo acabou, finalmente!

Obrigado pelo bom jogo.

Vamos jogar de novo?

Apêndice

LEITURAS E RECURSOS ADICIONAIS

Embora as leituras sugeridas acompanhem a maioria dos quatro volumes desta obra, aqui listamos uma série de referências mais gerais que não se encaixam perfeitamente em nenhum capítulo específico. Essas leituras e recursos adicionais variam desde sites Web acadêmicos até histórias visuais dos jogos digitais. Obviamente, há inúmeros sites e livros que tivemos de excluir dessa pequena lista, mas esperamos que essas fontes e as outras que listamos neste livro possam ser pontos de partida para suas próprias investigações de pesquisa.

Computer Game Graphics, de Liz Faber & State Design

Originalmente publicado sob o título *Re:Play* no Reino Unido, o *Computer Game Graphics* apresenta a cultura visual e a arte dos jogos de computador. O forte design visual do livro presta-se bem para o assunto, com muitos dos desenvolvimentos funcionando como ensaios em forma de imagem. A escrita tem um papel secundário para a apresentação dos gráficos e o valor principal do livro está em sua documentação do design visual dos jogos.

Digital Games Research Association (DiGRA)

No momento da publicação deste livro, esta jovem organização acadêmica ainda estava começando. Mas a DiGRA promete ser a primeira associação profissional dedicada ao estudo interdisciplinar dos jogos digitais. Seus membros variam desde os historiadores do jogo e os teóricos da mídia até os educadores do design e os desenvolvedores de jogos. O site Web da associação pode ser encontrado em: <www.digra.org>.

Electronic Plastic, de Jaro Gielens, Büro Destruct, Uwe Schütte

Electronic Plastic é uma análise visual de mais de 400 jogos de computador da "antiga escola", incluindo dispositivos portáteis e jogos de mesa arcade. O livro oferece uma excelente visão do design visual dos jogos das décadas de 1970 e 1980, incluindo retrotipografia, design de marca e embalagem do período, e caixas de plástico coloridas.

The 400 Rules Project (Projeto com 400 Regras)

Localizado em <http://www.theinspiracy.com/400_project.htm>, The 400 Rules Project é um projeto de design de jogos colaborativos liderado pelos veteranos designers de jogos de computador Noah Falstein e Hal Barwood. Inspirado por uma palestra de Barwood dada na Game Developers Conference em 2001, Falstein continuou o projeto por meio de uma coluna na *Game Developer Magazine*. A premissa do 400 Rules Project é que há um número limitado de "regras" ou diretrizes de design que se aplicam a todos os jogos, e o objetivo do projeto é descobri-las. Embora bastante formal em seu escopo, o projeto representa uma maravilhosa iniciativa de design de jogos colaborativos.

International Game Developers Association

Esta organização profissional atua no setor de desenvolvimento de jogos digitais. O site Web, localizado em <www.igda.org>, é rico em recursos para o desenvolvedor de jogos já estabelecido e para os aspirantes, incluindo desde listagens de filiais da IGDA até colunas regulares sobre vários assuntos e vastos recursos educativos.

Joystick Nation: How Video Games Ate Our Quarters, Won Our Hearts, and Rewired Our Minds, de J. C. Herz

Escrito em 1997, *Joystick Nation* foi um dos primeiros estudos abrangentes e populares sobre o fenômeno cultural dos videogames. Um registro jornalístico direto, o livro oferece uma boa visão da cultura pop dos jogos e traça alguns dos fatores que afetam o crescimento dos videogames como uma forma cultural.

Ludology.org

Esse site Web, mantido pelo teórico dos jogos Gonzalo Frasca, é um dos melhores portais para assuntos relacionados ao estudo acadêmico dos jogos. Ele inclui extensas listas de blogs de estudos dos jogos, conferências e recomendações de documentos, e apoia uma comunidade de discussão saudável.

Phoenix: The Fall and Rise of Videogames, de Leonard Herman

Phoenix oferece uma visão detalhada da história dos consoles de videogame domésticos. A ênfase é tecnológica e o foco não está nos jogos, mas no design dos consoles si. Embora a leitura possa ser densa, o livro oferece uma visão importante da história da indústria do console e é uma obra de referência inestimável.

Sirlin.net

Um site Web peculiar e carinhoso, <www.sirlin.net> é o trabalho de David Sirlin, um ex-matemático e, às vezes, designer de jogos. O site contém um grande número de pequenos artigos sobre o design de jogos, a maioria deles tendo uma abordagem formal para a compreensão de fenômenos como o design das regras, a narrativa e a competição. Embora existam muitos sites de design de jogos na Web, Sirlin.net contém uma quantidade surpreendente de comentários e análises cuidadosos.

Supercade: A Visual History of the Videogame Age 1971–1984, de Van Burnham

Supercade é uma história visual e uma linha do tempo tecnológica do desenvolvimento do videogame durante um dos períodos mais importantes da indústria. O livro oferece resumos informativos de praticamente todos os videogames produzidos entre 1971-1984, junto com uma documentação bem pesquisada sobre o design visual de jogos.

Trigger Happy: Videogames and the Entertainment Revolution, de Steven Poole

Trigger Happy postula que os jogos são uma forma cultural a ser considerada, não só por causa de seu crescente domínio econômico na indústria do entretenimento, mas por causa de seu status como uma forma de arte. Poole analisa os jogos de várias perspectivas e aplica-lhes uma análise literária, filosófica e semiótica. Ele também traça o desenvolvimento da forma dos primeiros jogos de 8 bits até os sistemas tecnológicos e culturais complexos que eles são hoje.

Recomendados:

Capítulo 3: Unreal Cities

Capítulo 8: The Player of Games

BIBLIOGRAFIA

Aarseth, Espen J. *Cybertext: Perspectives on Ergodic Literature*. Baltimore: John Hopkins University Press, 1997.

Abrams, Janet. "Other Victories". *In If/Then*, ed. Janet Abrams. Amsterdam: Netherlands Design Institute, 1999, p. 245-47.

Abt, Clark C. *Serious Games*. Nova York: Viking Press, 1970.

Alexander, Christopher. *Notes on the Synthesis of Form*. Cambridge, MA: Harvard University Press, 1964.

Ambasz, Emilio. *Emilio Ambasz: The Poetics of the Pragmatic*. Nova York: Rizzoli International Publications, 1988.

Apter, Michael J. "A Structural-Phenomenology of Play". In *Adult Play: A Reversal Theory Approach*, ed. J. H. Kerr e Michael J. Apter. Amsterdam: Swets and Zeitlinger, 1991, p. 192-201.

Atari, Inc., Super Breakout. Atari Game Program Instructions. Sunnyvale, CA: Atari, Inc., 1981 (arquivado em <www.atariage.com>).

Avedon, E. M. "The Structural Elements of Games". In *The Study of Games,* ed. E.M. Avedon e Brian Sutton-Smith. Nova York: John Wiley, 1971, p. 419-426.

Avedon, E.M. e Brian Sutton-Smith. The Study of Games. Nova York: John Wiley, 1971.

Bak, Per. *How Nature Works: The Science of Self Organized Criticality*. Nova York: Copernicus Books, 1996.

Bartle, Richard. "Hearts, Clubs, Diamonds, Spades: Players Who Suit MUDs". <http://www.mud.co.uk/richard/hcds.htm>.

Barwood, Hal and Noah Falstein. The 400 Rules Project. <http://www.theinspiracy.com/400_project.htm>.

Bates, Bob e Andre LaMothe, eds. *Game Design: The Art and Business of Creating Games*. Boston: Premier Press, 2001.

Bateson, Gregory. "A Theory of Play and Fantasy". In *Steps to an Ecology of Mind*. Chicago: The University of Chicago Press, 1972, p. 191-222.

Beach Frank A. "Current Concepts of Play in Animals". In *Child's Play,* ed. R.E. Herron e Brian Sutton-Smith. Nova York: John Wiley, 1971, p. 196-211.

Berman, Joshua e Amy Bruckman. "The Turing Game: Exploring Identity in an Online Environment". *Convergence* 7(3): 83-102, 2001.

Bodley, John H. *Cultural Anthropology: Tribes, States, and the Global System*. Nova York: McGraw-Hill Higher Education, 1994.

Bolter, Jay David e Richard Grusin. *Remediation: Understanding New Media*. Boston: MIT Press, 1999.

Bonasia, Maria. "MetaMystery", May 30, 2001, <www.cloudmakers.org>.

Boria, Eric, Paul Breidenbach e Talmadge Wright. "Player Talk and the Social Mediation of Virtual Violence". Manuscrito inédito, 2002.

Buchanan, Richard. "Wicked Problems in Design Thinking". In *The Idea of Design: A Design Issues Reader*, ed. Victor Margolin e Richard Buchanan. Cambridge, MA: MIT Press, 1995, p. 3-20.

Buchanan, Richard. "Branzi's *Dilemma: Design in Contemporary Culture*". In *Design: Pleasure or Responsibility?* ed. P. Takhokallio e S. Vihma. Helsinki: University of Art and Design Helsinki, 1995, p. 15-27.

Burnham, Van. *Supercade: A Visual History of the Videogame Age 1971-1984*. Cambridge, MA: MIT Press, 2001.

Caillois, Roger. *Man, Play, and Games*. Londres: Thames and Hudson, 1962.

Cameron, Andy. "Dissimulations: Illusions of Interactivity". MFJ No. 28: Spring, 1995. <http://infotyte.rmit.edu.au/rebecca/html/dissimulations.html>.

Campbell, Jeremy. *Grammatical Man: Information, Entropy, Language, and Life*. Nova York: Simon and Schuster, 1982.

Carroll, Lewis. *Alice's Adventures in Wonderland and Through the Looking Glass*. Nova York: Signet Classic, 2000.

Cassell, Justine e Henry Jenkins, eds. *From Barbie to Mortal Kombat: Gender and Computer Games*. Cambridge, MA: MIT Press, 1998.

Casti, John. *Complexification: Explaining a Paradoxical World Through the Science of Surprise*. Nova York: Harper Collins Publishers, 1994.

Chandler, Daniel. *Semiotics for Beginners*. <www.aber.ac.uk/~dgc/semiotic.html>.

Church, Doug. "Formal Abstract Design Tools", <www.gamasutra.com>.

Cloudmakers.org. <www.cloudmakers.org>.

Cohen, Scott. *Zap: The Rise and Fall of Atari*. Philadelphia, PA: XlibrisCorporation, 1964.

Costikyan, Greg. "Don't be a Vidiot: What Computer Game Designers Can Learn from Non-Electronic Games". 1998 Game Developer's Conference (arquivado em <www.costik.com/vidiot.hmtl>).

Costikyan, Greg. "I Have No Words and I Must Design". In *Interactive Fantasy* #2 <www.geocities.com/SiliconValley/Bay/2535/nowords.html>.

Cowen, George e David Pines. *Complexity: Metaphors, Models and Reality*.Santa Fe: Addison Wesley Longman, 1994.

Crawford, Chris. *The Art of Computer Game Design*. <www.vancouver.wsu.edu/fac/peabody/ game-book/Coverpage.html>.

Crawford, Chris. *The Art of Interactive Design: A Euphorious and Illuminating Guide to Building Successful Software*. San Francisco: No Starch Press, 2002.

Crawford, Chris. *Understanding Interactivity*. San Francisco: No Starch Press, 2002.

Csikszentmihalyi, Mihaly. Flow: *The Psychology of Optimal Experience*. Nova York: Harper Collins Publishers, 1991.

Davis, Morton D. *Game Theory: A Nontechnical Introduction*. Mineola: DoverPublications, 1970.

DeKoven, Bernard. "Creating the Play Community". In *The New Games Book*, ed. Andrew Fluegelman e Shoshana Tembeck. Nova York: Doubleday, 1976, p. 41-42.

DeKoven, Bernard. *The Well-Played Game*. Nova York: Doubleday, 1978.

Dilnot, Clive. *The Science of Uncertainty: The Potential Contribution of Design Knowledge*. Proceedings of the Ohio Conference, Doctoral Education in Design. Pittsburgh School of Design, Carnegie Mellon University, 9 de outubro de 1998.

Dunnigan, James F. *Wargames Handbook: How to Play and Design Commercial and Professional Wargames*, 3. ed. San Jose: Writers Club Press, 2000.

Edwards, Paul N. *The Closed World*. Cambridge, MA: MIT Press, 1996.

Ekeland, Ivar. *The Broken Dice: And Other Mathematical Tales of Chance*. Chicago: University of Chicago Press, 1993.

Ellington, Henry; Eric Addinall e Fred Percival. *A Handbook of Game Design*. Londres: Kogan Page Limited, 1982.

Epstein, Richard. *The Theory of Gambling and Statistical Logic*. San Diego: Academic Press, 1977.

Faber, Liz. *Computer Game Graphics*. Nova York: Watson-Guptill Publications, 1998.

Fatsis, Stefan. *Word Freak: Heartbreak, Triumph, Genius, and Obsession in the World of Competitive Scrabble Players*. Boston: Houghton Mifflin, 2001.

Feed Magazine. "Brave New Worlds: A Special Issue on Video Games". <www.feedmag.com>.

Findeli, Alain. "Moholy-Nagy's Design Pedagogy in Chicago, 1937-46". In *The Idea of Design: A Design Issues Reader*, ed. Victor Margolin e Richard Buchanan. Cambridge, MA: MIT Press, 1995, p. 29-38.

Fine, Gary Alan. *Shared Fantasy*. Chicago: University of Chicago, 1983.

Fluegelman, Andrew e Shoshana Tembeck. *The New Games Book*. Nova York: Doubleday, 1976.

Frasca, Gonzalo. Ludology.org. <www.ludology.org>.

Gamasutra.com.*The Art and Science of Making Games*. <www.gamasutra.com>.

Gamestudies.org. The International Journal of Computer Game Research, eds. Espen Aarseth, Markku Eskelinen, Marie-Laure Ryan, Susana Tosca.

Garfield, Richard. "Metagames". In *Horsemen of the Apocalypse: Essays on Roleplaying*, ed. Jim Dietz. Sigel, IL: Jolly Rogers Games, 2000, p. 16-22.

Geertz, Clifford. *The Interpretation of Cultures*. Nova York: Basic Books, 1977.

Gielens, Jaro. *Electronic Plastic*. Berlin: Die Gestalten Verlag, 2000.

Game Girl Advance. <www.gamegirladvance.com>.

Gleitman, Henry. *Psychology*, 2. ed. Nova York: W.W. Norton & Company, Inc .1986.

Goldstein, Kenneth. "Strategies in Counting Out". In *The Study of Games*, ed. Elliott Avedon e Brian Sutton-Smith. Nova York: John Wiley & Sons Inc., 1971, p. 172-77.

Gonzalez, Jesus M. "A Brief History of Open Source Software". <http://eu.conec-ta.it/paper/brief_history_open_source.html>.

Gygax, Gary. *Advanced Dungeons and Dragons Players Handbook*. Lake Geneva: TRS Hobbies, 1978.

Hale-Evans, Ron. "Game Systems Part 1". <www.thegamesjournal.com/articles/GameSystems1.shtml>.

Hall, Justin. "Brave New Worlds: A Special Issue on Video Games". *Feed Magazine*. <www.feedmag.com>.

Hallford, Neal e Jana Hallford. *Swords and Circuitry: A Designer's Guide to Computer Role Playing Games*. Boston: Premier Press, Incorporated, 2001.

Hancock, Hugh. "Better Game Design Through Cut-Scenes". Gamasutra.com. <www.gamasutra.com>.

Hans, James S. *Play of the World*. Boston: University of Massachusetts Press, 1981.

Harris, Tricia "Kazi Wren". "Mod World". In *Gamespy.com*, 22 de ago. 2002. <http://www.gamespy.com/modworld/August02/modworld12/>.

Hayles, Katherine. *How We Became Post-Human*. Chicago: University of Chicago Press, 1999.

Hebdige, Dick. *Subculture: The Meaning of Style*. Londres: Methuen & Co., Ltd., 1988.

Herman, Leonard. *Phoenix: The Fall and Rise of Videogames*. Springfield, NJ: Rolenta Press, 1994.

Herron, R. E. "A Syntax for Play and Games". In *Child's Play*, ed. Brian Sutton-Smith e R. E. Herron. Nova York: John Wiley and Sons, 1971, p. 298-307.

Heskett, John. *Industrial Design*. Nova York: Oxford University Press, 1980.

Herz, J. C. "Gaming the System: Multi-player Worlds Online", In *Game On: The History and Culture of Video Games*, ed. Lucien King. Londres: Laurence King Publishing Ltd., 2002, p. 86-97.

Herz, J. C. *Joystick Nation: How Videogames Ate Our Quarters, Won Our Hearts, and Rewired Our Minds*. Nova York: Little, Brown & Company, 1997.

Heskett, John. *Industrial Design*. Nova York: Oxford University Press, 1980.

Hickey, Dave. *Air Guitar: Essays on Art and Democracy*. San Francisco: Foundation for Advanced Critical Studies, Incorporated, 1997.

Holland, John. *Emergence*. Reading: Helix Books, 1998.

Hughes, Linda. "Beyond the Rules of the Game: Why Are Rooie Rules Nice?" In *The World of Play*, ed. Frank E. Manning. Proceedings of the 7th Annual Meeting of the Association of the Anthropological Study of Play. Nova York: Leisure Press, 1983, p. 188-199.

Hughes, Linda. "Children's Games and Gaming". In *Children's Folklore: A Source Book*. ed. Brian Sutton-Smith, Jay Mechling, Thomas W. Johnson e Felicia R. McMahon. Logan, UT: Utah State University Press, 1999, p. 93-120.

Huhtamo, Eric. "Game Patch: the Son of Scratch?" In *Cracking the Maze*. Curadora Anne-Marie Schleiner. 16 jul. 1999. <www.switch.sjsu.edu/CrackingtheMaze>.

Huizinga, Johann. *Homo Ludens: A Study of the Play Element in Culture*. Boston: Beacon Press, 1955.

Ikekeonwu e Nwokah. "Nigerian and American Children's Games". In *The Study of Play, Vol 1. Diversions and Divergences in Fields of Play*, ed. Margaret C. Duncan, Garry Chick e Alan Aycock. Nova York: Ablex/Greenwood Publishing Company, 1998, p. 61-75.

International Game Developers Association, <www.igda.org>.

Jenkins, Henry. “Complete Freedom of Movement: Video Games as Gendered Play Spaces”. In *From Barbie to Mortal Kombat: Gender and Computer Games*, ed. Justine Cassell e Henry Jenkins. Cambridge, MA: MIT Press, 1998, p. 262-297.

Jenkins, Henry. “Testimony Before the U.S. Senate Commerce Committee, 4 maio 1999”. <www.senate.gov/~commerce/hearings/0504jen.pdf.>

Jenkins, Henry. *Textual Poachers: Television Fans and Participatory Culture*. Nova York: Routledge, 1992.

Jenkins, Henry e Kurt Squire. “The Art of Contested Spaces”. In *Game On: The History and Culture of Video Games*, ed. Lucien King. Londres: Laurence King Publishing Ltd., 2002, p. 64-75.

Johnson, Steven. *Emergence: The Connected Lives of Ants, Brains, Cities, and Software*. Nova York: Scribner, 2001.

Jonas, Wolfgang. “On the Foundations of a ‘Science of the Artificial”. Breman, Germany: Hochschule fur Kunst und Design Halle, 1999. <http://home.snafu.de/jonasw/JONAS4-49.html>.

Juul, Jesper. “Games Telling Stories? A Brief Note on Games and Narratives”. Gamestudies.org. <www.gamestudies.org>.

Kim, Scott. “What is a Puzzle?” <www.scottkim.com/articles.html>.

Kinder, Marsha. *Playing with Power in Movies, Television, and Video Games: From Muppet Babies to Teenage Mutant Ninja Turtles*. Los Angeles: University of California Press, 1993.

King, Geogg e Tanya Krzywinska. “*Computer Games | Cinema | Interfaces*”. In *Computer Games and Digital Cultures, Conference Proceedings*, ed. Frans Mäyrä. Tampere, Finlândia: Tampere University Press, 2002, p. 89-107.

King, Lucien, ed. *Game On: The History and Culture of Video Games*. Londres: Laurence King Publishing Ltd., 2002.

Klevjer, Rune. “In Defense of Cut-Scenes”. In *Computer Games and Digital Cultures, Conference Proceedings*, ed. Frans Mäyrä. Tampere, Finlândia: Tampere University Press, 2002, p. 191-2002.

Knizia, Reiner. *Dice Games Properly Explained*. Tadworth, Surrey: Elliot Right Way Books, 2001.

Krippendorff, Klaus. “On the Essential Contexts of Artifacts or On the Proposition that ‘Design is Making Sense (of Things)’.” In *The Idea of Design: A Design Issues Reader*, ed. Victor Margolin e Richard Buchanan. Cambridge, MA: MIT Press, 1995, p.156-86.

Kuper, Simon. “The World’s Game Is Not Just A Game”. In *The NewYork Times* Sunday Magazine, 26 maio 2002.

Langton, Christopher. *Artificial Life: An Overview*. Cambridge, MA: MIT Press, 1995.

Laramée, François Dominic, ed. *Game Design Perspectives*. Hingham, MA: Charles River Media, 2002.

Lantz, Frank e Eric Zimmerman. “Rules, Play, and Culture: Checkmate!”. *Merge Magazine*, 1999, p. 41-43.

Laurel, Brenda. *Computers as Theater*. Reading, MA: Addison-Wesley Publishing Company, 1993.

LeBlanc, Marc. "Feedback Systems and the Dramatic Structure of Competition". Game Developers Conference, 1999.

Littlejohn, Stephen. *Theories of Human Communication*, 3. ed. Belmont, CA: Wadsworth Publishing Company, 1989.

Lupton, Ellen e J. Abbott Miller. "Laws of the Letter". In *Design, Writing, Research: Writing on Graphic Design*. Nova York: Princeton Architectural Press, 1996.

Mackay, Daniel. *The Fantasy Role-Playing Game: A New Performing Art*. Londres: McFarland & Company, Inc., 2001.

Manning, Frank E., ed. *The World of Play*. Proceedings of the 7th Annual Meeting of the Association of the Anthropological Study of Play. Nova York: Leisure Press, 1983.

Marcus, Greil. *Lipstick Traces: A Secret History of the Twentieth Century*. Cambridge: Harvard University Press, 1989.

Manovich, Lev. *The Language of New Media*. Cambridge: MIT Press, 2001.

Martin, Ben. "The Schema". In *Complexity: Metaphors, Models, and Reality*, ed. George Cowan e David Pines. Santa Fe: Addison Wesley Longman, 1994, p. 263-286.

Mäyrä, Frans. ed. *Computer Games and Digital Cultures Conference Proceedings*. Tampere, Finlândia: Tampere University Press, 2002.

Miller, J. Hillis. "Narrative". In *Critical Terms for Literary Study*, ed. Frank Lentricchia e Thomas McLaughlin. Chicago: The University of Chicago Press, 1990, p. 66-79.

Morganstern, Oscar e John Von Neumann. *Theory of Games and Economic Behavior*. Princeton: Princeton University Press, 1944.

Murray, Janet. *Hamlet on the Holodeck*. Nova York: The Free Press, 1997.

Norman, Donald. *The Design of Everyday Things*. Nova York: Doubleday, 1988.

Nwokah e Ikekeonwu. "Nigerian and American Children's Games". In *The Study of Play Vol. 1. Diversions and Divergences in Fields of Play*, ed. Margaret C. Duncan, Gary Chick, e Alan Aycock. Nova York: Ablex/Greenwood Publishing Company, 1998, p.147-153.

Parlett, David. *The Oxford Dictionary of Card Games*. Oxford: Oxford University Press, 1992.

Parlett, David. *The Oxford History of Board Games*. Oxford: Oxford University Press, 1999.

Pearce, Celia. *The Interactive Book: A Guide to the Interactive Revolution*. Toronto: Macmillan Technical Publishing/New Riders, 1997.

Peirce, Charles Saunders. *Charles S. Peirce: Selected Writings*, ed. P. O. Wiener. Nova York: Dover, 1958.

Peterson, Ivars. *The Jungles of Randomness: A Mathematical Safari*. Nova York: John Wiley, 1997.

Phillips, Andrea. "Deep Water". 26 jul. 2001. Cloudmakers.org. <www.cloud-makers.org>.

Piaget, Jean. *The Moral Judgment of the Child*. Nova York: Free Press, 1997.

Poole, Steven. *Trigger Happy: Videogames and the Entertainment Revolution*. Nova York: Arcade Publishing, 2000.

Poundstone, William. *Prisoner's Dilemma*. Nova York: Doubleday, 1992.

Prensky, Marc. *Digital Game-Based Learning*. Nova York: McGraw-Hill, 2001.

Reider, Norman. "Chess, Oedipus, and the Mater Dolorosa". In *The Study of Games*, ed. E.M. Avedon e Brian Sutton-Smith. Nova York: John Wiley, 1971, p. 440-464.

Resnick, Mitchell. *Turtles, Termites, and Traffic Jams*. Cambridge: MIT Press, 1997.

Robinett, Warren. *Inventing the Adventure Game*. Manuscrito inédito.

Rollings, Andrew e Dave Morris. *Game Architecture and Design*. Scottsdale, AZ: Coriolis Group, 1999.

Rouse, Richard III. *Game Design: Theory and Practice*. Plano, TX: Wordware Publishing, 2001.

Rumelhart, David E. e Andrew Ortony. "The Representation of Knowledge in Memory". In *Schooling and the Acquisition of Knowledge*, ed. R. C. Anderson, R. J. Spiro e W. E. Montague. Hillsdale, N.J.: Erlbaum, 1977, p. 99-135.

Ryan, Marie-Laure. *Narrative as Virtual Reality: Immersion and Interactivity in Literature and Electronic Media*. Baltimore: John Hopkins University Press, 2000.

Salen, Katie. "Lock, Stock, and Barrel: Sexing the Digital Siren", In *Sex Appeal: The Art of Allure in Graphic and Advertising Design*, ed. Steven Heller. Nova York: Allworth Press, 2000, p. 148-51.

Salen, Katie. "Telefragging Monster Movies". In *Game On: The History and Culture of Video Games*, ed. Lucien King. Londres: Laurence Ling Publishing Ltd., 2002, p. 98-111.

Sankey, Daragh. "A.I. Game", 2001. Joystick101.org. <www.joystick.org>.

Saussure, Ferdinand de. *Course in General Linguistics*. Londres: Peter Owen, 1960.

Schell, Jesse e Joe Schochet. "Designing Interactive Theme Park Rides: Lessons From Disney's Battle for the Buccaneer Gold". <www.gamasutra.com/fea-tures/20010706/ schell_01.htm>.

Schleiner, Anne-Marie. "Game Plug-ins and Patches as Hacker Art". *Cracking the Maze*. 16 jul. 1999. <switch.sjsu.edu/CrackingtheMaze>.

Schmittberger, R. Wayne. *New Rules for Classic Games*. Nova York: John Wiley, 1992.

Schon, Donald. *The Reflective Practitioner: How Professionals Think in Action*. Nova York: Basic Books, 1983.

Shannon, Claude e Weaver, Warren. *Mathematical Theory of Communication*.Champaign: University of Illinois Press, 1963.

Sieberg, Daniel. "Reality Blurs, Hype Builds with Web 'A.I.' Game". Maio 2001, CNN.com.

Simon, Herbert. *The Sciences of the Artificial*. Cambridge, MA: MIT Press, 1968.

Sirlin, David. Sirlin.net. <www.sirlin.net>.

Smith, Harvey. "The Future of Game Design". <www.gamasutra.com>.

Sniderman, Stephen. "Unwritten Rules". <www.gamepuzzles.com/tlog/tlog2.htm>.

Stewart, Susan. *Nonsense. Aspects of Intertextuality in Folklore and Literature*. Baltimore: The John Hopkins University Press, 1978.

Sudnow, David. *Pilgrim in the Microworld*. Nova York: Warner Books, 1983.

Suits, Bernard. *Grasshopper: Games, Life, and Utopia*. Boston: David R. Godine, 1990.

Sutton-Smith, Brian. *The Ambiguity of Play*. Boston: Harvard University Press, 2001.

Sutton-Smith, Brian."Boundaries". In *Child's Play*, ed. Brian Sutton-Smith e R. E. Herron. Malabar, FL: Warrior Books, 1971, p. 173-92.

Sutton-Smith, Brian, Jay Mechling, Thomas W. Johnson e Felicia R. McMahon, eds. *Children's Folklore: A Source Book*. Logan, UT: Utah State University Press, 1999.

Sutton-Smith, Brian. "The Kissing Games of Adolescents of Ohio". In *The Study of Games*, ed. Elliott Avedon and Brian Sutton-Smith. Nova York: John Wiley and Sons, Inc., 1971, p. 213-16.

Sutton-Smith, Brian. *Toys as Culture*. Nova York: Gardner Press, Incorporated, 1986.

Thompson, J. Mark. "Defining the Abstract". <http://www.flash.net/~markthom/html/game_thoughts.html>.

Underwood, Mick. CCMS. <http://www.cultsock.ndirect.co.uk/MUHome/cshtml/semiomean/semio1.html>.

Von Bertalanffy, Ludwig. *General Systems Theory Foundations*. Nova York: George Braziller, 1968.

Von Neumann, John e Oscar Morganstern. *Theory of Games and Economic Behavior*. Princeton: Princeton University Press, 1944.

Vygotsky, L. S. "Play and its Role in the Mental Development of the Child". In *Play and Its Role in Evolution and Development*, ed. J. S. Bruner, A. Jolly e K. Sylva. Nova York: Penguin, 1976, p. 548-63.

Wolf, Mark J.P. "Space in the Video Game". In *The Medium of the Video Game*. Austin: University of Texas Press, 2002, p. 53-70.

Wolfe, Burton H. "The Monopolization of Monopoly: The Story of Lizzie Magie". In *The San Francisco Bay Guardian*, 1976.

LISTA DOS JOGOS CITADOS

A listagem a seguir contém todos os jogos mencionados nos quatro volumes de *Regras do Jogo*. Cada jogo é listado em ordem alfabética por título, incluindo a data de lançamento, mídia em que foi jogado, e desenvolvedor ou designer do jogo.

Uma grande parte dos jogos citados não tem um autor ou grupo de autores identificável — ou a origem exata do jogo está em disputa pelos historiadores de jogos. Nesses casos, o jogo está listado como "Tradicional" e as datas aproximadas de origem são indicadas, se conhecidas. Muitas vezes, esses jogos têm evoluções históricas ricas, como o jogo de tabuleiro Chutes and Ladders, que tem semelhanças com os jogos disputados no antigo Egito, bem como com jogos tradicionais da Índia, Nepal e Tibete. Nesses casos, optamos como data de origem a primeira ocorrência histórica de um jogo que é reconhecidamente semelhante ao jogo citado. (No caso de Chutes and Ladders, por exemplo, usamos a data de 1892: essa é a data de publicação do Snakes and Ladders de F.H. Ayre, um jogo praticamente idêntico ao Chutes and Ladders de hoje).

Em deferência ao processo normalmente colaborativo da criação de jogos, os designers individuais são listados como o criador de um jogo apenas quando um único designer ou dois designers criaram o jogo inteiro por si só ou quando um único designer é comercialmente creditado com a autoria exclusiva, como é o caso de muitos jogos de tabuleiro contemporâneos.

Muitas vezes citamos mais de uma versão de um jogo digital que foi produzido em série, tais como o Virtua Fighter e Virtual Fighter 4. Nesses casos, listamos o jogo como uma série, mas incluímos apenas a data e o criador do primeiro jogo na série. Além disso, quando as versões de um jogo importante aparecem em mais de uma mídia (como um jogo arcade que mais tarde tornou-se um Jogo de console), listamos todas as formas pertinentes, com a mídia original listada primeiro.

Na organização dos jogos por mídia, optamos por categorias muito "amplas", tais como "Jogo arcade" ou "Jogo físico". Algumas das categorias se sobrepõem, mas colocamos os jogos em grupos que pareciam mais conceitualmente úteis para fins de comparação. Nossa intenção aqui não é fornecer um levantamento detalhado ou uma taxonomia desses jogos, mas dar uma indicação geral da rica variedade de jogos que mencionamos e analisamos no curso de nossas investigações. Se você quiser pesquisar mais profundamente algum desses jogos, uma lista das referências utilizadas para reunir as informações neste índice foi incluída no final.

Jogo arcade. Os jogos nesta categoria são os games digitais jogados em máquinas dedicadas que apenas executam um único jogo. Isso inclui jogos arcade típicos, como Pac-Man e Space Invaders, bem como jogos de entretenimento baseados em locações, como a atração Battle for the Buccaneer Gold da Disneyworld.

Jogo de tabuleiro. Além de jogos como xadrez e Go — jogos que são literalmente jogados em um tabuleiro — incluímos nesta categoria aqueles jogados em algum tipo de estrutura de tabuleiro, como Batalha Naval e Connect Four.

Jogo baseado em livros. A simulação de voo Ace of Aces baseada em livros não se encaixou em nenhuma outra categoria, por isso tem uma própria. Existem outros jogos baseados em livros, mas não são mencionados no livro Regras do Jogo.

Jogo de cartas. Alguns jogos nesta categoria, tais como pôquer e bridge, usam um conjunto padrão de cartas. Outros, como Magic: The Gathering, usam cartas especializadas projetadas especificamente para um jogo.

Jogo de computador. Este grupo inclui os jogos projetados para serem jogados em computadores pessoais, desde o venerável PDP-1 até as máquinas Macintosh e Windows atuais. Esses jogos são jogados principalmente em uma única máquina por um único jogador.

Jogo de console. Estes jogos são jogados nas máquinas de console de jogo que se conectam a uma televisão, variando desde o Atari 2600 até o Xbox, GameCube e Playstation 2 de hoje.

Jogo de dados. Os jogos deste grupo são jogados principal ou exclusivamente com dados. Incluem jogos de azar como Craps e jogos tradicionais como Pig e Yatzee. Além disso, incluímos o jogo de roleta nesta categoria, pois é um jogo totalmente baseado no acaso.

Jogo portátil. Esta categoria inclui os jogos disputados em um dispositivo digital portátil como um Game Boy ou Palm Pilot. Dispositivos eletrônicos portáteis que apenas jogam um jogo, tais como o P.O.X., também são agrupados aqui.

Jogo Icehouse. O Icehouse é um sistema de jogo que usa pirâmides de plástico coloridas como peças de muitos jogos diferentes. Foram tantos os jogos Icehouse que mencionamos neste livro que os incluímos em sua própria categoria.

Jogo de celular. Os jogos deste grupo são jogados principalmente usando um telefone celular, seja single-player ou multiplayer.

Jogo on-line. Este é um tipo especial de jogo digital que enfatiza a interação social baseada na Web como a principal forma de jogar. Incluídos nesta categoria estão os jogos transmídia como o Majestic que ocorrem na Internet via aparelhos de fax e telefones.

Jogo físico. Essa categoria inclui jogos como pega-pega ou jogos com bolinhas de gude em que a ação do jogo envolve principalmente o movimento físico e a interação. Esses jogos são menos regulamentados que os jogos incluídos na categoria Esporte.

Quebra-cabeças. Conforme descrito em Definindo jogos, os quebra-cabeças são jogos com uma única resposta correta ou um conjunto de respostas corretas. Os quebra-cabeças podem ter muitas formas, mas as que citamos são os jogos com um jogador que usam materiais simples como lápis e papel.

Jogo RPG. Estes jogos são experiências altamente narrativas, em que a principal forma de interação lúdica envolve os jogadores assumindo personalidades imaginárias. O clássico Dungeons & Dragons é o exemplo prototípico dessa categoria de jogo. RPGs de *live-action*, como o Vampiro: A Máscara, também são incluídos aqui.

Jogo social. Os jogos sociais são aqueles em que a ação consiste basicamente na interação social entre os participantes. Normalmente, esses jogos têm pouco ou nenhum componente material e incluem jogos de salão tão diversos como Charadas, Mafia e Gire a Garrafa.

Esporte. Os jogos nesta categoria são os jogos físicos que normalmente são jogados como um esporte organizado e regulamentado — geralmente com equipamento muito especializado em um espaço especial reservado para o jogo. Em alguns casos, os jogos listados como Esportes podem também constituir uma atividade de lazer, tal como o esqui.

Programa de televisão. Estes jogos existem como experiências televisionadas e incluem programas como Survivor, Jeopardy e Quem Quer Ser Milionário.

Jogo de blocos. Os jogos deste grupo são jogados com alguma forma de blocos modulares e incluem jogos como dominó e Mahjong.

1000 Blank White Cards
Nathan McQuillen, 1994
Jogo social

Assassin
Tradicional, 1966
RPG

20 Perguntas
Tradicional
Jogo social

Asteroids
Atari, 1979
Jogo arcade; Jogo de console

A.I.
Puppet Masters / Microsoft, 2001
Jogo on-line

Atari Football
Atari, 1978
Jogo arcade

Ace of Aces
Alfred Leonardi, 1980
Jogo baseado em livros

Bad Dudes
Data East, 1988
Jogo arcade

Advanced Dungeons & Dragons
(*ver* Dungeons & Dragons)

Gamão
Tradicional, cerca de 1600
Jogo de tabuleiro

Adventure
Will Crowther and Don Woods, 1975
Jogo de computador

Barbie Fashion Designer
Mattel, 1996
Jogo de computador

Adventure
Warren Robinett, 1980
Jogo de console

Beisebol
Abner Doubleday, cerca de 1839
Esporte

Age of Empires
Ensemble Studios, 1997
Jogo de computador

Basquete
James Naismith, 1891
Esporte

Alleyway
Nintendo, 1989
Jogo portátil

Battle for the Buccaneer Gold
Disney, 2001
Jogo arcade

Luta de braço
Tradicional
Jogo físico

BattleBots
Comedy Central, 1998
Esporte / Programa de televisão

Battleship
Milton Bradley, 1967
Jogo de tabuleiro

Breakout (série)
Atari, 1976
Jogo arcade; Jogo de console

Battlezone
Atari, 1980
Jogo arcade

Boxe
Tradicional
Esporte

Bejeweled
Popcap Games, 2001
Jogo on-line

Bridge
Tradicional, cerca de 1885
Jogo de cartas

Berzerk
Stern, 1980
Jogo arcade

Bridge-Builder
Alex Austin, 2000
Jogo de computador

Bilhar
Tradicional, cerca de 1500
Esporte

Xadrez bughouse
Tradicional, cerca de 1965
Jogo de tabuleiro

Black & White
Lionhead Studios, 2001
Jogo de computador; Jogo de console

Bust-A-Groove
Square Enix, 1998
Jogo de console; Jogo arcade

Blackjack
Tradicional, cerca de 1750
Jogo de cartas

Tranca (ou Canasta)
Tradicional, cerca de 1945
Jogo de cartas

Blob
New Games Movement, cerca de 1976
Jogo físico

Candyland
Milton Bradley, 1949
Jogo de tabuleiro

Botfighters
It's Alive, 2001
Jogo de celular

Can't Stop
Sid Sackson, 1980
Jogo de dados

Boliche
Tradicional, cerca de 1880
Esporte

Capturar a bandeira
Tradicional
Jogo físico

Car Wars (série)
Chad Irby and Steve Jackson, 1982
Jogo de tabuleiro

Escadas e escorregadores
F. H. Ayres, 1892
Jogo de tabuleiro

The Card Game
Tradicional
Jogo social

Civilization (série)
MicroProse, 1991
Jogo de computador; Jogo de console

Castle Wolfenstein
Muse, 1981
Jogo de computador

Command and Conquer
Westwood Studios, 1995
Jogo de computador

Pegar o rabo do dragão
New Games Movement, cerca de 1976
Jogo físico

Cool Boarders (série)
Sony, 1996
Jogo de console

Centipede
Atari, 1980
Jogo arcade

Polícia e ladrão
Tradicional
Jogo físico

Charadas
Tradicional
Jogo social

Cosmic Wimpout
CQ Incorporated, cerca de 1975
Jogo de dados

Chaturanga
Tradicional, cerca de 650
Jogo de tabuleiro

Counter-Strike
The Counter-Strike Team, 2000
Jogo de computador

Damas
Tradicional, cerca de 1500
Jogo de tabuleiro

Craps
Circa 1700
Jogo de dados

Xadrez
Tradicional, cerca de 850
Jogo de tabuleiro

Crash Bandicoot
Naughty Dog, 1996
Jogo de console

Damas chinesas
Ravensburger, 1892
Jogo de tabuleiro

Críquete
Tradicional, 1700
Esporte

Croquet
Tradicional, cerca de 1830
Esporte

Donkey Kong
Nintendo, 1981
Jogo arcade

Dactyl Nightmare
Virtuality, 1993
Jogo arcade

Don't Wake Daddy
Parker Brothers, 1992
Jogo de tabuleiro

Dance Dance Revolution
Konami, 1998
Jogo arcade; Jogo de console

DOOM
id Software, 1993
Jogo de computador

Defender
Williams, 1980
Jogo arcade

Dope Wars (originalmente Drug Wars)
John Dell
Jogo de computador; Jogo portátil

Deus Ex
Ion Storm, 2000
Jogo de computador; Jogo de console

Double Dragon
Taito, 1986
Jogo arcade

Diablo (série)
Blizzard Entertainment, 1996
Jogo de computador

Jogo do beijo
Tradicional, cerca de 1959
Jogo social

Dig-Dug
Namco, 1982
Jogo arcade

Driver: You are the Wheelman
Reflections, 1999
Jogo de console

Diplomacy
Allan Calhammer, 1959
Jogo de tabuleiro

Drome Racing Challenge
gameLab, 2002
Jogo on-line

Dodge Ball
Tradicional
Jogo físico

Duke Nuke Em 3D (série)
3D Realms, 1996
Jogo de computador; Jogo de console

Dominó
Tradicional, cerca de 1850
Jogo de blocos

Dungeon Siege
Gas Powered Games, 2002
Jogo de computador

Dungeons & Dragons (série)
Dave Arneson & Gary Gygax, 1973
RPG

Flashlight
Tradicional, cerca de 1959
Jogo social

Earthball
New Games Movement, cerca de 1976
Jogo físico

FLUID
gameLab, 2002
Jogo de computador

Easy Money
Milton Bradley, cerca de 1955
Jogo de tabuleiro

Flux
Andrew Looney, 1997
Jogo de cartas

Elemental
Team Elemental, unpublished
Jogo de computador

Futebol americano
Walter Camp, 1879
Esporte

Enchanted Forest
Michel Matsechoss and Alex Randolph, 1992
Jogo de tabuleiro

Foursquare
Tradicional
Esporte

Endurance Kissing
Tradicional, cerca de 1959
Jogo social

The Game of Life
John Conway, 1970
Quebra-cabeças; Jogo de computador

Euchre
Tradicional, cerca de 1860
Jogo de cartas

Gauntlet (série)
Atari, 1985
Jogo arcade; Jogo de console

EverQuest
Verant Interactive, 1999
Jogo on-line

Gearheads
R/GA Interactive, 1996
Jogo de computador

Esgrima
Tradicional, cerca de 1670
Esporte

Gin
Tradicional, cerca de 1920
Jogo de cartas

Final Fantasy (série)
Square Enix, 1990
Jogo de console

Go
Tradicional, cerca de 2000 BCE
Jogo de tabuleiro

Go Fish
Tradicional, cerca de 1585
Jogo de cartas

Esconde-esconde
Tradicional
Jogo físico

Golfe
Tradicional, cerca de 1450
Esporte

Hollywood Squares
NBC, 1965
Programa de televisão

Gnostica
John Cooper, 2001
Jogo Icehouse

House of the Dead
Sega, 1997
Jogo arcade; Jogo de console

Gran Turismo (série)
Ployphony Digital, 1998
Jogo de console

Ice Hockey
Tradicional, cerca de 1850
Esporte

Grand Theft Auto III (série)
Rockstar North, 2001
Jogo de console

Icehouse
Andrew Looney and John Cooper, 1991
Jogo Icehouse

GURPS: Generic Universal Role-Playing System
Steve Jackson, cerca de 1986
Sistema de jogo RPG

Illuminati
Steve Jackson, 1982
Jogo de tabuleiro

Ginástica
Tradicional, 1896
Esporte

Jak & Daxter
Naughty Dog, 2001
Jogo de console

Half-Life
Valve Software, 1998
Jogo de computador; Jogo de console

James Bond 007 In Agent Under Fire
Electronic Arts, 2001
Jogo de console

Copas
Tradicional, cerca de 1880
Jogo de cartas

Jeopardy
NBC, 1964
Programa de televisão

Hex
Piet Hein, 1942
Jogo de tabuleiro

Jet Grind Radio
Smilebit, 2000
Jogo de console

Joust
Williams, 1982
Jogo arcade

Mad Magazine Game
Parker Brothers, 1979
Jogo de tabuleiro

Junkbot (série)
gameLab, 2001
Jogo de computador

Mafia
Tradicional
Jogo social

Kick the Can
Tradicional
Jogo físico

Magic: The Gathering
Richard Garfield, 1993
Jogo de cartas

Killer
(*ver* Assassin)

Mah Jongg
Tradicional, cerca de 1880
Jogo de blocos

Kriegspiel
Lt. von Reisswitz, 1824
Jogo de tabuleiro

Majestic
Electronic Arts, 2001
Jogo on-line

The L Game
Edward DeBono, cerca de 1974
Jogo de tabuleiro

Mancala
Tradicional, cerca de 3000 BCE
Jogo de tabuleiro

The Landlord's Game
Lizzie Magie, 1904
Jogo de tabuleiro

Marathon (série)
Bungie Software, 1994
Jogo de computador

Little Max
Tradicional
Jogo de dados

Bolinhas de gude
Tradicional, cerca de 100 BCE
Jogo físico

LOOP
gameLab, 2002
Jogo de computador

Mario Bros. (série)
Nintendo, 1983
Jogo arcade; Jogo de console; Jogo portátil

Lord of the Rings, jogo de tabuleiro
Reiner Knizia, 2000
Jogo de tabuleiro

Martian Backgammon
Andrew Looney, 1997
Jogo Icehouse

Mastermind
Invicta, 1972
Jogo de tabuleiro

Mamãe, eu posso?
Tradicional
Jogo físico

Max Payne
3D Realms, 2001
Jogo de computador; Jogo de console

Mousetrap
Ideal, 1963
Jogo de tabuleiro

Mega Man (série)
Capcom, 1987
Jogo de console; Jogo portátil

Ms. Pac-Man
Namco, 1982
Jogo arcade; Jogo de console

Memória
Tradicional
Jogo de cartas

Dança das cadeiras
Tradicional
Jogo físico

Metal Gear Solid (série)
KCEJ, 1998
Jogo de console

Myst
Cyan, 1993
Jogo de computador

Metroid (série)
Nintendo, 1985
Jogo de console

Myth: The Fallen Lords
Bungie Software, 1997
Jogo de computador

Milles Bournes
Parker Brothers, 1954
Jogo de cartas

NBA Courtside (série)
Left Field Productions, 1998
Jogo de console

Missile Command
Atari, 1980
Jogo arcade; Jogo de console

NBA Live (série)
Electronic Arts, 1995
Jogo de console; Jogo de computador

Monopoly (ou Banco Imobiliário)
Charles B. Darrow, 1933
Jogo de tabuleiro

NeoPets
NeoPets Inc, 1999
Jogo on-line

Mortal Kombat (série)
Midway, 1992
Jogo arcade; Jogo de console

NetRunner
Wizards of the Coast, 1995
Jogo de cartas

Neverwinter Nights
Bioware, 2002
Jogo de computador; Jogo on-line

Pega-varetas
Tradicional
Jogo físico

Night Driver
Atari, 1976
Jogo arcade

Pictionary
Rob Angel, 1986
Jogo de tabuleiro

Oddworld (série)
Oddworld Inhabitants, 1997
Jogo de console; Jogo de computador

Pig
Tradicional
Jogo de Dados

Decatlo olímpico
Tradicional, 1896
Esporte

Pilotwings
Nintendo, 1990
Jogo de console

Once Upon a Time
Richard Lambert, Andrew Rilstone e James Wallis, 1993
Jogo de cartas

pingue-pongue
(*ver Tênis de mesa*)

Othello
Lewis Waterman, 1888
Jogo de tabuleiro

Pinochle
Tradicional, cerca de 1900
Jogo de cartas

P.O.X.
Hasbro, 2001
Jogo portátil

Planetfall
Steve Meretsky / Infocom, 1983
Jogo de computador

Pac-Man
Namco, 1980
Jogo arcade; Jogo de console

Pokémon
Nintendo, 1998
Jogo de mão; Jogo de console; Jogo de cartas

Parappa the Rapper
Interlink, 1997
Jogo de console

Pôquer
Tradicional, cerca de 1820
Jogo de cartas

Pass the Orange
Tradicional, cerca de 1959
Jogo social

Pong
Atari, 1972
Jogo arcade; Jogo de console; Jogo de computador

Populous: The Beginning
Take-Two Interactive, 1998
Jogo de computador

Scrabble
Alfred M. Butts, 1948
Jogo de tabuleiro

Powerstone (série)
Capcom, 1999
Jogo de console

Seaman
Vivarium, 2000
Jogo de console

Quake (série)
id Software, 1996
Jogo de computador; Jogo on-line; Jogo de console

Secret of Monkey Island (série)
LucasArts, 1990
Jogo de computador

Raquetebol
Joe Sobek, 1949
Esporte

Settlers of Catan
Klaus Teuber, 1995
Jogo de tabuleiro

RAMbots
Kory Heath, 2001
Jogo Icehouse

Shenmue (série)
Sega, 2000
Jogo de console

Risk
Albert Lamorisse, 1959
Jogo de tabuleiro

Silent Hill (série)
Konami, 1999
Jogo de console

Robotron 2084
Williams, 1982
Jogo arcade

Sim City (série)
Maxis, 1989
Jogo de computador

Rock-Paper-Scissors
Tradicional
Jogo físico

Sim Copter
Maxis, 1996
Jogo de computador

Roleta
Tradicional, cerca de 1900
Jogo de dados

SimLife
Maxis, 1992
Jogo de computador

Rúgbi
Tradicional, cerca de 1800
Esporte

Simon Says
Tradicional
Jogo social

The Sims (série)
Maxis, 2000
Jogo de computador; Jogo de console

Spybot: The Nightfall Incident
gameLab, 2002
Jogo de computador

SiSSYFiGHT 2000
Word.com, 2000
Jogo on-line

SSX (série)
Electronic Arts, 2000
Jogo de console

Esqui
Tradicional, cerca de 1880
Esporte

Stand Up
New Games Movement, cerca de 1976
Jogo físico

Futebol
Tradicional, cerca de 1850
Esporte

Starcraft
Blizzard Entertainment, 1998
Jogo de computador

Softbol
Tradicional, cerca de 1930
Esporte

State of Emergency
VIS Entertainment, 2002
Jogo de console

Paciência (muitas variações)
Tradicional, cerca de 1600
Jogo de cartas

Stay Alive
Milton Bradley, 1971
Jogo de tabuleiro

Space Invaders
Taito 1978
Jogos arcade

Stealth Chess
Dice Corp, 1997
Jogo de tabuleiro

Spacewar!
Steve Russell, 1962
Jogo de computador

Stratego
Milton Bradley, 1961
Jogo de tabuleiro

Jogo da garrafa
Tradicional
Jogo social

Street Fighter (série)
Capcom, 1987
Jogo arcade; Jogo de console

Spy Vs. Spy (série)
Kemko, 1986
Jogo de computador; Jogo de console

Sumô
Tradicional, cerca de 712
Esporte

Super Breakout
(*ver* Breakout)

Tempest
Atari, 1981
Jogo arcade

Super Mario (*ver* Mario Bros.)
Amusement Vision, 2001
GameCube

Tênis
Walter Wingfield, 1873
Esporte

Survivor
CBS, 2000
Programa de televisão

Tetris
Alexy Pajnitov, cerca de 1986
Jogo de computador; Jogo portátil; Jogo de console

Suspicion
Eric Zimmerman, 1995
Jogo de cartas

Thief (série)
Looking Glass Studios, 1998
Jogo de computador

System Shock (série)
Looking Glass Studios, 1994
Jogo de computador; Jogo de console

Thin Ice
Jacob Davenport, cerca de 2001
Jogo Icehouse

Tênis de mesa
J. Jaques & Son, cerca de 1890
Esporte

Thunderstorm
Tradicional
Jogo de dados

Pega-pega
Tradicional
Jogo físico

jogo da pulga
Joseph Assheton Fincher, 1888
Jogo físico

Tanktics
Chris Crawford, 1978
Jogo de computador

Time Crisis
Namco, 1996
Jogo arcade; Jogo de console

Tekken
Namco, 1995
Jogo arcade; Jogo de console

Tomb Raider (série)
Core Design, 1996
Jogo de console; Jogo de computador

Telefone
Tradicional
Jogo social

Tony Hawk Pro Skater (série)
Neversoft Entertainment, 1999
Jogo de console

Total Annihilation
Cavedog Entertainment, 1997
Jogo de computador

Vampiro
New Games Movement, cerca de 1976
Jogo físico

Toys
Eric Zimmerman, 2000
Jogo social

Vampiro: A Máscara
White Wolf, 1992
RPG

Trivial Pursuit
Chris Haney and Scott Abbot, 1981
Jogo de tabuleiro

Tênis verbal
Tradicional
Jogo social

Twister
Charles Foley and Neil Rabens, 1966
Jogo físico

Virtua Fighter (série)
Sega, 1993
Jogo arcade; Jogo de console

Ultima (série)
Richard Garriot / Origin, 1980
Jogo de computador; Jogo on-line

Volcano
Kristin Looney, 2002
Jogo Icehouse

Um Jammer Lammy
Sony, 1999
Jogo de console

Voleibol
William G. Morgan, 1895
Esporte

Universal Square
Uri Tzaig, 1996
Esporte

War
Tradicional
Jogo de cartas

Uno
Merle Robbins, 1971
Jogo de cartas

Warcraft: Orcs and Humans (série)
Blizzard Entertainment, 1994
Jogo de computador

Unreal (série)
Epic Megagames, 1998
Jogo de computador; Jogo de console

Warhammer (série)
Games Workshop, 1983
Jogo de tabuleiro

Up the River
Manfred Ludwig, 1988
Jogo de tabuleiro

Who Wants to be a Millionaire
Celador, 1998
Programa de televisão

Wipeout (série)
Psygnosis, 1996
Jogo de console

Wreckless: The Yakuzi Missions
Bunkasha Games, 2002
Jogo de console

Wolfenstein 3D
id Software, 1992
Jogo de computador

Yatzee
Milton Bradley, 1956
Jogo de dados

You Don't Know Jack (série)
Jellyvision, 1995
Jogo de computador; Jogo on-line

Zarcana
John Cooper, 2001
Jogo Icehouse

Zaxxon
Sega, 1982
Jogo arcade

Zelda (série)
Nintendo, 1987
Jogo de console; Jogo portátil

Zendo
Kory Heath, 2001
Jogo Icehouse

Zork (série)
Marc Blank & Dave Lebling / Infocom, 1980
Jogo de computador

Referências de Pesquisa

http://www.about.com.

http://www.atariage.com.

http://boardgamegeek.com.

http://chessvariants.com.

http://www.classicgaming.com .

http://www.coinop.com.

http://www.classicgaming.com.

http://encarta.msn.com.

http://www.gamecabinet.com.

http://www.gamers.com.

http://www.gamefaq.com.

http://www.gamespot.com.

Kent, Stephen L. The Ultimate History of Video Games (Roseville, CA: Prima Publishing, 2001).

http://www.looneylabs.com.

http://www.mobygames.com.

Parlett, David. The *Oxford Dictionary of Card Games* (New York: Oxford University Press, 1992).

Parlett, David. *The Oxford History of Board Games* (New York: Oxford University Press, 1999).

Scarpone, Desi. *Board Games* (Atglen, PA: Schiffer Publishing, 1995).

ÍNDICE

Números

A

B

C

D

E

F

G

H

I

S

Pai: *... A questão é que o objetivo dessas conversas é descobrir as "regras". É como a vida — um jogo cujo propósito é descobrir as regras, que estão sempre mudando e são impossíveis de descobrir.*

Filha: *Mas eu não chamo isso de jogo, papai.*

— **Gregory Bateson,** *Steps to an Ecology of Mind*